中华人民共和国
机动车驾驶
培训教材

首版荣获“第一届中国科普作家协会
优秀科普作品奖（图书类）优秀奖”

安全驾驶
从这里开始®

中华人民共和国交通运输部

C1 – 小型汽车
C2 – 小型自动挡汽车
C3 – 低速载货汽车

内 容 提 要

本书是中华人民共和国交通运输部根据2016年发布的《机动车驾驶培训教学与考试大纲》（交运发〔2016〕128号）编写的机动车驾驶培训教材，适用于小型汽车（C1）、小型自动挡汽车（C2）和低速载货汽车（C3）驾驶人培训使用，也可供所有的驾驶人学习和参考。

图书在版编目（CIP）数据

安全驾驶从这里开始：适用车型 C1C2C3/ 中华人民共和国交通运输部主编．—3 版．—北京：人民交通出版社股份有限公司，2016.9

ISBN 978-7-114-12892-9

Ⅰ.①安… Ⅱ.①中… Ⅲ.①汽车驾驶－安全技术－技术培训－教材 Ⅳ.①U471.15

中国版本图书馆 CIP 数据核字（2016）第 055690 号

声 明

中华人民共和国机动车驾驶培训教材

Anquan Jiashi cong Zheli Kaishi

书　　名：**安全驾驶从这里开始**（第3版）（适用车型 C1、C2、C3）

著 作 者：中华人民共和国交通运输部

责任编辑：王金霞　范　坤　张　兵

插图绘制：周　亮　杨立涛

设计制作：毕　蕾

出版发行：人民交通出版社股份有限公司

地　　址：(100011) 北京市朝阳区安定门外外馆斜街3号

网　　址：http://www.ccpress.com.cn

销售电话：(010)65290008，65290010

总 经 销：人民交通出版社股份有限公司

印　　刷：北京盛通印刷股份有限公司

开　　本：787×980　1/16

印　　张：12.5

字　　数：340千

版　　次：2005年1月　第1版　2013年1月　第2版　2016年9月　第3版

印　　次：2023年3月　第3版　第134次印刷

书　　号：ISBN 978-7-114-12892-9

定　　价：40.00元

(有印刷、装订质量问题的图书由本公司负责调换)

致驾驶学员朋友

新一版的《安全驾驶从这里开始》面世了。拿到这本书的朋友不久就要成为驾车族的一员。希望亲爱的读者朋友意识到，当您坐进驾驶室的时候，就肩负起了一份对平安的守护职责。不仅是对自己和他人生命的守护，也是对亲人、朋友和所有交通参与者平安幸福的守护。

本着对生命的尊重与珍爱，请您将来驾车时，一定要遵守法律、法规，安全驾驶，文明礼让，像爱护自己和亲友一样去爱护您所面对的其他交通参与者。一次几秒钟的耐心等待、一次大度的礼让，折射出来的是包容的传统美德，赢得的是他人的谢意与尊重。路会越让越宽，心也会越让越宽。

这本教材将法律、法规、安全驾驶知识、文明礼让精神融入到实际场景中去，图文并茂，通俗易懂。通过案例分析和安全知识介绍，提示学员如何规范操作、如何防止事故发生。很多安全理论知识和操作要求都是用血的教训换来的，凝结着驾培行业与交通安全管理专家学者的经验与智慧。希望您能用心学好这本教材，将知识转化成对生命的守护。

最后，提醒亲爱的读者朋友，驾车和乘车时别忘了系好安全带。祝您一生平安！

交通运输部部长 杨传堂

编写领导小组

组　长： 刘小明　交通运输部副部长

副组长： 王水平　交通运输部运输服务司副司长

成　员： 朱伽林　人民交通出版社社长

张劲泉　交通运输部公路科学研究院院长

王丽梅　中国道路运输协会会长

编写工作小组

组　长：王水平　交通运输部运输服务司副司长

副组长：韩　敏　人民交通出版社总编辑

王振军　人民交通出版社副社长

俞卫江　交通运输部运输服务司车辆管理处处长

成　员：柴晓军　交通运输部运输服务司车辆管理处调研员

曹　磊　交通运输部运输服务司车辆管理处主任科员

吕亚军　交通运输部运输服务司车辆管理处主任科员

范　立　中国道路运输协会汽车驾驶员工作委员会主任

曾　诚　交通运输部公路科学研究院研究员

闫文辉　东方时尚驾驶学校股份有限公司总经理

陶文光　上海荣安机动车驾驶员培训有限公司总经理

张大勇　人民交通出版社股份有限公司营销总监

曹仁磊　人民交通出版社股份有限公司副主任

李　洁　人民交通出版社股份有限公司副主任

何　亮　人民交通出版社股份有限公司副主任

翁志新　人民交通出版社股份有限公司副主任

王金霞　人民交通出版社股份有限公司编辑

特别鸣谢

公安部交通管理局

教材使用说明

本教材适用于小型汽车（C1）、小型自动挡汽车（C2）、低速载货汽车（C3）和轻型牵引挂车（C6）驾驶人培训使用，也可供所有的驾驶人学习参考。

请在使用之前详细阅读以下使用说明，让这本教材在您的学习过程中发挥最大作用。

安全第一、珍爱生命

驾驶汽车时任何一点的疏忽或侥幸心理，都可能威胁自己和他人的生命财产安全，因此一定要意识到汽车驾驶学习不仅仅是技能的学习，更重要的是安全意识和安全行为习惯的养成，学习驾驶首先要树立“安全第一、珍爱生命”的理念。

文明礼让、尊重生命

良好的交通秩序，不仅靠严格的管理，更重要的是靠每一位交通参与者的文明礼让。对行人、非机动车及其他车辆的礼让与保护，是对自己和他人生命的尊重。车让人，让出文明；车让车，让出风格；人让车，让出安全——人人相让，让出和谐交通，共同创造一个文明的汽车社会。

请牢记“谨慎驾驶”的三条黄金原则：集中注意力、仔细观察和提前预防。

请尊重与珍爱自己和他人的生命，从这里开始，在一生中都以安全为最高准则，平安驾驶、文明驾驶。

主要内容

本教材以《机动车驾驶培训教学与考试大纲》为依据进行编写，共分为八章。

章	学习部分	内容与目的
第一章 第二章 第三章	第一部分　道路交通法律、法规和相关知识	重点讲述道路交通法律和法规、交通信号含义、车辆基本知识。让学员在学习驾驶之初，就树立和培养遵章守法的安全意识，基本了解车辆的结构和性能
第四章	第二部分　基础和场地驾驶 第三部分　道路驾驶	重点讲述基础驾驶操作的相关知识、场地驾驶和道路驾驶的操作要求和注意事项，培养学员驾车初期的安全意识和良好习惯、控制车辆的基本能力和在实际道路上安全、规范、合理操纵车辆的能力
第五章 第六章 第七章 第八章	第四部分　安全文明驾驶常识	重点讲述各种道路条件和气象环境下的安全文明驾驶知识、紧急情况避险及交通事故处置、交通事故分析，培养学员的安全文明驾驶意识和对车辆的综合控制能力，有效提高实际道路安全驾驶能力，同时学会分析交通事故的原因，从中吸取经验教训

插图说明

错误行驶或操作的车辆

表示正确的行驶路线

表示错误的行驶路线

云人：小精灵

双后视镜的作用：教练车上必须设置双后视镜，主后视镜供学员驾驶车辆时使用；副后视镜供教练员教学时正常观察道路情况，及时提示学员，有利于保障教学安全。

名词术语的解释说明

为了贯彻国家语言文字及量与符号等相关规范的要求，本教材中的名词术语和计量单位都使用了国家规定的规范用语。为了方便学员使用与理解，下面列出各种常见规范术语与通俗叫法、单位名称与单位符号的对照关系。

规范术语	通俗叫法
转向盘	方向盘
制动	刹车
制动踏板	脚刹　刹车踏板
驻车制动器	手刹　手制动器　驻车制动踏板
前照灯	灯　大灯　前大灯
刮水器	雨刮器　雨刮　雨刷
加速踏板	油门踏板　油门

单位名称	单位符号
公里 千米	km
米	m
转／分	r/min
厘米	cm
毫米	mm
千帕	kPa
升	L

二维码的使用

用手机扫描书中的二维码，您可直接观看相应知识点或其拓展知识的动画、视频。

扫描封底的二维码，您可进行注册，然后进入“车学堂”网站的“二维码专区”中，获取更多相关考试说明、生动的动画和实拍操作视频、优秀教师考试辅导等多种学习资源，帮助您轻松成为一名能安全行车、文明驾驶的优秀驾驶人。

本教材从使用者的角度出发，按照《机动车驾驶培训教学与考试大纲》的内容要求编写，以满足学员学习和今后驾驶生涯中的需求为最高目标，凝结了驾培行业专家的经验与智慧，倾注了编写人员的心血，希望您能充分用好它。对您的驾驶学习起到最大的帮助，就是我们所有参与人员最大的欣慰。预祝您顺利完成驾驶培训学习，早日拿到驾驶证，并在今后的驾驶活动中始终如一地坚持安全文明驾驶。

CONTENTS 目录

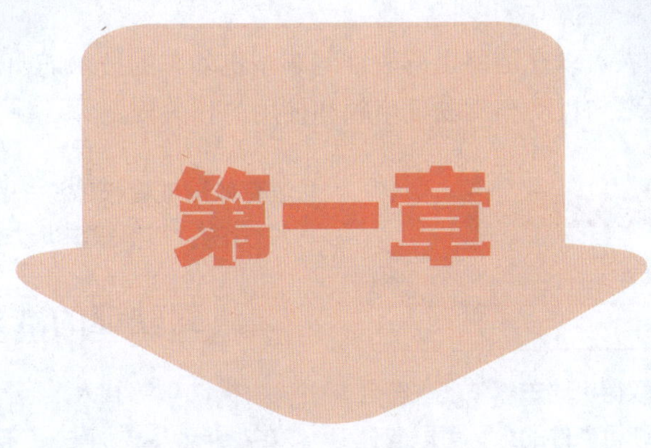

第一章 法律、法规

学习驾驶之前，首先应学习与道路交通安全相关的法律、法规，掌握机动车驾驶证申领和使用规定、道路通行规定、驾驶人行为要求、交通违法行为处罚，以及机动车登记、检验与保险等相关规定，培养驾驶人良好的守法意识。

第 1 节 机动车驾驶证申领与使用

机动车驾驶证是驾驶人可以在道路上驾驶准驾车型机动车的技术证明，准备考领机动车驾驶证的人员应全面了解并严格遵守机动车驾驶证申领和使用的相关规定。

一、驾驶证相关知识

1 驾驶许可

驾驶机动车，应当依法取得机动车驾驶证。符合国务院公安部门规定的驾驶许可条件的人，可以向公安机关交通管理部门申请机动车驾驶证。取得驾驶证后，驾驶人应当按照驾驶证载明的准驾车型驾驶机动车；驾驶机动车时，应当随身携带机动车驾驶证。

机动车驾驶人在机动车驾驶证丢失、损毁、超过有效期或者被依法扣留、暂扣期间以及记分达到12分的，不得驾驶机动车。

2 驾驶证的准驾车型

机动车驾驶人准予驾驶的车型顺序依次分为：大型客车、重型牵引挂车、城市公交车、中型客车、大型货车、小型汽车、小型自动挡汽车、低速载货汽车、三轮汽车、残疾人专用小型自动挡载客汽车、轻型牵引挂车、普通三轮摩托车、普通二轮摩托车、轻便摩托车、轮式专用机械车、无轨电车和有轨电车。

准驾车型及代号

准驾车型	代号	准驾的车辆	准予驾驶的其他准驾车型
大型客车	A1	大型载客汽车	A3、B1、B2、C1、C2、C3、C4、M
重型牵引挂车	A2	总质量大于4500千克的汽车列车	B1、B2、C1、C2、C3、C4、C6、M
城市公交车	A3	核载10人以上的城市公共汽车	C1、C2、C3、C4
中型客车	B1	中型载客汽车（含核载10人以上、19人以下的城市公共汽车）	C1、C2、C3、C4、M
大型货车	B2	重型、中型载货汽车；重型、中型专项作业车	
小型汽车	C1	小型、微型载客汽车以及轻型、微型载货汽车；轻型、微型专项作业车	C2、C3、C4
小型自动挡汽车	C2	小型、微型自动挡载客汽车以及轻型、微型自动挡载货汽车；轻型、微型自动挡专项作业车；上肢残疾人专用小型自动挡载客汽车	
低速载货汽车	C3	低速载货汽车	C4
三轮汽车	C4	三轮汽车	
残疾人专用小型自动挡载客汽车	C5	残疾人专用小型、微型自动挡载客汽车（允许上肢、右下肢或者双下肢残疾人驾驶）	
轻型牵引挂车	C6	总质量小于（不包含等于）4500千克的汽车列车	

续上表

准驾车型	代号	准驾的车辆	准予驾驶的其他准驾车型
普通三轮摩托车	D	发动机排量大于50毫升或者最大设计车速大于每小时50公里的三轮摩托车	E、F
普通二轮摩托车	E	发动机排量大于50毫升或者最大设计车速大于每小时50公里的二轮摩托车	
轻便摩托车	F	发动机排量小于等于50毫升，最大设计车速小于等于每小时50公里的摩托车	
轮式专用机械车	M	轮式专用机械车	
无轨电车	N	无轨电车	
有轨电车	P	有轨电车	

3 驾驶证记载和签注内容

机动车驾驶证上记载和签注有以下内容：

（1）机动车驾驶人信息：姓名、性别、出生日期、国籍、住址、身份证明号码（机动车驾驶证号码）、照片。

（2）车辆管理所签注内容：初次领证日期、准驾车型代号、有效期限、核发机关印章、档案编号、准予驾驶机动车听力辅助条件。

4 驾驶证有效期

机动车驾驶证有效期分为6年、10年和长期。初次取得机动车驾驶证的有效期为6年。

二 驾驶证申领

1 驾驶证申请条件

申请小型汽车（C1）、小型自动挡汽车（C2）、低速载货汽车（C3）、轻型牵引挂车（C6）准驾车型的机动车驾驶证的人，应当符合下列规定：

1）年龄条件

（1）申请小型汽车（C1）、小型自动挡汽车（C2）的，在18周岁以上；

（2）申请低速载货汽车（C3）的，在18周岁以上，60周岁以下。

（3）申请轻型牵引挂车（C6）准驾车型的，在20周岁以上，60周岁以下。

2）身体条件

（1）视力：两眼裸视力或者矫正视力达到对数视力表4.9以上。单眼视力障碍，优眼裸视力或者矫正视力达到对数视力表5.0以上，且水平视野达到150度。

（2）辨色力：无红绿色盲。

（3）听力：两耳分别距音叉50厘米能辨别声源方向。有听力障碍但佩戴助听设备能够达到以上条件的，也可以申请。

（4）上肢：双手拇指健全，每只手其他手指必须有三指健全，肢体和手指运动功能正常。但手指末节残缺或者左手有三指健全，且双手手掌完整的，可以申请小型汽车（C1）、小车自动挡汽车（C2）、低速载货汽车（C3）、三轮汽车（C4）准驾车型的机动车驾驶证。

（5）下肢：双下肢健全且运动功能正常，不等长度不得大于5厘米。单独左下肢缺失或者丧失运动功能，但右下肢正常的可以申请小型自动挡汽车（C2）准驾车型的机动车驾驶证。

（6）躯干、颈部：无运动功能障碍。

（7）70周岁以上人员身体条件要求：70周岁以上人员能够通过记忆力、判断力、反应力能力测试的可以申请小型汽车（C1）、小型自动挡汽车（C2）。

提示

不得申请机动车驾驶证的情形

（1）有器质性心脏病、癫痫病、美尼尔氏症、眩晕症、癔病、震颤麻痹、精神病、痴呆以及影响肢体活动的神经系统疾病等妨碍安全驾驶疾病的；

（2）3年内有吸食、注射毒品行为或者解除强制隔离戒毒措施未满3年，或者长期服用依赖性精神药品成瘾尚未戒除的；

（3）造成交通事故后逃逸构成犯罪的；

（4）饮酒后或者醉酒驾驶机动车发生重大交通事故构成犯罪的；

（5）醉酒驾驶机动车或者饮酒后驾驶营运机动车依法被吊销机动车驾驶证未满5年的；

（6）醉酒驾驶营运机动车依法被吊销机动车驾驶证未满10年的；

（7）驾驶机动车追逐竞驶、超员、超速、违反危险化学品安全管理规定运输危险化学品构成犯罪依法被吊销机动车驾驶证未满5年的；

（8）因上述（4）以外的其他违反交通管理法律法规的行为发生重大交通事故构成犯罪依法被吊销机动车驾驶证未满10年的；

（9）因其他情形依法被吊销机动车驾驶证未满2年的；

（10）驾驶许可依法被撤销未满3年的；

（11）未取得机动车驾驶证驾驶机动车，发生负同等以上责任交通事故造成人员重伤或者死亡未满10年的；

（12）3年内有代替他人参加机动车驾驶人考试行为的；

（13）法律、行政法规规定的其他情形；

（14）未取得机动车驾驶证驾驶机动车，有上述（5）～（8）行为之一且在规定处罚期限内的。

警示

隐瞒有关情况或者提供虚假材料申领机动车驾驶证的，公安机关交通管理部门不予受理或者不予办理，处500元以下罚款；申请人在1年内不得再次申领机动车驾驶证。

2 申领驾驶证的车型

初次申领机动车驾驶证的，可以申请准驾车型为城市公交车（A3）、大型货车（B2）、小型汽车（C1）、小型自动挡汽车（C2）、低速载货汽车（C3）、三轮汽车（C4）、残疾人专用小型自动挡载客汽车（C5）、普通三轮摩托车（D）、普通二轮摩托车（E）、轻便摩托车（F）、轮式专用机械车（M）、无轨电车（N）、有轨电车（P）的机动车驾驶证。

已持有机动车驾驶证，申请增加准驾车型的，可以申请增加的准驾车型为大型客车（A1）、重型牵引挂车(A2)、城市公交车(A3)、中型客车(B1)、大型货车(B2)、小型汽车(C1)、小型自动挡汽车(C2)、低速载货汽车(C3)、三轮汽车(C4)、轻型牵引挂车(C6)、普通三轮摩托车(D)、普通二轮摩托车(E)、轻便摩托车(F)、轮式专用机械车(M)、无轨电车(N)、有轨电车(P)。

警示

申请增加轻型牵引挂车准驾车型的，需要已取得驾驶小型汽车、小型自动挡汽车准驾车型资格1年以上方可申请。

3 学习机动车驾驶

申请人在道路上学习驾驶，应当随身携带学习驾驶证明，使用教练车，在教练员随车指导下，按照公安机关交通管理部门指定的路线、时间进行。与教学无关的人员不得乘坐教练车，学员在学习驾驶中有道路交通安全违法行为或者造成交通事故的，由教练员承担责任。

三 驾驶考试

1 驾驶考试内容和合格标准

机动车驾驶人考试内容分为道路交通安全法律、法规和相关知识考试科目（以下简称“科目一”）、场地驾驶技能考试科目（以下简称“科目二”）、道路驾驶技能和安全文明驾驶常识考试科目（以下简称“科目三”）。

已持有小型自动挡汽车准驾车型驾驶证申请增加小型汽车准驾车型的，应当考试科目二和科目三。

已持有大型客车、城市公交车、中型客车、大型货车、小型汽车、小型自动挡汽车准驾车型驾驶证申请增加轻型牵引挂车准驾车型的，应当考试科目二和科目三安全文明驾驶常识。

驾驶考试内容和合格标准（C1、C2、C3、C6 车型）

科目名称	考试内容	合格标准
科目一	道路通行、交通信号、交通安全违法行为和交通事故处理、机动车驾驶证申领和使用、机动车登记等规定以及其他道路交通安全法律、法规和规章	满分为 100 分，成绩达到 90 分的为合格
科目二	倒车入库（C6 车型不考）、坡道定点停车和起步（C2、C6 车型不考）、侧方停车（C6 车型不考）、曲线行驶、直角转弯、桩考（只有 C6 车型考核该项）	满分为 100 分，成绩达到 80 分的为合格
科目三	道路驾驶技能考试内容：上车准备、起步、直线行驶、加减挡位操作、变更车道、靠边停车、直行通过路口、路口左转弯、路口右转弯、通过人行横道线、通过学校区域、通过公共汽车站、会车、超车、掉头、夜间行驶。考试里程不少于 3 公里，在白天考试时，应当进行模拟夜间灯光考试	考试满分为 100 分，成绩达到 90 分的为合格
	安全文明驾驶常识考试内容：安全文明驾驶操作要求、恶劣气象和复杂道路条件下的安全驾驶知识、爆胎等紧急情况下的临危处置方法、防范次生事故处置知识、伤员急救知识等	满分为 100 分，成绩达到 90 分的为合格

2 驾驶考试要求

申请人科目一考试合格后，车辆管理所在 1 日内核发学习驾驶证明，学习驾驶证明可以采用纸质或者电子形式，纸质学习驾驶证明和电子学习驾驶证明具有同等效力。已持有小型自动挡汽车（C2）驾驶证申请增加小型汽车（C1）准驾车型的，已持有小型汽车（C1）、小型自动挡汽车（C2）驾驶证申请增加轻型牵引挂车（C6）准驾车型的，以及已持有小型汽车（C1）、小型自动挡汽车（C2）驾驶证的机动车驾驶人身体条件发生变化，不符合所持机动车驾驶证准驾车型的条件，但符合残疾人专用小型自动挡载客汽车（C5）准驾车型条件，申请变更的，受理后直接核发学习驾驶证明。申请人可以通过互联网交通安全综合服务管理平台打印或者下载学习驾驶证明。学习驾驶证明的有效期为 3 年，但有效截止日期不得超过申请年龄条件上限。申请人应当在有效期内完成科目二和科目三考试。未在有效期内完成考试的，已考试合格的科目成绩作废。

申请人在道路上学习驾驶时，未按照规定随身携带学习驾驶证明，由公安机关交通管理部门处 20 元以上 200 元以下罚款。

申请人科目一考试合格后，可以预约科目二或者科目三道路驾驶技能考试。有条件的地方，申请人可以同时预约科目二、科目三道路驾驶技能考试，预约成功后可以连续进行考试。科目二、科目三道路驾驶技能考试均合格后，申请人可以当日参加科目三安全文明驾驶常识考试。

报考小型汽车（C1）、小型自动挡汽车（C2）、低速载货汽车（C3）的，在取得学习驾驶证明满 10 日后预约科目二考试；报考轻型牵引挂车（C6）的，在取得学习证明满 20 日后预约科目二考试；报考小型自动挡汽车（C2）、低速载货汽车（C3）的，在取得学习驾驶证明满 20 日后预约科目三考试；报考小型汽车（C1）的，在取得学习驾驶证明满 30 日后预约科目三考试；属于已持有汽车类驾驶证，申请增加准驾车型的，在取得学习证明满 30 日后预约科目三考试。

申请人因故不能按照预约时间参加考试的，应当提前一日申请取消预约。对申请人未按照预约考试时间参加考试的，判定该次考试不合格。

每个科目考试一次，考试不合格的，可以补考一次。不参加补考或者补考仍不合格的，本次考试终止，申请人应当重新预约考试，但科目二、科目三考试应当在 10 日后预约。科目三安全文明驾驶常识考试不合格的，已通过的道路驾驶技能考试成绩有效。

在学习驾驶证明有效期内，科目二和科目三道路驾驶技能考试预约考试的次数分别不得超过 5 次。第 5 次预约考试仍不合格的，已考试合格的其他科目成绩作废。

警示

申请人在考试过程中有贿赂、舞弊行为的，取消考试资格，已经通过考试的其他科目成绩无效；申请人在一年内不得再次申领机动车驾驶证。

四 驾驶证管理

1 发证

申请人考试合格后，应当接受不少于半小时的交通安全文明驾驶常识和交通事故案例警示教育，并参加领证宣誓仪式后，车辆管理所当日核发机动车驾驶证。

公安机关交通管理部门应当实行机动车驾驶证电子化，机动车驾驶人可以通过互联网交通安全综合服务管理平台申请机动车驾驶证电子版，机动车驾驶证电子版与纸质版具有同等效力。

申请人以欺骗、贿赂等不正当手段取得机动车驾驶证的，由公安机关交通管理部门收缴机动车驾驶证，撤销机动车驾驶许可，处 2000 元以下罚款；申请人在 3 年内不得再次申领机动车驾驶证。

2 换证

1）有效期满换证

机动车驾驶人在机动车驾驶证的 6 年有效期内，每个记分周期均未达到 12 分的，换发 10 年有效期的机动车驾驶证；在机动车驾驶证的 10 年有效期内，每个记分周期均未达到 12 分的，换发长期有效的机动车驾驶证。

机动车驾驶人应当于机动车驾驶证有效期满前 90 日内，向机动车驾驶证核发地或者核发地以外的车辆管理所申请换证。申请时应当确认申请信息，并提交机动车驾驶人的身份证明、医疗机构出具的有关身体条件的证明。

2）转入换证

机动车驾驶人户籍迁出原车辆管理所管辖区的，应当向迁入地车辆管理所申请换证。机动车驾驶人在核发地车辆管理所管辖区以外居住的，可以向居住地车辆管理所申请换证。申请时应当确认申请信息，提交机动车驾驶人的身份证明和机动车驾驶证，并申报身体条件情况。

3）变更换证

在车辆管理所管辖区域内，机动车驾驶证记载的机动车驾驶人信息发生变化的；机动车驾驶证损毁无法辨认的，机动车驾驶人应当在 30 日内到机动车驾驶证核发地或者核发地以外的车辆管理所申请换证。申请时应当确认申请信息，并提交机动车驾驶人的身份证明；属于机动车驾驶人信息发生变化的，还应当提交驾驶证；属于身份证明号码变更的，还应当提交相关变更证明。

身体条件证明有效期及 70 周岁以上驾驶人身体条件证明特殊规定

（1）身体条件证明自出具之日起 6 个月内有效。

（2）年龄在 70 周岁以上的机动车驾驶人，应当每年进行一次身体检查，在记分周期结束后 30 日内，提交医疗机构出具的有关身体条件的证明。

3 补证

机动车驾驶证遗失的，机动车驾驶人应当向机动车驾驶证核发地或者核发地以外的车辆管理所申请补发。申请时应当确认申请信息，并提交机动车驾驶人的身份证明。符合规定的，车辆管理所应当在 1 日内补发机动车驾驶证。机动车驾驶人补领机动车驾驶证后，原机动车驾驶证作废，不得继续使用。机动车驾驶证被依法扣押、扣留或者暂扣期间，机动车驾驶人不得申请补发。

警示

机动车驾驶人补领机动车驾驶证后，继续使用原机动车驾驶证的，由公安机关交通管理部门收回原机动车驾驶证，并处 20 元以上 200 元以下罚款。

机动车驾驶证被依法扣押、扣留或者暂扣期间，采用隐瞒、欺骗手段补领机动车驾驶证的，由公安机关交通管理部门收回机动车驾驶证，并处 200 元以上 500 元以下罚款。

4 驾驶证实习期

机动车驾驶人初次取得汽车类准驾车型后的 12 个月为实习期。在实习期内驾驶机动车的，应当在车身后部粘贴或者悬挂统一式样的实习标志。

机动车驾驶人在实习期内不得驾驶公共汽车、营运客车或者执行任务的警车、消防车、救护车、工程救险车以及载有爆炸物品、易燃易爆化学物品、剧毒或者放射性等危险物品的机动车；驾驶的机动车不得牵引挂车。

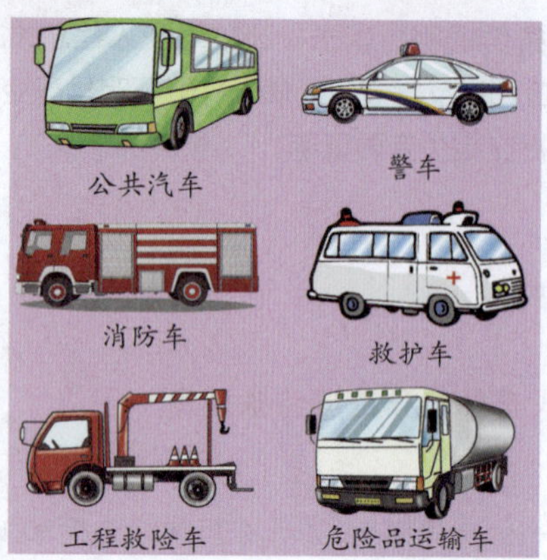

实习期内不得驾驶的车型

驾驶人在实习期内驾驶机动车上高速公路行驶，应当由持相应或者包含其准驾车型驾驶证3年以上的驾驶人陪同。

警示

在实习期内违反上述规定驾驶机动车的，由公安机关交通管理部门处20元以上200元以下罚款。

5 违法记分制度

公安交通管理部门对机动车驾驶人的交通违法行为除依法给予行政处罚外，还实行累积记分制度。道路交通安全违法行为记分周期为12个月，满分为12分。记分周期自机动车驾驶人初次领取机动车驾驶证之日起连续计算，或者自初次取得临时机动车驾驶许可之日起累积计算。

机动车驾驶人有两起以上交通违法行为应当予以记分的，记分分值累积计算。机动车驾驶人可以一次性处理完毕同一辆机动车的多起交通违法行为记录，记分分值累积计算。

机动车驾驶人在一个记分周期期限届满，累积记分未满12分的，该记分周期内的记分予以清除；累积记分虽未满12分，但有罚款逾期未缴纳的，该记分周期内尚未缴纳罚款的交通违法行为记分分值转入下一记分周期。

小型机动车驾驶人在一个记分周期内累积记分满12分的，应当参加为期7天的道路交通安全法律、法规和相关知识学习。在一个记分周期内参加满分教育的次数每增加一次或者累积记分每增加12分，道路交通安全法律、法规和相关知识的学习时间增加7天，每次满分学习的天数最多60天。

驾驶人可以在机动车驾驶证核发地或者交通违法行为发生地、处理地参加公安机关交通管理部门组织的道路交通安全法律、法规和相关知识学习，并在学习地参加考试。机动车驾驶人经满分学习、考试合格且罚款已缴纳的，记分予以清除发还机动车驾驶证。

驾驶人处理完交通违法行为记录后累积记分未满12分，参加公安机关交通管理部门组织的交通安全教育并达到规定要求的，可以申请在驾驶人现有累积记分分值中扣减记分。在一个记分周期内累计最高扣减6分。

机动车驾驶人在一个记分周期内两次累积记分满12分或者累积记分满24分未满36分的，应当在道路交通安全法律、法规和相关知识考试合格后，按照《机动车驾驶证申领和使用规定》第四十四条的规定预约参加道路驾驶技能考试。考试不合格的，10日后预约重新考试。

机动车驾驶人在一个记分周期内三次以上累积记分满12分或者累积记分满36分的，应当在道路交通安全法律、法规和相关知识考试合格后，按照《机动车驾驶证申领和使用规定》第四十三条和第四十四条的规定预约参加场地驾驶技能和道路驾驶技能考试。考试不合格的，10日后预约重新考试。

道路交通安全违法行为记分分值（C1、C2、C3、C6 车型）

记分分值	记　分　项　目
一次记 12 分	（1）饮酒后驾驶机动车的； （2）造成致人轻伤以上或者死亡的交通事故后逃逸尚不构成犯罪的； （3）使用伪造、变造的机动车号牌、行驶证、驾驶证、校车标牌或者使用其他机动车号牌、行驶证的； （4）载人超过核定人数 100% 以上的； （5）在高速公路、城市快速路上行驶超过规定时速 50% 以上的； （6）在高速公路、城市快速路上倒车、逆行、穿越中央分隔带掉头的； （7）代替实际机动车驾驶人接受交通违法行为处罚和记分牟取经济利益的
一次记 9 分	（1）在高速公路或者城市快速路上违法停车的； （2）驾驶未悬挂机动车号牌或者故意遮挡、污损机动车号牌的机动车上道路行驶的； （3）驾驶与准驾车型不符的机动车的
一次记 6 分	（1）载人超过核定人数 50% 以上未达到百分之百的； （2）在高速公路、城市快速路上行驶超过规定时速 20% 以上未达到 50%，或者在高速公路、城市快速路以外的道路上行驶超过规定时速 50% 以上的； （3）载物超过最大允许总质量 50% 以上的； （4）不按交通信号灯指示通行的； （5）机动车驾驶证被暂扣或者扣留期间驾驶机动车的； （6）造成致人轻微伤或者财产损失的交通事故后逃逸尚不构成犯罪的； （7）在高速公路或者城市快速路上违法占用应急车道行驶的
一次记 3 分	（1）载人超过核定人数 20% 以上未达到 50% 的； （2）在高速公路、城市快速路以外的道路上行驶超过规定时速 20% 以上未达到 50% 的； （3）在高速公路或者城市快速路上不按规定车道行驶的； （4）不按规定超车、让行或者在高速公路、城市快速路以外的道路上逆行的； （5）遇前方机动车停车排队或者缓慢行驶时，借道超车或者占用对面车道、穿插等候车辆的； （6）驾驶机动车有拨打、接听手持电话等妨碍安全驾驶的行为的； （7）行经人行横道不按规定减速、停车、避让行人的； （8）不按规定避让校车的； （9）载物超过最大允许总质量 30% 以上未达到 50% 的，或者违反规定载客的； （10）驾驶不按规定安装机动车号牌的机动车上道路行驶的； （11）在道路上车辆发生故障、事故停车后，不按规定使用灯光或者设置警告标志的； （12）在高速公路上行驶低于规定最低时速的
一次记 1 分	（1）不按规定会车或者在高速公路、城市快速路以外的道路上不按规定倒车、掉头的； （2）不按规定使用灯光的； （3）违反禁令标志、禁止标线指示的； （4）载货长度、宽度、高度超过规定的； （5）载物超过最大允许总质量未达到 30% 的； （6）驾驶未按规定定期进行安全技术检验的机动车上道路行驶的； （7）驾驶擅自改变已登记的结构、构造或者特征的载货汽车上道路行驶的； （8）在道路上行驶时，机动车驾驶人未按规定系安全带

6 驾驶证审验

1）需参加审验的情形

（1）机动车驾驶人换领机动车驾驶证时，应当接受公安机关交通管理部门的审验。

（2）持有大型客车、重型牵引挂车、城市公交车、中型客车、大型货车以外准驾车型驾驶证的驾驶人，发生交通事故造成人员死亡承担同等以上责任未被吊销机动车驾驶证的，应当在本记分周期结束后 30 日内到公安机关交通管理部门接受审验。审验时，驾驶人应当申报身体条件情况。

（3）年龄在 70 周岁以上的驾驶人发生责任交通事故造成人员重伤或者死亡的，应当在本记分周期结束后 30 日内到公安机关交通管理部门接受审验。

2）审验内容

机动车驾驶证审验内容包括：

（1）道路交通安全违法行为 交通事故处理情况；

（2）身体条件情况；

（3）道路交通安全违法行为记分及记满12分后参加学习和考试情况。

持有除大型客车、重型牵引挂车、城市公交车、中型客车、大型货车驾驶证以外的其他准驾车型驾驶证的驾驶人，发生交通事故造成人员死亡承担同等以上责任未被吊销机动车驾驶证的，审验时应当参加不少于3小时的道路交通安全法律法规、交通安全文明驾驶、应急处置等知识学习，并接受交通事故案例警示教育。

年龄在70周岁以上的机动车驾驶人审验时还应当按照规定进行记忆力、判断力、反应能力等测试。

对交通违法行为或者交通事故未处理完毕的、身体条件不符合驾驶许可条件的、未按照规定参加学习、教育和考试的，不予通过审验。

3）审验地点

机动车驾驶人可以在机动车驾驶证核发地或者核发地以外的地方参加审验、提交身体条件证明。

机动车驾驶人逾期不参加审验仍驾驶机动车的，处200元以上500元以下罚款。

延期办理驾驶证期满换证、审验、提交身体条件证明

机动车驾驶人因服兵役、出国（境）等原因，无法在规定时间内办理驾驶证期满换证、审验、提交身体条件证明的，可以在驾驶证有效期内或者有效期届满1年内向机动车驾驶证核发地车辆管理所申请延期办理。申请时应当确认申请信息，并提交机动车驾驶人的身份证明、机动车驾驶证和延期事由证明。

延期期限最长不超过3年。延期期间机动车驾驶人不得驾驶机动车。

7 驾驶证注销

机动车驾驶人具有下列情形之一的，车辆管理所应当注销其机动车驾驶证：

（1）死亡的；

（2）提出注销申请的；

（3）丧失民事行为能力，监护人提出注销申请的；

（4）身体条件不适合驾驶机动车的；

（5）有器质性心脏病、癫痫病、美尼尔氏症、眩晕症、癔病、震颤麻痹、精神病、痴呆以及影响肢体活动的神经系统疾病等妨碍安全驾驶疾病的；

（6）被查获有吸食、注射毒品后驾驶机动车行为，依法被责令社区戒毒、社区康复或者决定强制隔离戒毒、长期服用依赖性精神药品成瘾尚未戒除的；

（7）代替他人参加机动车驾驶人考试的；

（8）超过机动车驾驶证有效期1年以上未换证的；

（9）年龄在70周岁以上，在一个记分周期结束后1年内未提交身体条件证明的；或者持有残疾人专用小型自动挡载客汽车准驾车型，在三个记分周期结束后1年内未提交身体条件证明的；

（10）年龄在60周岁以上，所持机动车驾驶证只具有轮式专用机械车、无轨电车或者有轨电车准驾车型，或者年龄在70周岁以上，所持机动车驾驶证只具有低速载货汽车、三轮汽车准驾车型的；

（11）机动车驾驶证依法被吊销或者驾驶许可依法被撤销的。

机动车驾驶人身体条件发生变化不适合驾驶机动车，仍驾驶机动车的，由公安机关交通管理部门收回机动车驾驶证，并处200元以上500元以下罚款。

机动车驾驶人在实习期内发生道路交通安全违法行为被记满12分的，注销其实习的准驾车型驾驶资格。

第2节 道路通行规定

机动车驾驶人应掌握《中华人民共和国道路交通安全法》《中华人民共和国道路交通安全法实施条例》中与机动车相关的道路通行原则和具体的通行规定，树立守法意识。

一、道路通行原则

① 右侧通行

机动车、非机动车实行右侧通行。

② 按交通信号通行

车辆、行人应当按照交通信号通行，遇有交通警察现场指挥时，应当按照交通警察的指挥通行；在没有交通信号的道路上，应当在确保安全、畅通的原则下通行。

③ 有划分车道的道路通行

道路划分为机动车道、非机动车道和人行道的，机动车、非机动车、行人实行分道通行。

在道路同方向划有2条以上机动车道的，左侧为快速车道，右侧为慢速车道。在快速车道行驶的机动车，应当按照快速车道规定的速度行驶；未达到快速车道规定的行驶速度的，应当在慢速车道行驶。慢速车道内的机动车超越前车时，可以借用快速车道行驶。

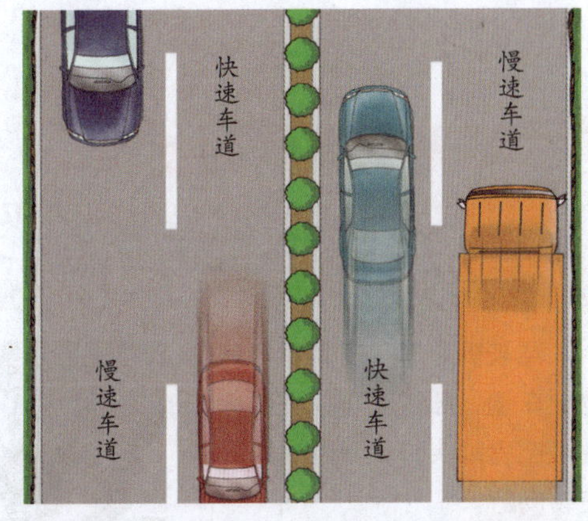

有交通标志标明行驶速度的，按照标明的行驶速度行驶。

道路上划设专用车道的，在专用车道内只准许规定的车辆通行，其他车辆不得进入专用车道内行驶。

4 无划分车道的道路通行

道路没有划分机动车道、非机动车道和人行道的，机动车在道路中间通行，非机动车和行人在道路两侧通行。

二 灯光和喇叭的使用

1 灯光的使用

驾驶机动车向左转弯、向左变更车道、准备超车、驶离停车地点或者掉头时，应当提前开启左转向灯。

驾驶机动车向右转弯、向右变更车道、超车完毕驶回原车道、靠路边停车时，应当提前开启右转向灯。

驾驶机动车在雨、雪、沙尘、冰雹等低能见度情况下行驶时，开启前照灯、示廓灯和后位灯，但同方向行驶的后车与前车近距离行驶时，不得使用远光灯。

驾驶机动车雾天行驶时，开启雾灯、危险报警闪光灯、前照灯、示廓灯和后位灯，但同方向行驶的后车与前车近距离行驶时，不得使用远光灯。

驾驶机动车在道路上发生故障或者发生交通事故，妨碍交通又难以移动时，按照规定开启危险报警闪光灯，并在车后 50 米至 100 米处设置警告标志，夜间还应当同时开启示廓灯和后位灯。

夜间驾驶机动车在没有路灯、照明不良的情况下行驶时，开启前照灯、示廓灯和后位灯，但同方向行驶的后车与前车近距离行驶时，不得使用远光灯。

夜间驾驶机动车在通过急弯、坡路、拱桥、人行横道、没有交通信号灯控制的路口或者超车时，交替使用远近光灯示意。

夜间驾驶机动车，遇对面来车时，在距相对方向来车 150 米以外改用近光灯；在窄路、窄桥与非机动车会车时，使用近光灯。

2 喇叭的使用

驾驶机动车驶近急弯、坡道顶端等影响安全视距的路段以及超车或者遇有紧急情况时，减速慢行，并鸣喇叭示意。

三 交叉路口通行

驾驶机动车通过交叉路口，应当按照交通信号灯、交通标志、交通标线或者交通警察的指挥通过。

1 通过有交通信号灯控制的交叉路口

（1）驾驶机动车通过划有导向车道的路口，按所需行进方向驶入导向车道，进入导向车道实线区后不得变更车道。

（2）准备进入环形路口的，让已在路口内的机动车先行。

（3）在有交通信号灯控制的交叉路口向左转弯时，靠路口中心点左侧转弯。转弯时开启左转向灯，夜间行驶还应开启近光灯。

（4）在有交通信号灯控制的路口，遇放行信号时，依次通过；遇停止信号时，依次停在停止线以外；没有停止线的，停在路口以外。

（5）向右转弯遇有同车道前车正在等候放行信号时，依次停车等候。

（6）在有交通信号灯控制但没有方向指示信号灯的交叉路口，转弯的机动车应让直行的车辆、行人先行。

（7）在有交通信号灯控制但没有方向指示信号灯的交叉路口，相对方向行驶的右转弯机动车应让左转弯车辆先行。

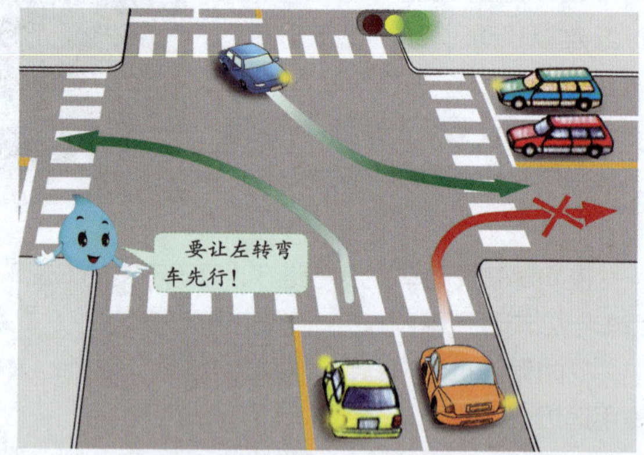

（8）驾驶机动车通过黄色闪光警告信号灯持续闪烁的路口时，要减速慢行，确认安全后通过。

2 通过无交通信号灯和交通警察指挥的交叉路口

（1）有交通标志标线控制的，让优先通行的一方先行。

（2）没有交通标志、标线控制的，在进入路口前停车瞭望，让右方道路的来车先行。

（3）转弯的机动车让直行的车辆先行。

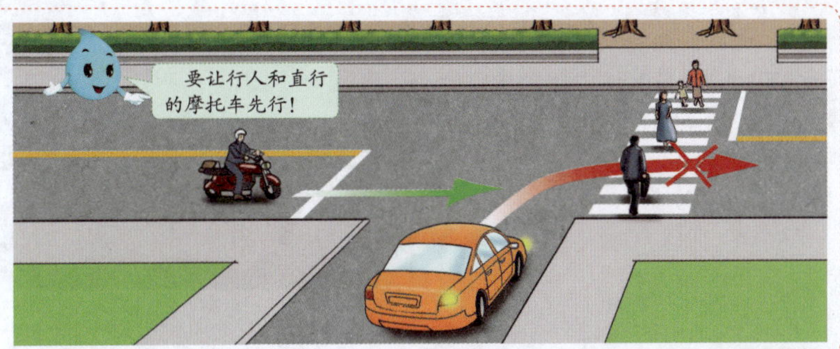

（4）相对方向行驶的右转弯的机动车让左转弯的车辆先行。

（5）准备进入环形路口的让已在路口内的机动车先行。

（6）向左转弯时，靠路口中心点左侧转弯。转弯时开启转向灯，夜间行驶开启近光灯。

（7）驾驶机动车通过没有交通信号灯、交通标志、交通标线或者交通警察指挥的交叉路口时，要减速慢行，并让行人和优先通行的车辆先行。

四 变更车道

驾驶机动车在道路上变更车道，不能影响其他车辆正常行驶。在道路同方向划有 2 条以上机动车道的路段，变更车道的机动车不得影响相关车道内行驶的机动车的正常行驶。

遇到交通警察发出变道手势信号时，要及时按交通警察手势方向变更车道，腾空指定的车道，并减速慢行。

五 跟车与限制超车

驾驶机动车与同车道行驶的前车，注意保持足以采取紧急制动措施的安全距离。

安全跟车距离

驾驶机动车超车时，提前开启左转向灯，变换使用远、近光灯或者鸣喇叭提示前车。在确认有充足的安全距离后，从前车的左侧超越，在与被超车辆拉开必要的安全距离后，开启右转向灯，驶回原车道。

驾驶机动车不得在铁路道口、交叉路口、窄桥、弯道、陡坡、隧道、人行横道、市区交通流量大的路段等没有超车条件的路段超车。

驾驶机动车在慢速车道内行驶，需要超越同车道行驶的前车时，可以借用快速车道行驶。但不能超越正在左转弯、掉头、超车的前车。

驾驶机动车遇到前方同车道行驶的执行紧急任务的警车、消防车、救护车、工程救险车时，不得超车。

驾驶机动车在没有道路中心线或者同方向只有一条机动车道的道路上，遇后车发出超车信号时，在条件许可的情况下，降低速度，靠右让路。

六 会车

驾驶机动车在没有中心隔离设施或者没有中心线的道路上，遇相对方向来车时，要减速靠右行驶，并与其他车辆、行人保持必要的安全距离。

驾驶机动车在有障碍的路段遇对面来车时，有障碍一方让无障碍的一方先行；但有障碍的一方已驶入障碍路段而无障碍的一方未驶入时，有障碍的一方先行。

驾驶机动车在狭窄的坡路遇对面来车时，上坡的一方先行；但下坡的一方已行至中途而上坡的一方未上坡时，下坡的一方先行；在没有道路中心线的狭窄山路会车，不靠山体的一方先行。

七 掉头与倒车

1 掉头

（1）在有禁止掉头或者禁止左转弯标志、标线的地点禁止掉头。

（2）在铁路道口、人行横道、桥梁、急弯、陡坡、隧道或者容易发生危险的路段禁止掉头。

（3）驾驶机动车在没有禁止掉头或者没有禁止左转弯标志、标线的地点可以掉头，但不得妨碍正常行驶的其他车辆和行人的通行。

② 倒车

（1）机动车倒车时，应当察明车后情况，确认安全后倒车。

（2）不得在铁路道口、交叉路口、单行路、桥梁、急弯、陡坡或者隧道中倒车。

八 避让行人和非机动车

驾驶机动车通过没有交通信号的交叉路口时，要减速慢行，让行人先行。在没有方向指示信号灯的交叉路口转弯时，要让直行的行人先行。

驾驶机动车行经人行横道时，要减速行驶；遇行人正在通过人行横道时，要停车让行人先行；不得在人行横道区域内停车等候。

驾驶机动车在没有交通信号的道路遇行人横过道路，要及时避让。

九 铁路道口及渡口通行

① 铁路道口通行

驾驶机动车通过有交通信号或者管理人员的铁路道口时，要按照交通信号或者管理人员的指挥通行。

驾驶机动车通过没有交通信号或者管理人员的铁路道口时，要减速或者停车观察，确认安全后以不超过30公里/小时的速度通过。

驾驶机动车通过道路与铁路平面交叉道口，有两个红灯交替闪烁或者一个红灯亮时，要将车停在停止线以外等待，等红灯熄灭时通行。

2 渡口通行

驾驶机动车行经渡口，应当服从渡口管理人员指挥，按照指定地点依次待渡；机动车上下渡船时，应当低速慢行。

十三 缓行、拥堵路段通行

缓行拥堵路段通行

驾驶机动车遇有前方交叉路口交通阻塞时，应当依次停在路口以外等候，不得进入路口；遇有前方机动车停车排队等候或者缓慢行驶时，应当依次排队通行；不得从前方车辆两侧穿插或者超越行驶。

驾驶机动车遇有前方交叉路口交通阻塞时，应当依次停在路口以外等候，不得在人行横道、网状线区域内停车等候。

驾驶机动车在车道减少的路口、路段，遇有前方机动车停车排队等候或者缓慢行驶的，应当每车道一辆依次交替驶入车道减少后的路口、路段。

十一、漫水路、漫水桥通行

驾驶机动车行经漫水路或者漫水桥时，应当停车察明水情，确认安全后，低速通过。

十二、机动车限速通行

为什么要实行限速通行

1 有限速标志标线时的限速规定

机动车在道路上行驶不得超过限速标志、标线标明的速度。

警示

车速超过规定时速 50% 的，处 200 元以上 2000 元以下罚款，并处吊销机动车驾驶证。

② 无限速标志标线道路的限速规定

无限速信号道路的限速

在没有道路中心线的道路，城市道路限速为 30 公里 / 小时，公路为 40 公里 / 小时。

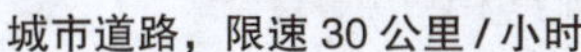
城市道路，限速 30 公里 / 小时

公路，限速 40 公里 / 小时

同方向只有一条机动车道的道路，城市道路限速为 50 公里 / 小时，公路为 70 公里 / 小时。

城市道路，限速 50 公里 / 小时

公路，限速 70 公里 / 小时

③ 限速 30 公里 / 小时的情形

机动车行驶中遇有下列情形之一的，最高行驶速度不得超过 30 公里 / 小时：

（1）进出非机动车道，通过铁路道口、急转弯、窄路、窄桥时；

（2）掉头、转弯、下陡坡；

（3）遇雾、雨、雪、沙尘、冰雹，能见度在 50 米以内；

（4）在冰雪、泥泞的道路上行驶；

（5）牵引发生故障的机动车。

④ 居民区限速规定

驾驶机动车在居民居住区、单位院内，要低速行驶，注意避让行人；有限速标志时，按照限速标志速度行驶。

十三 牵引故障机动车

牵引故障机动车应当遵守下列规定：

（1）被牵引的机动车除驾驶人外不得载人，不得拖带挂车；

（2）被牵引的机动车宽度不得大于牵引机动车的宽度；

（3）使用软连接牵引装置时，牵引车与被牵引车之间的距离应当大于 4 米小于 10 米；

（4）对制动失效的被牵引车，应当使用硬连接牵引装置牵引；

（5）牵引车和被牵引车均应当开启危险报警闪光灯。

转向或者照明、信号装置失效的故障机动车，应当使用专用清障车拖曳。汽车吊车和轮式专用机械车不得牵引车辆。摩托车不得牵引车辆或者被其他车辆牵引。

十四 高速公路行驶特别规定

1 驶出驶入高速公路

驾驶机动车从匝道驶入高速公路，开启左转向灯，在不妨碍已在高速公路内的车辆正常行驶的情况下驶入加速车道。

驾驶机动车驶离高速公路时，提前开启右转向灯，在不妨碍已在高速公路内的车辆正常行驶的情况下驶入减速车道，降低车速后驶入匝道。

2 分道限速规定

在高速公路行驶时，最高车速不得超过 120 公里 / 小时，最低车速不得低于 60 公里 / 小时。

在高速公路上行驶的小型载客汽车最高车速不得超过 120 公里 / 小时，其他机动车不得超过 100 公里 / 小时，摩托车不得超过 80 公里 / 小时。

同方向有 2 条车道的，左侧车道的最低车速为 100 公里 / 小时；同方向有 3 条以上车道的，最左侧车道的最低车速为 110 公里 / 小时，中间车道的最低车速为 90 公里 / 小时。

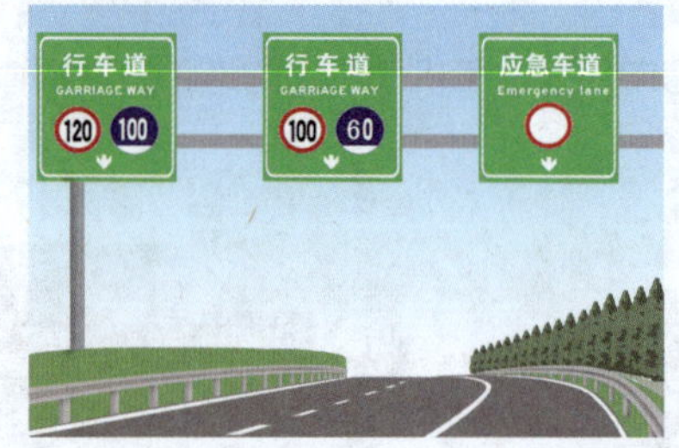

道路限速标志标明的车速与上述车道行驶车速的规定不一致的，按照道路限速标志标明的车速行驶。

3 跟车距离

机动车在高速公路上行驶，车速超过 100 公里 / 小时时，应当与同车道前车保持 100 米以上的距离，车速低于 100 公里 / 小时时，与同车道前车距离可以适当缩短，但最小距离不得少于 50 米。

4 低能见度下的车速与车距控制

机动车在高速公路上行驶，遇有雾、雨、雪、沙

尘、冰雹等低能见度气象条件的速度要求和车距要求：

（1）能见度小于200米时，开启雾灯、近光灯、示廓灯和前后位灯，车速不得超过60公里/小时，与同车道前车保持100米以上的距离；

（2）能见度小于100米时，开启雾灯、近光灯、示廓灯、前后位灯和危险报警闪光灯，车速不得超过40公里/小时，与同车道前车保持50米以上的距离；

（3）能见度小于50米时，开启雾灯、近光灯、示廓灯、前后位灯和危险报警闪光灯，车速不得超过20公里/小时，并从最近的出口尽快驶离高速公路。

5 故障处理

（1）机动车在高速公路上发生故障时，警告标志应当设置在故障车来车方向150米以外，车上人员应当迅速转移到右侧路肩上或者应急车道内，并且迅速报警。（注意：最安全的是车上人员应迅速转移至车辆右前方护栏外的安全地带。）

（2）机动车在高速公路上发生故障或者交通事故，无法正常行驶的，应当由救援车、清障车拖曳、牵引。

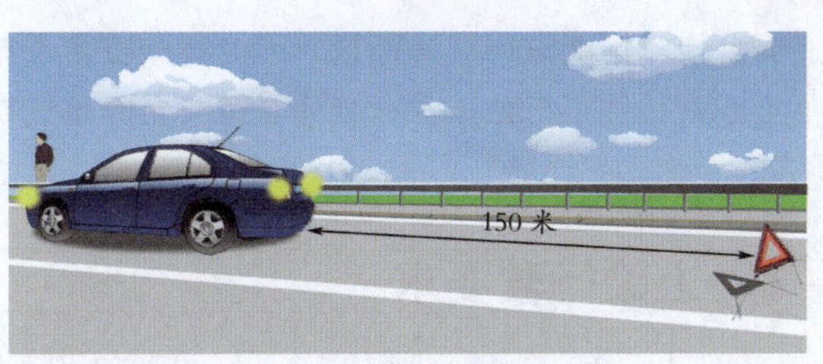

6 高速公路驾驶禁止行为

行人、非机动车、拖拉机、轮式专用机械车、铰接式客车、全挂拖斗车以及其他设计最高时速低于70公里的机动车，不得进入高速公路。

驾驶机动车在高速公路上行驶，不得有下列行为：

（1）倒车、逆行、穿越中央分隔带掉头或者在车道内停车；

（2）在匝道、加速车道或者减速车道上超车；

（3）骑、轧车行道分界线或者在路肩上行驶；

（4）非紧急情况时在应急车道行驶或者停车；

（5）试车或者学习驾驶机动车；

（6）在高速公路上行驶的载货汽车车厢不得载人。

任何单位、个人不得在高速公路上拦截检查行驶的车辆，公安机关的人民警察依法执行紧急公务除外。

第3节 驾驶行为要求与违法行为处罚

机动车驾驶人应当遵守道路交通安全法律、法规的规定，严格约束自己的驾驶行为，安全文明驾驶，当出现交通事故时，要按规定处理。一旦驾驶人出现相关违法行为，轻则受到行政处罚，重则受到刑事处罚。

一 驾驶人行为要求

1 驾驶人对所驾车辆的安全责任

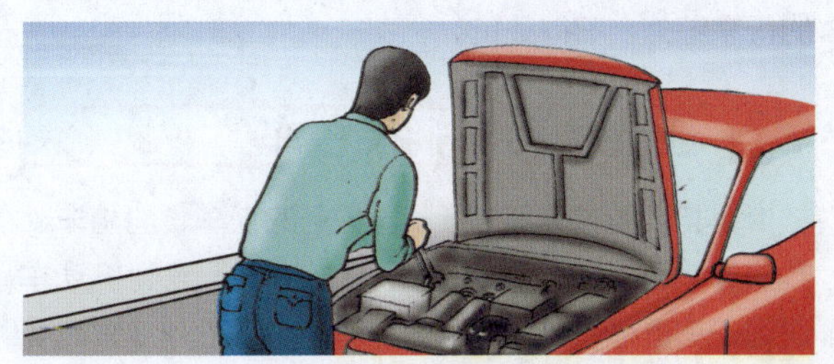

驾驶人驾驶机动车上道路行驶前，应当对机动车

的安全技术性能进行认真检查；不得驾驶安全设施不全或者机件不符合技术标准等具有安全隐患的机动车。

2 上路行驶要求

驾驶机动车上道路行驶，应当悬挂机动车号牌，放置检验合格标志、保险标志，并随车携带机动车行驶证和机动车驾驶证。机动车号牌应当按照规定悬挂并保持清晰、完整，不得故意遮挡、污损。

3 驾驶机动车禁止行为

饮酒、服用国家管制的精神药品或者麻醉药品，或者患有妨碍安全驾驶机动车的疾病，或者过度疲劳影响安全驾驶的，不得驾驶机动车。

驾驶机动车禁止行为

（1）在车门、车厢没有关好时行车；

（2）在机动车驾驶室的前后窗范围内悬挂、放置妨碍驾驶人视线的物品；

（3）拨打接听手持电话、观看电视等妨碍安全驾驶的行为；

（4）下陡坡时熄火或者空挡滑行；

（5）向道路上抛撒物品；

（6）连续驾驶机动车超过4小时未停车休息或者停车休息时间少于20分钟；

（7）在禁止鸣喇叭的区域或者路段鸣喇叭。

4 机动车载人载物规定

机动车载人不得超过核定的人数，禁止货运机动车载客。货运机动车需要附载作业人员的，应当设置保护作业人员的安全措施。摩托车后座不得乘坐未满12周岁的未成年人，轻便摩托车不得载人。驾驶人、乘坐人员应当按规定使用安全带。

机动车载物不得超过机动车行驶证上核定的载质量，严禁超载；载物的长、宽、高不得违反装载要求；装载长度、宽度不得超出车厢。客运机动车不得违反规定载货。载客汽车除车身外部的行李架和内置的行李箱外，不得载货。

5 避让特种车辆及校车

驾驶机动车遇到执行紧急任务的警车、消防车、救护车、工程救险车时，要及时让行。驾驶机动车遇到正在进行作业的道路养护车辆、工程作业车时要注意避让。

警车

消防车

救护车

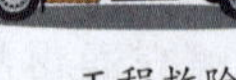

工程救险车

校车在同方向只有一条机动车道的道路上停靠时，后方车辆应当停车等待，不能超越。校车在同方向有两条以上机动车道的道路上停靠时，校车停靠车道后方和相邻机动车道上的机动车应当停车等待，其他机动车道上的机动车应当减速通过。校车后方停车等待的机动车不能鸣喇叭或者使用灯光催促校车。

6 机动车停车

驾驶机动车停车，要在规定地点停放。需要在路边停车时，选择在停车泊位内停放。

在道路上临时停车，不得妨碍其他车辆和行人通行。在没有施划停车泊位的道路上，路边停车要紧靠道路右侧，按顺行方向停放，车身距道路边缘不超过30厘米，机动车驾驶人不得离车，上下人员或者装卸物品后，立即驶离。遇机动车故障或交通事故停车时，车辆难以移动的，应当开启危险报警闪光灯。夜间须开启危险报警闪光灯、示廓灯和后位灯。

在设有禁停标志、标线的路段，在机动车道与非机动车道、人行道之间设有隔离设施的路段以及人行横道、施工地段，不得停车。

驾驶机动车在距离公共汽车站、急救站、加油站、消防栓或者消防队（站）门前30米以内的路段不得停车。

驾驶机动车在交叉路口、铁路道口、急弯路、宽度不足4米的窄路、桥梁、陡坡以及距上述地点50米以内的路段，不得停车。

车辆停稳前不得开车门和上下人员，开关车门不得妨碍其他车辆和行人通行。

7 机动车牵引挂车

（1）小型载客汽车牵引挂车时，只允许牵引旅居挂车或者总质量700千克以下的挂车，挂车不得载人。

（2）低速载货汽车不得牵引挂车。

8 交通事故处理

在道路上发生交通事故时，驾驶人应当立即停车，保护现场；造成人身伤亡的，车辆驾驶人应当立即抢救受伤人员，并迅速报告执勤的交通警察或者公安机关交通管理部门。因抢救受伤人员变动现场的，应当标明位置。

机动车在道路上发生交通事故，妨碍交通又难以移动的，应当开启危险报警闪光灯，并在车后50～100米处设置警告标志，驾驶人必须在确保安全的原则下，立即组织车上人员疏散到路外安全地点，避免发生次生事故。

1）自行协商处理

机动车与机动车、机动车与非机动车发生未造成人身伤亡的交通事故，当事人对事实及成因无争议的，可以自行协商处理损害赔偿事宜。车辆可以移动的，当事人应当在确保安全的原则下对现场拍照或者标划事故车辆现场位置后，立即撤离现场，将车辆移至不妨碍交通的地点，再进行协商。

警示

对应当自行撤离现场而未撤离的，交通警察应当责令当事人撤离现场；造成交通堵塞的，对驾驶人处以200元罚款；驾驶人有其他道路交通安全违法行为的，依法一并处罚。

当事人自行协商达成协议的，填写道路交通事故损害赔偿协议书，并共同签名。损害赔偿协议书内容包括事故发生的时间、地点、天气、当事人姓名、机动车驾驶证号、联系方式、机动车种类和号牌、保险凭证号、事故形态、碰撞部位、赔偿责任等内容。

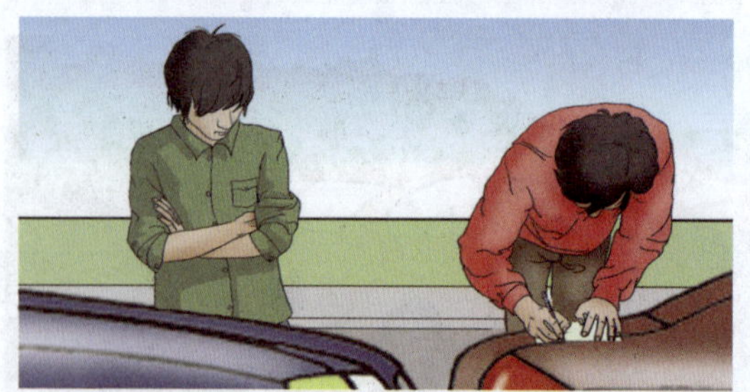

2）报警处理

道路交通事故有下列情形之一的，当事人应当保护现场并立即报警：

（1）事故造成人员死亡、受伤的；

（2）发生财产损失事故，当事人对事实或者成因有争议的，以及虽然对事实或者成因无争议，但协商损害赔偿未达成协议的；

（3）机动车无号牌、无检验合格标志、无保险标志的；

（4）载运爆炸物品、易燃易爆化学物品以及毒害性、放射性、腐蚀性、传染病病源体等危险物品车辆的；

（5）碰撞建筑物、公共设施或者其他设施的；

（6）驾驶人无有效机动车驾驶证的；

（7）驾驶人有饮酒、服用国家管制的精神药品或者麻醉药品嫌疑的；

（8）当事人不能自行移动车辆的。

发生财产损失事故，并具有上述第（2）项至第（5）项情形之一，车辆可以移动的，当事人可以在报警后，在确保安全的原则下对现场拍照或者标划停车位置，将车辆移至不妨碍交通的地点等候处理。

二 交通违法行为处罚

机动车驾驶人在行车过程中，有可能发生道路交通事故或触犯道路交通相关法律、法规，因此，驾驶人应充分了解《中华人民共和国刑法》、《中华人民共和国道路交通安全法》及实施条例、《道路交通安全违法行为处理程序规定》、《道路交通事故处理程序规定》中与驾驶人相关的条款。

1 刑事处罚

1）交通肇事罪

违反交通运输管理法规，因而发生重大事故，致人重伤、死亡或者使公私财产遭受重大损失的，处3年以下有期徒刑或者拘役；交通运输肇事后逃逸或者有其他特别恶劣情节的，处3年以上7年以下有期徒刑；因逃逸致人死亡的，处7年以上有期徒刑。

《中华人民共和国道路交通安全法》及实施条例规定的肇事逃逸的其他法律责任

（1）发生交通事故后当事人逃逸的，逃逸的当事人承担全部责任。但是，有证据证明对方当事人也有过错的，可以减轻责任。当事人故意破坏、伪造现场、毁灭证据的，承担全部责任。

（2）造成交通事故后逃逸，尚不构成犯罪的，由公安机关交通管理部门处200元以上2000元以下罚款，可以并处15日以下拘留。

（3）违反道路交通安全法律、法规的规定，发生重大交通事故，构成犯罪的，依法追究刑事责任，并由公安机关交通管理部门吊销机动车驾驶证。造成交通事故后逃逸的，由公安机关交通管理部门吊销机动车驾驶证，且终生不得重新取得机动车驾驶证。

2）危险驾驶罪

在道路上驾驶机动车，有追逐竞驶、情节恶劣的情形或醉酒驾驶机动车的情形，处拘役，并处罚金。同时构成其他犯罪的，依照处罚较重的规定定罪处罚。

3）伪造、变造、买卖驾驶证罪

伪造、变造、买卖居民身份证、护照、社会保障卡、驾驶证等依法可以用于证明身份的证件的，处3年以下有期徒刑、拘役、管制或者剥夺政治权利，并处罚金；情节严重的，处3年以上7年以下有期徒刑，并处罚金。

在依照国家规定应当提供身份证明的活动中，使用伪造、变造的或者盗用他人的居民身份证、护照、社会保障卡、驾驶证等依法可以用于证明身份的证件，情节严重的，处拘役或者管制，并处或者单处罚金。有前款行为，同时构成其他犯罪的，依照处罚较重的规定定罪处罚。

2 行政处罚

公安机关交通管理部门及其交通警察依据事实和有关规定对道路交通安全违法行为予以处罚。对道路交通安全违法行为的处罚种类包括：警告、罚款、暂扣或者吊销机动车驾驶证、拘留。

与C1、C2、C3准驾车型驾驶人相关的主要道路交通安全违法行为及具体处罚

序号	道路交通安全违法行为	处　罚
1	违反道路交通安全法律、法规关于道路通行规定	处警告或者20元以上200元以下罚款
2	饮酒后驾驶机动车	处暂扣6个月机动车驾驶证，并处1000元以上2000元以下罚款
	因饮酒后驾驶机动车被处罚，再次饮酒后驾驶机动车	处10日以下拘留，并处1000元以上2000元以下罚款，吊销机动车驾驶证
	醉酒驾驶机动车	由公安机关交通管理部门约束至酒醒，吊销机动车驾驶证，依法追究刑事责任；5年内不得重新取得机动车驾驶证
	饮酒后或者醉酒驾驶机动车发生重大交通事故，构成犯罪	依法追究刑事责任，并由公安机关交通管理部门吊销机动车驾驶证，终生不得重新取得机动车驾驶证

续上表

序号	道路交通安全违法行为	处罚
3	违反道路交通安全法律、法规关于机动车停放、临时停车规定	指出违法行为，并予以口头警告，令其立即驶离
	机动车驾驶人不在现场或者虽在现场但拒绝立即驶离，妨碍其他车辆、行人通行	处20元以上200元以下罚款，并可以将该机动车拖移至不妨碍交通的地点或者公安机关交通管理部门指定的地点停放
4	上道路行驶的机动车未悬挂机动车号牌，未放置检验合格标志、保险标志，或者未随车携带行驶证、驾驶证	公安机关交通管理部门应当扣留机动车，通知当事人提供相应的牌证、标志或者补办相应手续，并处警告或者20元以上200元以下罚款
	故意遮挡、污损或者不按规定安装机动车号牌	处警告或者20元以上200元以下罚款
5	伪造、变造或者使用伪造、变造的机动车登记证书、号牌、行驶证、驾驶证	由公安机关交通管理部门予以收缴，扣留该机动车，处15日以下拘留，并处2000元以上5000元以下罚款；构成犯罪的，依法追究刑事责任
	伪造、变造或者使用伪造、变造的检验合格标志、保险标志	由公安机关交通管理部门予以收缴，扣留该机动车，处10日以下拘留，并处1000元以上3000元以下罚款；构成犯罪的，依法追究刑事责任
	使用其他车辆的机动车登记证书、号牌、行驶证、检验合格标志、保险标志	由公安机关交通管理部门予以收缴，扣留该机动车，处2000元以上5000元以下罚款
6	非法安装警报器、标志灯具	由公安机关交通管理部门强制拆除，予以收缴，并处200元以上2000元以下罚款
7	机动车所有人、管理人未按照国家规定投保机动车第三者责任强制保险	由公安机关交通管理部门扣留车辆至依照规定投保后，并处依照规定投保最低责任限额应缴纳的保险费的2倍罚款
8	未取得机动车驾驶证、机动车驾驶证被吊销或者机动车驾驶证被暂扣期间驾驶机动车	由公安机关交通管理部门处200元以上2000元以下罚款；可以并处15日以下拘留
	将机动车交由未取得机动车驾驶证或者机动车驾驶证被吊销、暂扣的人驾驶	由公安机关交通管理部门处200元以上2000元以下罚款；可以并处吊销机动车驾驶证
	造成交通事故后逃逸，尚不构成犯罪	由公安机关交通管理部门处200元以上2000元以下罚款；可以并处15日以下拘留
	机动车行驶超过规定时速50%	由公安机关交通管理部门处200元以上2000元以下罚款；可以并处吊销机动车驾驶证

续上表

序号	道路交通安全违法行为	处 罚
8	强迫机动车驾驶人违反道路交通安全法律、法规和机动车安全驾驶要求驾驶机动车，造成交通事故，尚不构成犯罪	由公安机关交通管理部门处200元以上2000元以下罚款；可以并处15日以下拘留
	违反交通管制的规定强行通行，不听劝阻	由公安机关交通管理部门处200元以上2000元以下罚款；可以并处15日以下拘留
	故意损毁、移动、涂改交通设施，造成危害后果，尚不构成犯罪	由公安机关交通管理部门处200元以上2000元以下罚款；可以并处15日以下拘留
	非法拦截、扣留机动车辆，不听劝阻，造成交通严重阻塞或者较大财产损失	由公安机关交通管理部门处200元以上2000元以下罚款；可以并处15日以下拘留
9	驾驶拼装的机动车或者已达到报废标准的机动车上道路行驶	公安机关交通管理部门应当予以收缴，强制报废
	对驾驶拼装的机动车或者已达到报废标准的机动车上道路行驶的驾驶人	处200元以上2000元以下罚款，并吊销机动车驾驶证
	出售已达到报废标准的机动车	没收违法所得，处销售金额等额的罚款，对该机动车，公安机关交通管理部门应当予以收缴，强制报废
10	违反道路交通安全法律、法规的规定，发生重大交通事故，构成犯罪	依法追究刑事责任，并由公安机关交通管理部门吊销机动车驾驶证
	造成交通事故后逃逸	由公安机关交通管理部门吊销机动车驾驶证，且终生不得重新取得机动车驾驶证

3 行政强制措施

当驾驶人出现交通违法行为时，公安机关交通管理部门及其交通警察可以依法采取扣留车辆，扣留机动车驾驶证，拖移机动车，检验驾驶人体内酒精、国家管制的精神药品、麻醉药品含量，收缴物品，以及法律、法规规定的其他行政强制措施。驾驶人违法行为不同，被实施的行政强制措施也不同。

不同违法情形的行政强制措施

行政强制措施	违 法 情 形
1. 扣留车辆	（1）上道路行驶的机动车未悬挂机动车号牌，未放置检验合格标志、保险标志，或者未随车携带机动车行驶证、驾驶证的； （2）有伪造、变造或者使用伪造、变造的机动车登记证书、号牌、行驶证、检验合格标志、保险标志、驾驶证或者使用其他车辆的机动车登记证书、号牌、行驶证、检验合格标志、保险标志嫌疑的； （3）未按照国家规定投保机动车交通事故责任强制保险的； （4）公路客运车辆或者货运机动车超载的； （5）机动车有被盗抢嫌疑的； （6）机动车有拼装或者达到报废标准嫌疑的； （7）未申领《剧毒化学品公路运输通行证》通过公路运输剧毒化学品的；

续上表

行政强制措施	违法情形
2. 扣留机动车驾驶证	（1）饮酒后驾驶机动车的； （2）将机动车交由未取得机动车驾驶证或者机动车驾驶证被吊销、暂扣的人驾驶的； （3）机动车行驶超过规定时速50%的； （4）驾驶有拼装或者达到报废标准嫌疑的机动车上道路行驶的； （5）在一个记分周期内累积记分达到12分的
3. 拖移机动车	违反机动车停放、临时停车规定，驾驶人不在现场或者虽在现场但拒绝立即驶离，妨碍其他车辆、行人通行的，公安机关交通管理部门及其交通警察可以将机动车拖移至不妨碍交通的地点或者公安机关交通管理部门指定的地点
4. 检验驾驶人体内酒精、国家管制的精神药品、麻醉药品含量	（1）对酒精呼气测试等方法测试的酒精含量结果有异议的； （2）涉嫌饮酒、醉酒驾驶车辆发生交通事故的； （3）涉嫌服用国家管制的精神药品、麻醉药品后驾驶车辆的； （4）拒绝配合酒精呼气测试等方法测试的
5. 收缴物品	对非法安装警报器、标志灯具的，公安机关交通管理部门应当强制拆除，予以收缴，并依法予以处罚

交通违法记录消除情形

交通技术监控设备记录或者录入道路交通违法信息管理系统的违法行为信息，有下列情形之一并经核实的，应当予以消除：

（1）警车、消防车、救护车、工程救险车执行紧急任务的；

（2）机动车被盗抢期间发生的；

（3）有证据证明救助危难或者紧急避险造成的；

（4）现场已被交通警察处理的；

（5）因交通信号指示不一致造成的；

（6）不符合如下要求的：作为处理依据的交通技术监控设备收集的违法行为记录资料，应当清晰、准确地反映机动车类型、号牌、外观等特征以及违法时间、地点、事实；

（7）记录的机动车号牌信息错误的；

（8）因使用伪造、变造或者其他机动车号牌发生违法行为造成合法机动车被记录的；

（9）其他应当消除的情形。

第4节 机动车登记、检验与保险

国家对机动车实行登记制度。机动车经公安机关交通管理部门登记后，方可上道路行驶。尚未登记的机动车，需要临时上道路行驶的，应当取得临时通行牌证。

《中华人民共和国道路交通安全法实施条例》明确提出了机动车安全技术检验相关规定。为了保障机动车道路交通事故受害人依法得到赔偿，我国制定了《机动车交通事故责任强制保险条例》。驾驶人应严格遵守机动车安全技术检验与机动车交通事故责任强制保险相关规定。

三 机动车登记

机动车登记分为注册登记、变更登记、转让登记、抵押登记和注销登记。

1 注册登记

机动车所有人初次申领机动车号牌、行驶证的，应当向住所地的车辆管理所申请注册登记。申请机动车注册登记，应当交验机动车，并提交机动车所有人的身份证明、购车发票等机动车来历证明、机动车整车出厂合格证明或者进口机动车进口凭证、车辆购置税完税证明或者免税凭证（法律规定不属于征收范围的除外）和机动车交通事故责任强制保险凭证，此外，还有法律、行政法规规定应当在机动车注册登记时提交的其他证明、凭证。

不属于经海关进口的机动车和国务院机动车产品主管部门规定免予安全技术检验的机动车，还应当提供机动车安全技术检验合格证明。

2 变更登记

当出现下列任意一种情形时，机动车所有人应当向登记地车辆管理所申请变更登记：

（1）改变机动车车身颜色的；

（2）更换发动机的；

（3）更换车身或者车架的；

（4）因质量有问题更换整车的；

（5）机动车登记时使用性质改变的；

（6）机动车所有人的住所迁出或者迁入车辆管理所管辖区域的。

申请变更登记的，机动车所有人应当交验机动车，确认申请信息，并提交以下证明、凭证：

（1）机动车所有人的身份证明；

（2）机动车登记证书；

（3）机动车行驶证；

（4）属于更换发动机、车身或者车架的，还应当提交机动车安全技术检验合格证明；

（5）属于因质量问题更换整车的，还应当按照规定提交相关证明、凭证。

3 转让登记

已注册登记的机动车所有权发生转让的，应当及时办理转让登记。申请机动车转让登记，现所有人应当交验机动车，并提交机动车现所有人的身份证明，机动车所有权转移的证明、凭证，机动车登记证书和机动车行驶证。

4 抵押登记

机动车所有人将机动车作为抵押物抵押的，机动车所有人和抵押权人应当向登记地车辆管理所申请抵押登记。

5 注销登记

机动车有下列情形之一的，机动车所有人应当向登记地车辆管理所申请注销登记：

（1）机动车已达到国家强制报废标准的；

（2）机动车未达到国家强制报废标准，机动车所有人自愿报废的；

（3）因自然灾害、失火、交通事故等造成机动车灭失的；

（4）机动车因故不在我国境内使用的；

（5）因质量问题退车的。

属于第（4）项、第（5）项规定情形的，机动车所有人申请注销登记前，应当将涉及该车的道路交通安全违法行为和交通事故处理完毕。属于第（1）项、第（2）项规定情形，机动车所有人应当向报废机动车回收企业交售机动车，确认申请信息，提交机动车登记证书、号牌和行驶证。报废机动车回收企业应当确认机动车，向机动车所有人出具报废机动车回收证明，七日内将申请表、机动车登记证书、号牌、行驶证和报废机动车回收证明副本提交车辆管理所。

因机动车灭失申请注销登记的，机动车所有人应当向公安机关交通管理部门提交本人身份证明，交回机动车登记证书。

机动车登记证书、号牌和行驶证灭失、丢失或损毁的处理办法

机动车登记证书灭失、丢失或者损毁的，机动车所有人应当向登记地车辆管理所申请补领、换领。申请时，机动车所有人应当确认申请信息并提交身份证明。

机动车号牌、行驶证灭失、丢失或者损毁的，机动车所有人应当向登记地车辆管理所申请补领、换领。申请时，机动车所有人应当确认申请信息并提交身份证明。

二 机动车安全技术检验

机动车应当从注册登记之日起，按照下列期限进行安全技术检验：

（1）载货汽车10年以内每年检验1次；超过10年的，每6个月检验1次；

（2）小型、微型非营运载客汽车6年以内每2年检验1次；超过6年的，每年检验1次；超过15年的，每6个月检验1次。

小型、微型非营运载客汽车检验要求

根据公安部、国家质量监督检验检疫总局2014年印发的《关于加强和改进机动车检验工作的意见》及2020年10月公安部交通管理局推出的12项便民新措施，2020年11月20日后，小型、微型非营运载客汽车检验要求如下：

（1）注册登记6年以内的非营运轿车和其他小型、微型载客汽车（面包车除外），每2年需要定期检验时，机动车所有人提供交通事故强制责任保险凭证、车船税纳税或者免征证明后，可以直接向公安机关交通管理部门申请领取检验标志，无需到检验机构进行安全技术检验。申请前，机动车所有人应当将涉及该车的道路交通安全违法行为和交通事故处理完毕。但车辆如果发生过造成人员伤亡的交通事故的，仍应按原规定的周期进行检验。

（2）非营运轿车和其他小型、微型载客汽车（面包车除外）超过6年不满10年的，由每年检验1次调整为每2年检验1次。

三 机动车交通事故责任强制保险

机动车交通事故责任强制保险，是指由保险公司对被保险机动车发生道路交通事故造成本车人员、被保险人以外的受害人的人身伤亡、财产损失，在责任限额内予以赔偿的强制性责任保险。机动车所有人或者管理人，应当依照规定投保机动车交通事故责任强制保险。

对未参加机动车交通事故责任强制保险的机动车，机动车管理部门不予登记，机动车安全技术检验机构不予检验。

被保险人应当在被保险机动车上放置保险标志。

警示

上道路行驶的机动车未放置保险标志的，公安机关交通管理部门应当扣留机动车，通知当事人提供保险标志或者补办相应手续，可以处警告或者20元以上200元以下罚款。

任何单位或者个人不得伪造、变造或者使用伪造、变造的保险单、保险标志。

公安机关交通管理部门及其交通警察在调查处理道路交通安全违法行为和道路交通事故时，依法检查机动车交通事故责任强制保险的保险标志。

警示

机动车所有人、管理人未按照规定投保机动车交通事故责任强制保险的，由公安机关交通管理部门扣留机动车，通知机动车所有人、管理人依照规定投保，处依照规定投保最低责任限额应缴纳的保险费的2倍罚款。

被保险机动车没有发生道路交通安全违法行为和道路交通事故的，保险公司应当在下一年度降低其保险费率。在此后的年度内，被保险机动车仍然没有发生道路交通安全违法行为和道路交通事故的，保险公司应当继续降低其保险费率，直至最低标准。被保险机动车发生道路交通安全违法行为或者道路交通事故的，保险公司应当在下一年度提高其保险费率。多次发生道路交通安全违法行为、道路交通事故，或者发生重大道路交通事故的，保险公司应当加大提高其保险费率的幅度。在道路交通事故中被保险人没有过错的，不提高其保险费率。

机动车交通事故责任强制保险的保险期间为1年，但有境外机动车临时入境的、机动车临时上道路行驶的、机动车距规定的报废期限不足1年的及符合保监会规定的其他情形的，投保人可以投保短期机动车交通事故责任强制保险。

保险公司不承担赔偿责任的情形

当出现以下情形之一，发生道路交通事故的，造成受害人的财产损失，保险公司不承担赔偿责任。保险公司在机动车交通事故责任强制保险责任限额范围内垫付抢救费用，并有权向致害人追偿：

（1）驾驶人未取得驾驶资格或者醉酒的；

（2）被保险机动车被盗抢期间肇事的；

（3）被保险人故意制造道路交通事故的。

第二章

交通信号

道路交通信号包含交通信号灯、交通标志、交通标线和交通警察指挥手势。道路交通信号是驾驶人必须掌握的最基本内容，掌握道路交通信号的种类、含义及其作用，可帮助驾驶人养成严格按照交通信号指示通行的习惯，保障道路交通畅通、有序。

第1节 交通信号灯

交通信号灯按功能分类，包括机动车信号灯、车道信号灯、方向指示信号灯、闪光警告信号灯、道口信号灯、掉头信号灯、非机动车信号灯、左转非机动车信号灯和人行横道信号灯。其中，非机动车信号灯、左转非机动车信号灯和人行横道信号灯用于指示非机动车和行人通行；其余交通信号灯用于指示机动车通行，但在未设置非机动车信号灯和人行横道信号灯的路口，非机动车和行人应当按照机动车信号灯的指示通行。本节主要介绍指示机动车通行的交通信号灯。

交通信号灯

① 机动车信号灯

机动车信号灯有红、黄、绿三种颜色。

绿灯亮时，准许车辆通行，但转弯的车辆不得妨碍被放行的直行车辆、行人通行。

黄灯亮时，已越过停止线的车辆可以继续通行；没有越过停止线的车辆需停车等待，不得进入路口，更不得加速抢行通过交叉路口。

红灯亮时，禁止车辆通行，车辆不得越过停止线；右转弯的车辆在不妨碍被放行的车辆、行人通行的情况下，可以通行。

② 车道信号灯

车辆行驶在设置了车道信号灯的道路上，必须选择绿色箭头灯亮的车道行驶。

绿色箭头灯亮时，准许本车道车辆按指示方向通行。

红色叉形灯或者红色箭头灯亮时，禁止本车道车辆通行。

3 方向指示信号灯

方向指示信号灯设置于路口，用于指导某一方向上机动车通行。

箭头方向向左、向上、向右分别表示左转、直行、右转。

绿色箭头表示允许车辆沿箭头所指方向通行；红色箭头表示禁止车辆沿箭头所指方向通行；黄色箭头表示对箭头所指方向车辆起黄灯作用。

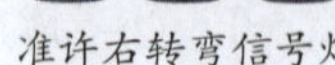

准许右转弯信号灯

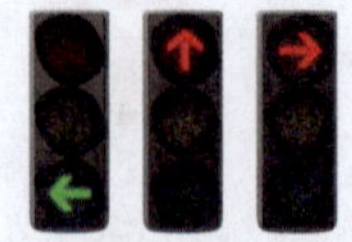

准许左转弯信号灯

准许直行和右转弯信号灯

4 闪光警告信号灯

闪光警告信号灯为持续闪烁的黄灯，提示车辆、行人通行时注意瞭望，确认安全后通过。

5 道口信号灯

道路与铁路平面交叉道口有两个红灯交替闪烁或者一个红灯亮时，表示火车要通过了，此时禁止车辆、行人通行，车辆不得越过停止线。

红灯熄灭时，表示允许车辆、行人通行。

6 掉头信号灯

绿灯亮时，准许车辆掉头。掉头时，不得妨碍正常行驶的其他车辆或者行人通行。红灯亮时，禁止车辆掉头。

第 2 节 交通标志

交通标志包括禁令标志、指示标志、警告标志、指路标志、旅游区标志、告示标志和辅助标志 7 种。交通标志以颜色、形状、字符、图形等向道路使用者传递信息，促进交通畅通和行车安全。

交通标志

一 禁令标志

禁令标志的作用是禁止、限制及相应解除，道路使用者应严格遵守。禁令标志的颜色为白底、红圈、红杠、黑图形；图形压杠；形状为圆形。个别标志例外。

停车让行	减速让行	会车让行	禁止通行	禁止驶入

车辆必须在进入路口前完全停止，确认安全后才可以通行	相交道路有优先通行权，车辆应慢行或停车，观察相交道路行车情况，让相交道路车辆优先通行且确认安全时，方可通行	车辆会车时，必须停车让对向车先行	前方道路禁止一切车辆和行人通行	前方路段禁止一切车辆驶入（含非机动车）
禁止车辆停放	**禁止车辆长时停放**	**停车检查**	**禁止机动车驶入**	**禁止载货汽车驶入**

在限定的范围内，禁止一切车辆临时或长时停、放，无论驾驶人是否离开车辆	在限定的范围内，禁止一切车辆长时间停、放，临时停车不受限制	前方是机动车必须停车接受检查的地点	前方路段禁止各类机动车驶入	前方路段禁止载货汽车驶入（含载货专项作业车）

禁止三轮车驶入

前方路段禁止三轮车驶入

禁止大型载客汽车驶入

前方路段禁止大型载客汽车驶入

禁止小型载客汽车驶入

前方路段禁止小型载客汽车驶入

禁止挂车、半挂车驶入

前方路段禁止挂车、半挂车驶入

禁止拖拉机驶入

前方路段禁止各类拖拉机驶入

禁止三轮汽车、低速货车驶入

前方路段禁止三轮汽车、低速货车驶入

禁止摩托车驶入

前方路段禁止摩托车驶入

禁止某两种车辆驶入

前方路段禁止标志上所示的两种车辆驶入

禁止非机动车进入

前方路段禁止非机动车进入

禁止电动自行车进入

前方路段禁止电动自行车进入

禁止畜力车进入

前方路段禁止畜力车进入

禁止人力客运三轮车进入

前方路段禁止人力客运三轮车进入

禁止人力货运三轮车进入

前方路段禁止人力货运三轮车进入

禁止人力车进入

前方路段禁止人力车进入

禁止行人进入

前方路段禁止行人进入

禁止向左转弯

前方路口禁止一切车辆向左转弯

禁止向右转弯

前方路口禁止一切车辆向右转弯

禁止直行

前方路口禁止一切车辆直行

禁止向左和向右转弯

前方路口禁止一切车辆向左向右转弯

禁止直行和向左转弯

前方路口禁止一切车辆直行和向左转弯

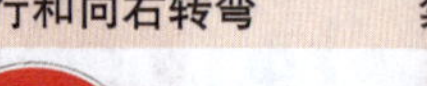

禁止直行和向右转弯

前方路口禁止一切车辆直行和向右转弯

禁止掉头

前方路段禁止机动车掉头

禁止鸣喇叭

前方道路禁止车辆鸣喇叭

限制宽度

前方路段禁止车货总体外廓宽度超过标志所示数值的车辆通行

限制高度

前方路段禁止车货总体外廓高度超过标志所示数值的车辆通行

限制质量

前方路段禁止总质量超过标志所示数值的车辆通行

限制轴重

前方路段禁止轴重超过标志所示数值的车辆通行

禁止超车

前方路段禁止机动车超车，直到出现解除禁止超车标志

解除禁止超车

禁止超车路段结束，与禁止超车标志配合使用

限制速度

本标志至前方解除限制速度标志或另一块不同限速值的限制速度标志的路段内，机动车行驶速度不准超过标志所示数值

解除限制速度	区域限制速度	区域限制速度解除	禁止危险物品运输车辆驶入

限制速度路段结束，与限制速度标志配合使用	本区域范围内，机动车行驶速度不准超过标志所示数值	本区域限制速度路段结束	前方路段禁止危险物品运输车辆驶入

区域禁止车辆长时停放	区域禁止车辆长时停放解除	区域禁止车辆停放	区域禁止车辆停放解除

本区域范围内，禁止一切车辆长时间停、放，临时停车不受限制	本区域禁止车辆长时停放解除	本区域范围内，禁止一切车辆停、放，无论驾驶人是否离开车辆	本区域禁止停车解除

二 指示标志

指示标志的作用是指示车辆、行人按标志指示的路线、方向行驶，道路使用者应遵循。指示标志的颜色为蓝底、白图形；形状为圆形、长方形和正方形。个别标志例外。

直行	向左转弯	向右转弯	直行和向左转弯	直行和向右转弯
		 		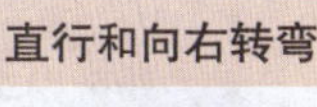 
前方路口一切车辆只准直行	前方路口一切车辆只准向左转弯	前方路口一切车辆只准向右转弯	前方路口一切车辆只准直行和向左转弯	前方路口一切车辆只准直行和向右转弯

向左和向右转弯	分隔带右侧行驶	分隔带左侧行驶	环岛行驶

前方路口一切车辆只准向左和向右转弯	前方路段一切车辆只准在分隔设施的右侧行驶	前方路段一切车辆只准在分隔设施的左侧行驶	前方环岛，一切车辆只准靠右环行，车辆进入环岛时应让环岛内车辆优先通行

单行路

前方道路为单向行驶，驶入单行路的机动车应按标志指示方向行车

行人

前方道路只供步行，任何车辆不准进入

非机动车与行人通行

共享空间通行

分开空间通行

该道路仅供非机动车与行人通行，机动车不准进入

非机动车推行

表示该道路仅供非机动车推行，不准骑行

鸣喇叭

机动车行至本标志处应鸣喇叭，以提醒其他道路使用者注意

开车灯

表示机动车行至该标志处应开启车灯

最低限速

前方道路的最低时速限制

会车先行

前方路段车辆在会车时享有优先通行权利，与会车让行标志配合使用

人行横道

表示此处为人行横道，机动车驾驶人应注意观察行人，遇行人已进入人行横道时应停车让行人通过

右转车道

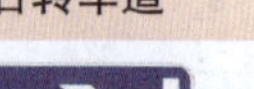

所指示的车道为右转车道

左转车道

所指示的车道为左转车道

直行车道

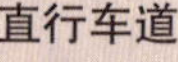

所指示的车道为直行车道

直行和右转合用车道

所指示的车道为直行和右转合用车道

直行和左转合用车道

所指示的车道为直行和左转合用车道

掉头车道

所指示的车道为掉头车道

掉头和左转合用车道

所指示的车道为掉头和左转合用车道

组合设置的分向行驶车道

各车道车辆应按照标志指示方向行驶

允许掉头

此处允许机动车掉头

多乘员车辆（HOV）专用车道

所指示的车道只供多乘员的车辆行驶，人数规定在标志右上角表示

公交专用车道

所指示车道仅供公交车辆、通勤班车等大型载客汽车行驶

快速公交系统（BRT）专用车道

所指示车道仅供快速公交系统（BRT）车辆行驶

有轨电车专用车道

表示该车道仅供有轨电车通行

机动车行驶

前方道路只供机动车行驶

机动车车道

所指示车道只供机动车行驶

小型客车车道

指示车道仅供小型客车通行

非机动车行驶

前方道路只供非机动车行驶

非机动车车道

所指示车道只供非机动车行驶

电动自行车行驶

前方道路仅供电动自行车通行

电动自行车车道

指示车道仅供电动自行车通行

靠右侧车道行驶

车辆除必要的超车行为外应靠右侧车道行驶

货车通行

货车应在该道路上行驶，其他车辆也可以在该道路上行驶

硬路肩允许行驶

硬路肩允许行驶路段开始

硬路肩允许行驶路段即将结束

硬路肩允许行驶路段结束

表示该处硬路肩允许通行

停车位

本区域允许机动车停放

从标志处向箭头指示方向有可以停放机动车的区域

从标志处向箭头指示方向有可以停放机动车的区域

本区域可按图示占用部分人行道边缘停放机动车

三 警告标志

警告标志的作用是警告车辆驾驶人应注意前方有难以发现的情况，需减速慢行或采取其他安全行动的情况。警告标志的颜色为黄底、黑边、黑图形；形状为等边三角形（顶角朝上）或矩形。个别标志例外。

十字交叉路口

警告前方道路有十字交叉路口，应谨慎慢行，注意横向车辆

T 形交叉路口

警告前方道路有与上述图形相符的 T 形交叉路口，应谨慎慢行，注意横向车辆

环形交叉路口

警告前方道路有环形交叉路口，应谨慎慢行，注意横向车辆

Y形交叉路口

警告前方道路有与上述图形相符的Y形交叉路口，应谨慎慢行，注意横向车辆

不同道路宽度的交叉路口标志

警告前方交叉路口被交道路比当前道路窄，应谨慎慢行，注意横向来车

急弯路

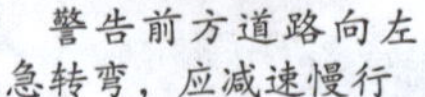
警告前方道路向左急转弯，应减速慢行

警告前方道路向右急转弯，应减速慢行

反向弯路

警告前方道路连续有两个方向相反的急弯路，应减速慢行

连续弯路

警告前方道路有连续三个或三个以上的方向相反的弯路，应减速慢行

陡坡

上陡坡

提醒前方有向上的陡坡路段，应小心驾驶

下陡坡

提醒前方有向下的陡坡路段，应小心驾驶

连续下坡

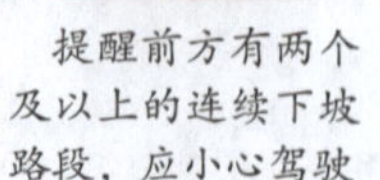
提醒前方有两个及以上的连续下坡路段，应小心驾驶

事故易发路段

警告前方为交通事故易发路段，应谨慎驾驶

注意危险

提醒前方是其他警告标志不能包括的危险路段，应谨慎慢行

窄路

左侧变窄

两侧变窄

右侧变窄

警告前方是车行道或路面变窄的路段，遇来车应减速避让

窄桥

警告前方桥面宽度变窄，应谨慎驾驶

易滑

警告前方路面较滑，易发生事故，应减速慢行

注意行人

警告前方道路设有人行横道线，应减速慢行，注意行人

注意儿童

警告前方是儿童频繁出入的地点，应减速慢行，注意儿童

注意非机动车

提醒前方道路经常有非机动车横穿或出入，应注意慢行

注意电动自行车

用以提醒车辆驾驶人谨慎驾驶，注意电动自行车

注意残疾人

提醒前方是残疾人经常出入地点，应减速慢行，注意残疾人

注意横风

提醒前方路段经常有很强的侧向风，应小心驾驶

注意牲畜

提醒前方路段经常有牲畜横穿或出入，应注意慢行

注意野生动物

提醒前方路段经常有野生动物横穿或出入，应注意慢行

隧道

提醒前方是受地形或其他因素影响，不易发现的隧道，应注意慢行

注意信号灯

警告前方路段设有信号灯，应按信号灯指示行车

注意落石

提醒前方是有落石危险的傍山路段，应注意落石

傍山险路

提醒前方是傍山险路，应小心驾驶

村庄

提醒前方是紧靠村庄、集镇且视线不良的路段，应小心驾驶

堤坝路

提醒前方是沿水库、湖泊、河流等堤坝道路，应小心驾驶

过水路面（漫水桥）

提醒前方是过水路面或漫水桥路段，应停车察明水情，确认安全后，低速通过

驼峰桥

提醒前方是拱度很大、影响视距的驼峰桥，应谨慎驾驶

路面不平

提醒前方路面颠簸或有桥头跳车比较严重，应减速慢行

减速丘

提醒前方路面设有减速丘，应减速慢行

施工

警告前方道路施工，应减速慢行或绕道行驶

交通事故管理标志

警告前方路段正在进行道路交通事故管理，应减速慢行、停车等候或绕道行驶

有人看守铁路道口

警告前方是有人看守的铁路道口，应减速或停车观察，按照交通信号或管理人员的指挥通行

无人看守铁路道口

警告前方是无人看守的铁路道口，应按照交通信号指示通行，无交通信号时应减速或停车观察，确认安全后通过

叉形符号

表示多股铁路与道路相交，设在铁路道口标志上方

斜杠符号

50 米　100 米　150 米

设在“无人看守铁路道口”标志下方的红色斜杠，表示距无人看守铁路道口的距离，一条斜杠代表 50 米

注意障碍物

左右绕行

左侧绕行

右侧绕行

提醒前方道路有障碍物，应谨慎驾驶

注意合流

警告前方有车辆汇合，需提高警惕

双向交通

提醒前方是不分离双向行驶路段，应注意会车

注意潮汐车道

警告前方为潮汐车道，即前方车道上车辆行驶方向可随交通管理需要变化

注意保持车距

警告前方路道路侧干扰较少、行驶速度较高，应注意和前车保持安全距离

注意前方车辆排队

警告车辆驾驶人注意前方车辆排队

注意路面结冰

警告车辆驾驶人注意路面结冰，应谨慎驾驶

注意雨（雪）天

警告车辆驾驶人注意雨（雪）天，应谨慎驾驶

注意雾天

警告车辆驾驶人注意雾天，应谨慎驾驶

注意不利气象条件

警告车辆驾驶人注意不利气象条件，应谨慎驾驶

注意积水

提醒车辆驾驶人前方路段雨天易积水，应谨慎驾驶

建议速度

提醒车辆驾驶人以建议的速度行驶

注意车道数变少

提醒车辆驾驶人注意前方车道数量变少

线形诱导标

引导行车方向，提醒驾驶人前方线形变化，注意按标志指示改变行驶方向，谨慎驾驶

避险车道

提醒前方道路设置了避险车道，即供速度失控车辆驶离原车道，进行安全减速的专用车道

四 指路标志

指路标志的作用是指引道路信息，为驾驶人传递道路方向、地点、距离等信息。一般道路上的指路标志为蓝底、白图形、白边框、蓝色衬边；高速公路和城市快速路指路标志为绿底、白图形、白边框、绿色衬边。指路标志形状为长方形和正方形，个别标志例外。

交叉路口预告

图形式	堆叠式	车道式

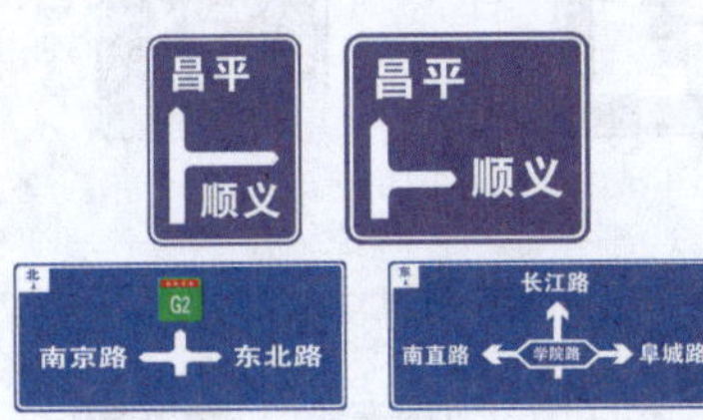

一般图形式

环岛图形式

用以预告前方交叉路口形式、交叉道路的编号或名称、通往方向、路线方向等信息，有三种版面形式：图形式、堆叠式、车道式

地点距离

指示前方道路要经过的重要公路编号、道路名称、地名和距离

道路编号

G105

国道编号
指示当前所行驶道路的国道编号

S203

省道编号
指示当前所行驶道路的省道编号

X008

县道编号
指示当前所行驶道路的县道编号

Y002

乡道编号
指示当前所行驶道路的乡道编号

街道名称

指示当前街道名称

电动汽车充电站

地铁

加油站

地点识别

急救站

飞机场

多个重要场所

为道路使用者提供各种重要场所的识别和指向

道路名称方向

西土城路

指示被交道路名称

行政区划分界

北京界

指示当前处于行政区划的分界处

道路管理分界

顺义道班

指示当前处于道路养护段、道班管辖分界处

地名

上清水　斋堂镇　沿河城

指示前方道路沿线经过的市、县、镇、村

著名地点

昆仑山口
海拔 2247m

指示前方道路沿线经过的著名桥梁、著名隧道和重要垭口等地点

露天停车场

附近设有露天停车场

室内停车场

附近设有室内停车场

错车道

指示前方路段设有避让来车的处所

港湾式紧急停车带

无障碍专用设施

指示附近设有无障碍设施

人行天桥

附近设有天桥，指引行人通往天桥的位置

人行地下通道

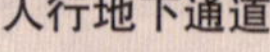

附近设有地下通道，指引行人通往地下通道入口的位置

应急避难设施（场所）

附近有应急避难设施，指引行人通行应急避难设施的位置

观景台

标志指示方向有观景台

服务站

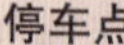

用以指引服务站

停车点

用以指引停车点

绕行

前方路口车辆需按照标志所指示的路线绕行

此路不通

指示前方道路无出口，不能通行

车道数增加

前方车道数量增加，需谨慎驾驶

超限检测站

预告和指引超限检测站的位置

隧道出口距离

告知到前方隧道出口的距离

入口预告

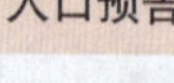

预告前方进入高速公路或城市快速路入口的距离及行车方向

地点、方向

指示前方高速公路或城市快速路的两个行驶方向

编号	命名编号	地点距离	城市区域多个出口时的地点距离
指示高速公路的编号，用于指路标志上	指示高速公路的名称与编号，作为高速公路的入口标志以及行车确认标志	预告前方所要经过的重要的地点、道路的名称或编号和距离	城市区域多个出口时，表明前方城市的出口数量以及每个出口所能到达的地点信息、距离

路名	出口编号	下一出口预告
指示高速公路或城市快速路的名称，作为入口标志以及行车确认标志	设置在出口预告标志顶角处，标识出口编号	预告下一出口的信息和距离

出口预告

一般互通式立体交叉出口预告及出口方向

枢纽互通式立体交叉的出口预告及出口方向

预告前方出口的距离、出口编号及行车方向

直出车道出口方向

直出车道是从主线连续行驶不变车道将直接驶出高速公路的主线车道

里程牌

指示高速公路或城市快速路的里程、公路编号或名称

百米牌

设在高速公路或城市快速路两侧各里程牌之间，每隔100米设一块

道路分岔预告

预告前方道路开始分岔

300米、200米、100米出口预告

用以预告距离出口300米、200米、100米

出口标志

指示高速公路或城市快速路出口编号及行车方向

高速公路起点

指示高速公路或城市快速路的起点

终点预告

预告高速公路或城市快速路终点的距离

终点提示

提示高速公路或城市快速路的终点，即将进入普通公路

国家高速公路、省级高速公路终点

指示高速公路或城市快速路的终点

特殊天气建议速度

提醒车辆驾驶人在雨、雪、雾等特殊天气下，根据能看清楚道路两侧的白色半圆状车距确认线数量来确定相应的建议行驶速度

救援电话

指示救援电话号码

紧急电话

指示高速公路紧急电话的位置

电话位置指示

指示距此处最近紧急电话的方向及距离

加油站

前方有通往加油站的入口，指示加油站的位置

紧急停车带

前方路段设有紧急停车的位置

道路交通信息

指示高速公路或城市快速路上收听交通信息广播的频率

计重收费

前方收费站采用计重收费

停车领卡

进入高速公路或城市快速路收费站入口，需停车领卡

电子不停车收费（ETC）车道指示

指示前方收费站的电子不停车收费车道，黄色箭头表示ETC车辆的行驶方向

设有电子不停车收费（ETC）车道的收费站预告及收费站

预告前方收费站的距离和收费方式

电子不停车收费（ETC）车道、人工收费车道、绿色通道标志

电子不停车收费（ETC）车道

人工收费车道

绿色通道

用以指明电子不停车收费（ETC）车道、人工收费车道、绿色通道，附着于收费大棚收费车道上方

方向标志

指引道路路线方向，与指路标志一起使用，包括东、南、西、北四个方向

服务区预告

预告前方服务区的位置和服务区能提供的服务，服务区一般可提供停车、加油、维修、餐饮、超市、住宿等综合性服务

停车区预告

预告前方停车区（设置的临时停靠点，不允许长时间停靠）的位置

停车场预告

预告前方停车场（供车辆停放的场地）的距离和位置

停车场

露天停车场　室内停车场

此处有停车场

爬坡车道

指示前方最右侧车道是大型重载车辆爬坡专用的车道

五 旅游区标志

旅游区标志的作用是方便旅游者识别通往旅游区的方向和距离，了解旅游项目的类别。旅游区标志的颜色为棕底、白字（图形）、白边框、棕色衬边；形状为矩形。

旅游区距离

告知道路前方旅游区的名称、有代表性的图形以及前往旅游区的距离

旅游区方向

告知道路前方旅游区的名称、有代表性的图形以及前往旅游区的方向

旅游符号

信息服务

徒步

索道

野营地

营火

骑马

钓鱼

高尔夫球

潜水

游泳

划船

冬季游览区

滑雪

滑冰

旅居车营地

告知旅游者道路前方旅游景点可提供的旅游项目类别、前往各旅游景点的指引以及具有代表性的符号

六 告示标志

告示标志的作用是解释道路设施、指引路外设施或者告示有关道路交通安全法规及交通管理安全行车的提醒等内容。一般告示标志为白底、黑字、黑图形、黑边框。

道路设施解释标志

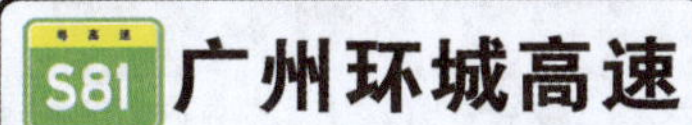

高速公路编号信息

用以告知驾驶人所在高速公路编号信息等

交通监控设备信息

区间测速信息

用以告知驾驶人交通监控设备信息、区间测速信息

路外设施指引

车辆管理所 →
税务服务厅 →

用以指引对外服务的政府机关、餐饮住宿、24小时药店等

行车安全提醒标志

驾驶时禁用手持电话	禁扔弃物	系安全带	交替通行	严禁空挡下坡	前方车道控制
提醒驾驶人驾车时不要使用手持电话	提醒驾驶人、乘坐人员不要向车外抛洒物品	提醒驾驶人、乘坐人员应按规定使用安全带	提醒驾驶人应依次交替通过合流处或车道减少的路口、路段	提醒驾驶人在下坡路段不要空挡行驶	提醒驾驶人前方车道控制

用以提醒驾驶人在行驶过程中要注意的情况或需要避免的驾驶行为，包括相关法律法规禁止的行为

七 辅助标志

辅助标志附设在以上6种主标志下，对其进行辅助说明。辅助标志的颜色为白底、黑字（图形）、黑边框、白色衬边；形状为矩形。

时间范围

7:30-10:00

7:30-10:00
16:00-18:30

附在某些标志下方，规定时间范围

行驶方向

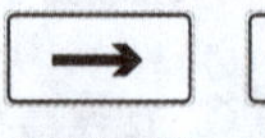

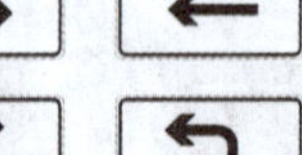

附在禁令或指示标志下方，规定方向路段；附在指路标志下方，表示指路标志所指公路、地点、设施的方向

公交车除外	机动车	货车	货车、拖拉机
公交车除外			

附在某些标志下方，规定车辆的种类、属性

向前200米	向左100米	向左、向右各50米	向右100米	某区域内
200m ↑	← 100m	← 50m | 50m →	100m →	二环路区域内

对禁令和指示标志规定区域的范围

距离某地 200 米

200m

对指路、旅游区和警告标志表示到达所指设施、危险点的距离

长度

长度 5km

对指路、警告标志表示所指示设施或路段的长度

组合辅助

100m 7:30-18:30

主标志下需安装两块以上辅助标志时，可采用此组合形式

教练车行驶路线

教练路线

驾驶考试路线

考试路线

附在警告、禁令标志下方，表示警告、禁令的理由

学校

学校

海关

海关

事故

事故

塌方

塌方

附在警告、禁令标志下方，表示警告、禁令的理由

八 隧道内常用标志

疏散

设置于隧道内两侧墙上，每隔 50 米设置一处，逃生时可根据疏散标志上的指示，向最近的疏散通道或出口逃生。

紧急停车带

主要是指示驾驶人在遇到紧急情况时在何处可以暂时停车，是每一个隧道内必不可少的一种安全指示标志。

紧急电话

位于行车方向右侧，当在隧道内遇到事故时，第一时间按下绿色按钮，就可直接与隧道管理人员通话，请求救援。

消防设备箱

设置于消防设备箱上方。在隧道内遇到火灾事故时，车主可直接取出使用。

行车横（疏散）通道

设置于行车横通道口侧墙上，用于指示隧道内车行横通道的位置，紧急情况时，指引车辆沿车行横通道逃生至对向隧道或其他安全的地方。

人行横（疏散）通道

设置于行车横通道口侧墙上，用于指示隧道内人行横通道或人行疏散通道的位置。

提示 易混淆交通标志辨识

两侧变窄

窄桥

傍山险路

注意落石

过水路面（漫水桥）

渡口

有人看守铁路道口

无人看守铁路道口

停车让行

减速让行

禁止机动车驶入

禁止小型客车驶入

禁止通行

禁止驶入

禁止停车

禁止长时停车

禁止鸣喇叭

鸣喇叭

机动车行驶

机动车车道

错车道

紧急停车带

步行

人行横道

非机动车行驶

非机动车车道

环岛行驶

环形交叉路口

注意行人

注意儿童

隧道

隧道开车灯

事故易发路段

注意危险

左侧通行

右侧通行

Y 形交叉路口

注意合流

注意牲畜

注意野生动物

注意潮汐车道

注意保持车距

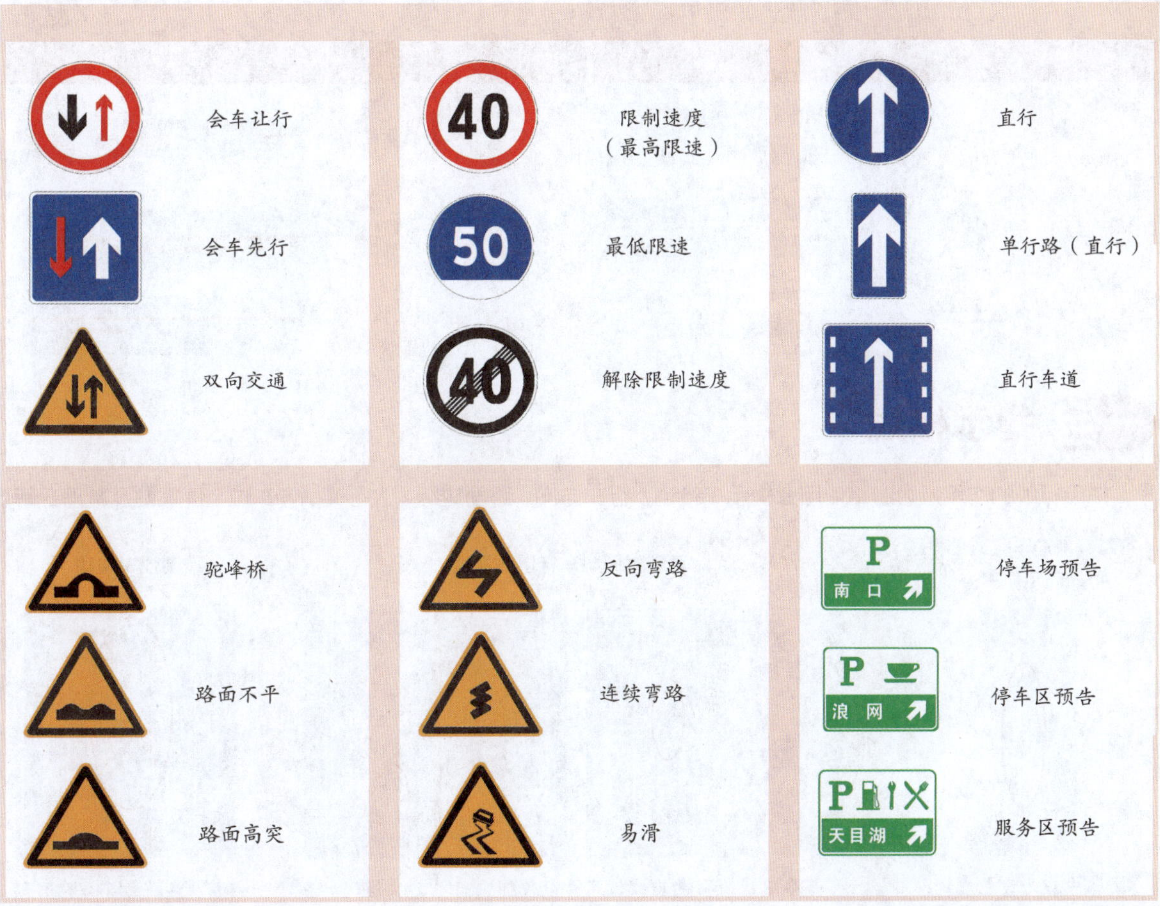

会车让行

会车先行

双向交通

限制速度（最高限速）

最低限速

解除限制速度

直行

单行路（直行）

直行车道

驼峰桥

路面不平

路面高突

反向弯路

连续弯路

易滑

停车场预告

停车区预告

服务区预告

第3节 交通标线

交通标线

交通标线按功能可分为指示标线、禁止标线和警告标线三类。交通标线以线条、箭头、文字、图案等向道路使用者传递有关道路交通的规则、警告、指引等信息。

常见道路交通标线的形式和颜色

颜色	线形	图例	颜色	线形	图例
白色	白色虚线	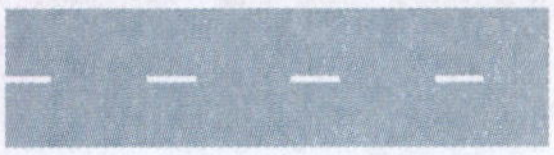	黄色	黄色虚线	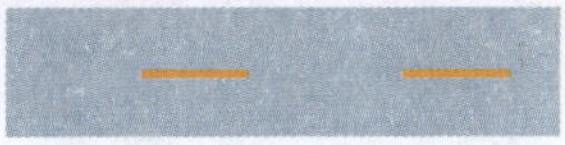
	白色实线	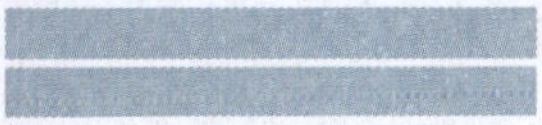		黄色实线	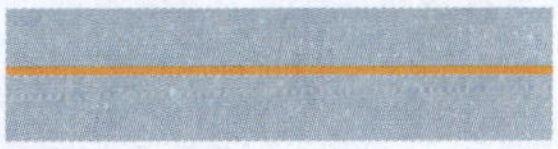

续上表

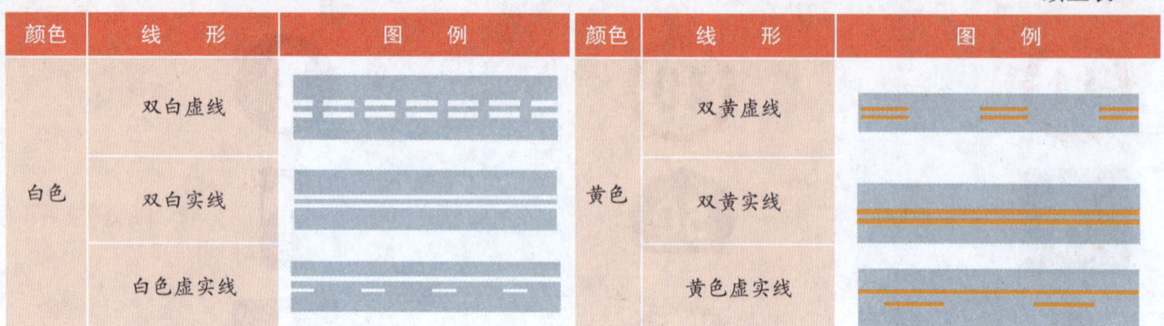

颜色	线形	图例	颜色	线形	图例
白色	双白虚线		黄色	双黄虚线	
	双白实线			双黄实线	
	白色虚实线			黄色虚实线	

一、指示标线

指示标线的作用是为道路使用者指示车行道、行车方向、路面边缘、人行道、停车位、停靠站及减速丘等。

可跨越对向车行道分界线（可跨越道路中心线）

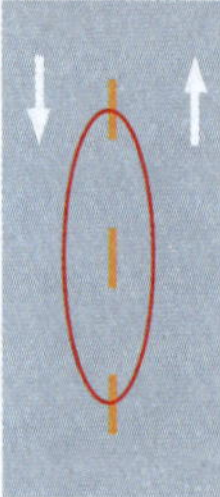

道路中线为黄色虚线，用于分隔对向行驶的交通流。车辆在保证安全的情况下，可以越线超车或转弯

可跨越同向车行道分界线

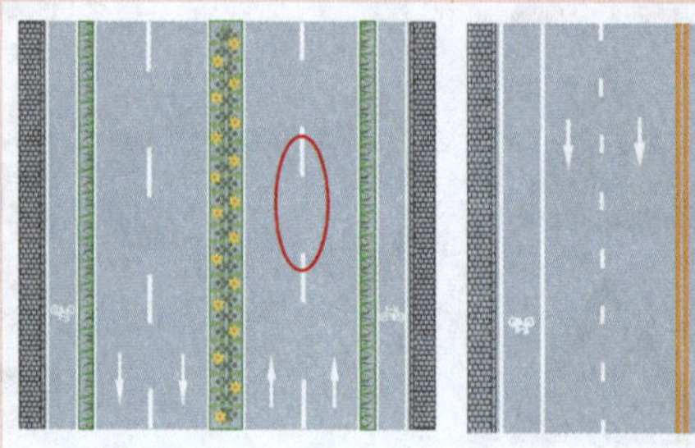

道路中线为白色虚线，用于分隔同向行驶的交通流。在保证安全的情况下，允许车辆短时越线行驶

潮汐车道线

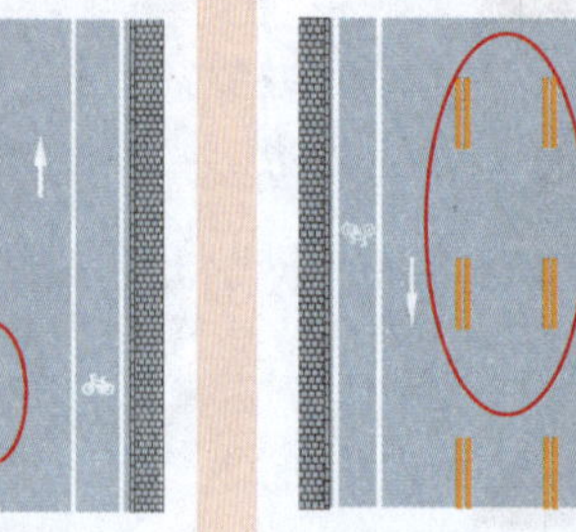

潮汐车道行车方向可随需要变化，以双黄虚线作为指示标线来指示潮汐车道的位置

车行道边缘白色实线

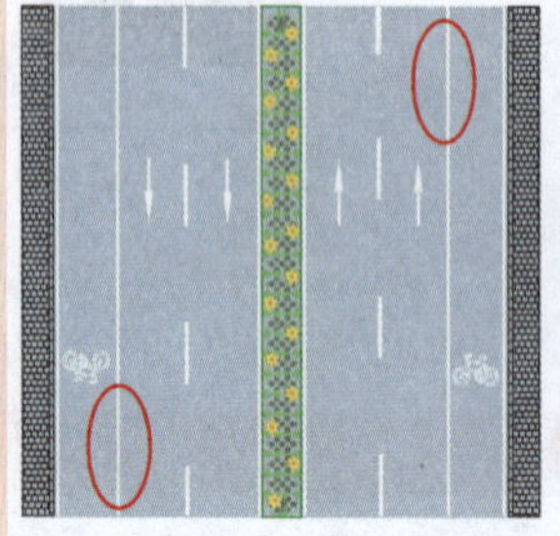

用白色实线划分机动车道与非机动车道分界（以下简称机非分界），禁止车辆跨越车行道边缘或机非分界

车行道边缘白色虚线

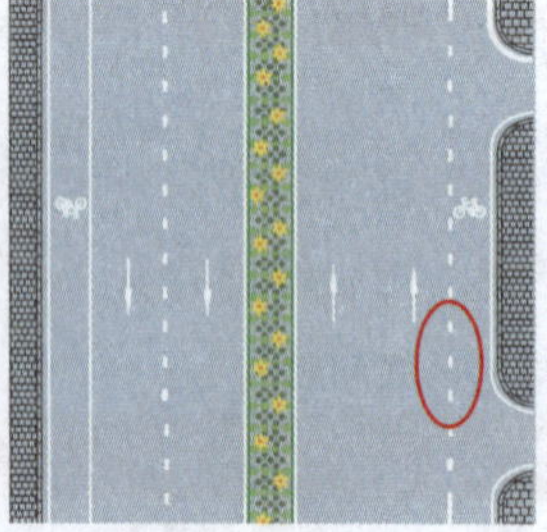

用白色虚线划分机非分界，允许车辆临时越线行驶，但应避让其他正常行驶的车辆、非机动车和行人

车行道边缘白色虚实线

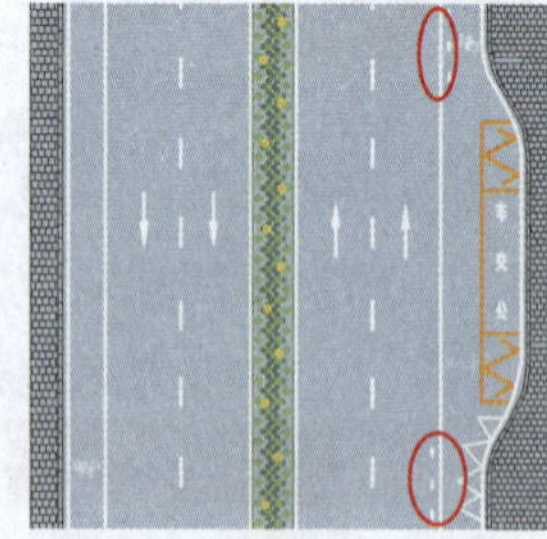

用白色虚实线划分机非分界，虚线侧允许车辆越线行驶，实线侧不允许车辆越线行驶。越线行驶的车辆应避让其他正常行驶的车辆、非机动车和行人

黄色单实线车行道边缘线

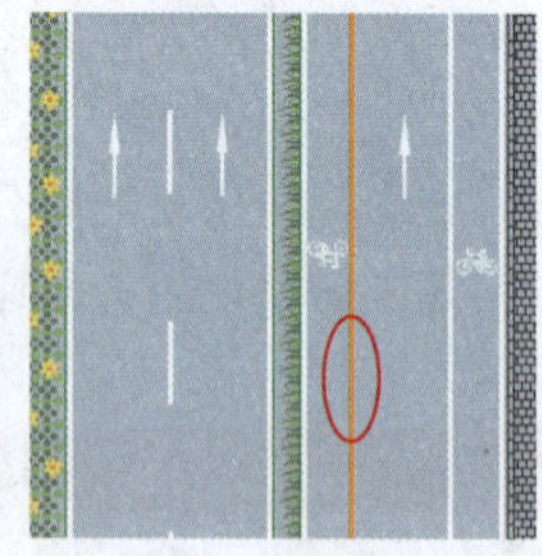

用黄色单实线划分机非分界，表示本路段机动车单向行驶且非机动车双向行驶

左弯待转区线

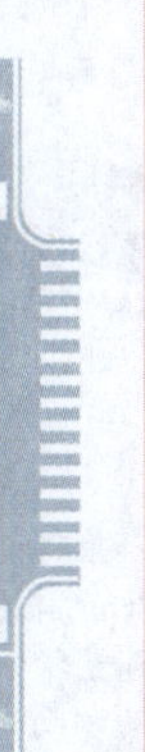

在左转弯专用车道前端，伸入交叉路口内，以白色虚线划分的位置，指示左转弯车辆在直行时段进入待转区等待左转，但不得妨碍对向直行车辆的正常行驶

路口导向线

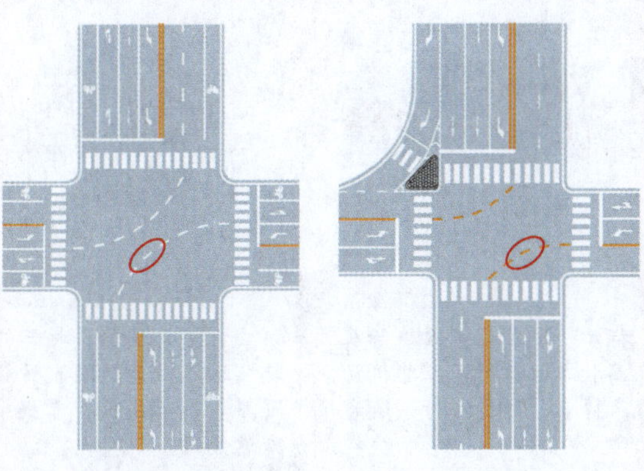

路口导向线可辅助车辆在路口行驶和转向。连接同向车行道分界线或机非分界线的路口导向线为白色圆曲（或直）虚线；连接对向车行道分界线的路口导向线为黄色圆曲（或直）虚线

减速丘标线

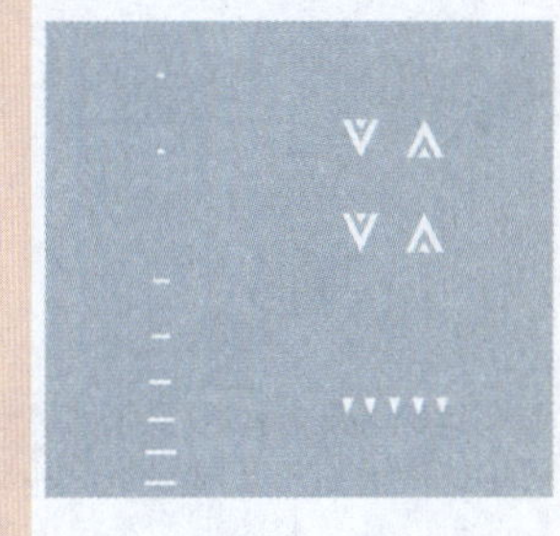

路面上设置一组如上图所示的减速丘标线，提前告知道路使用者，道路前方设置了减速丘

出口标线

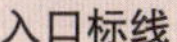

入口标线

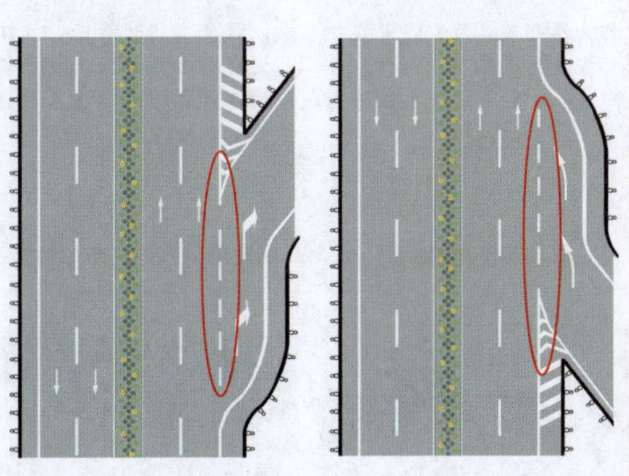

出入口标线为白色，一般由出入口的纵向标线和三角地带标线组成。用于引导驶入或驶出车辆的运行轨迹，使车辆安全交汇，减少与突出缘石碰撞的可能

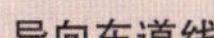

导向车道线

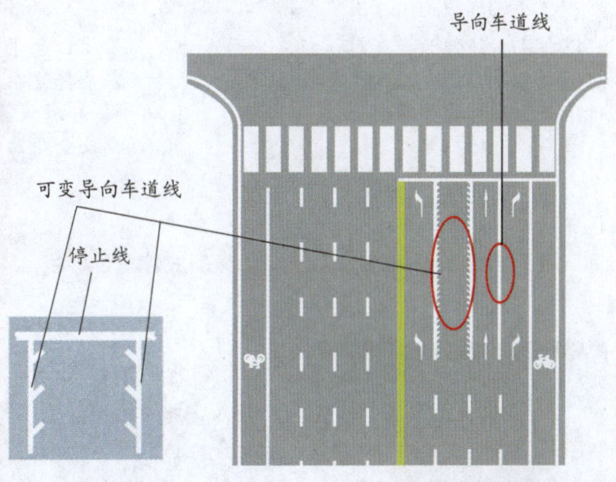

导向车道线是设置于路口驶入段的车行道分界线，车辆在该车道内应按车道行驶方向标志显示的指向行驶。具有固定行驶方向的为导向车道线；可根据信号灯或路面标志牌指示改变行驶方向的为可变导向车道线

人行横道线（斑马线）	人行横道预告标识线	行人左右分道的人行横道线
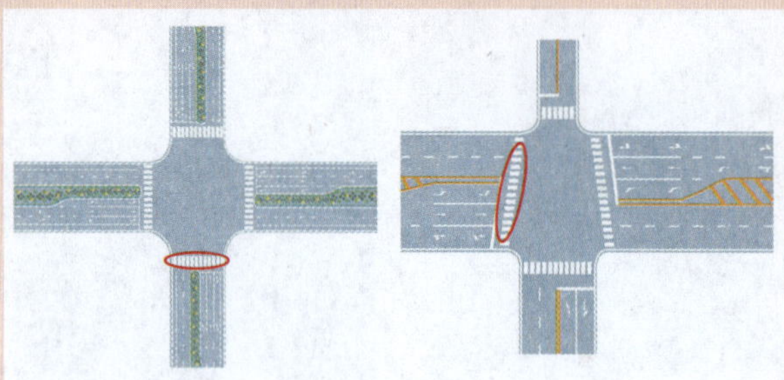		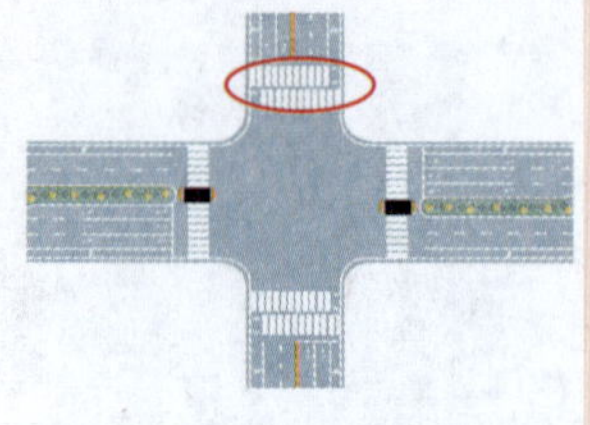
人行横道线为白色平行粗实线，标示一定条件下准许行人横穿道路的路径，同时警示机动车驾驶人注意行人及非机动车过街。机动车禁止在人行横道线上停车，通过人行横道时应减速慢行，遇到行人需停车礼让	白色菱形图案，提示车辆驾驶人注意道路前方设置了人行横道线，需提前减速慢行	并列设置两道人行横道线，表示前方路口为行人过街交通量特别大的路口，行人依照方向箭头指示靠左右分道过街

白色折线车距确认线	白色半圆状车距确认线	注意前方路面状况标记
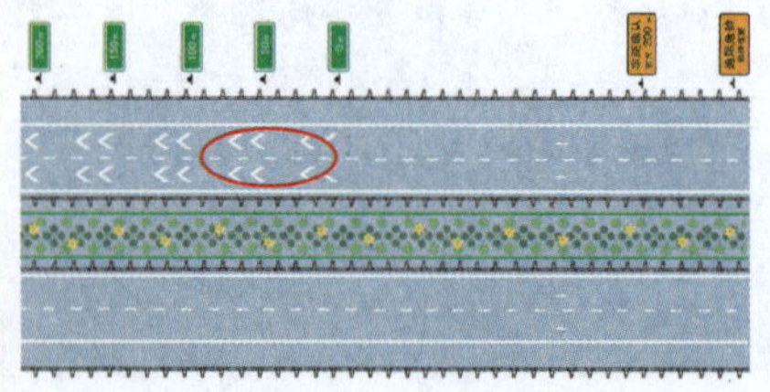	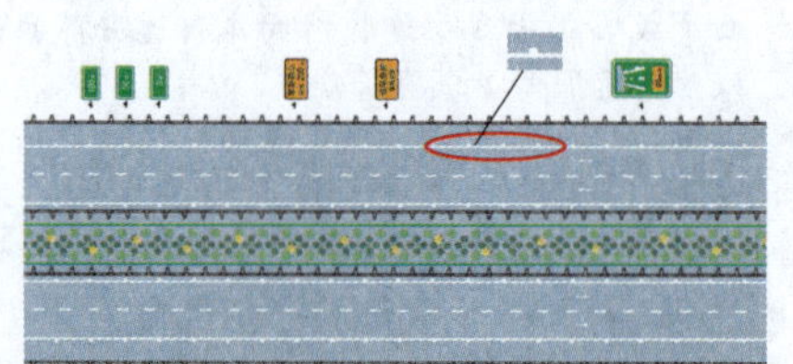	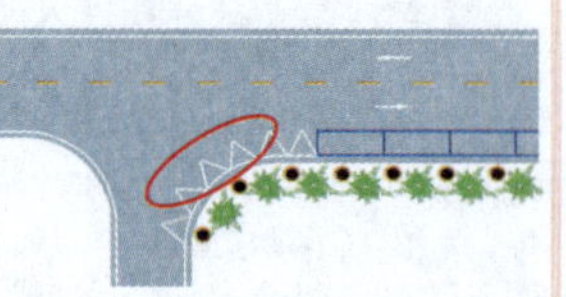
以白色折线作为车距确认标线，两道为一组，每组间隔50米，作为车辆驾驶人保持行车安全距离的参考	以白色半圆状作为车距确认线，设置在气象条件复杂、影响安全行车的路段两侧，每隔50米设置一个，作为车辆驾驶人保持行车安全距离的参考	以白色实折线表示，在不易发现前方路面状况发生变化的路段，提醒驾驶人注意尽早采取措施

平行式停车位标线	倾斜式停车位标线	垂直式停车位标线	固定停车方向停车位标线
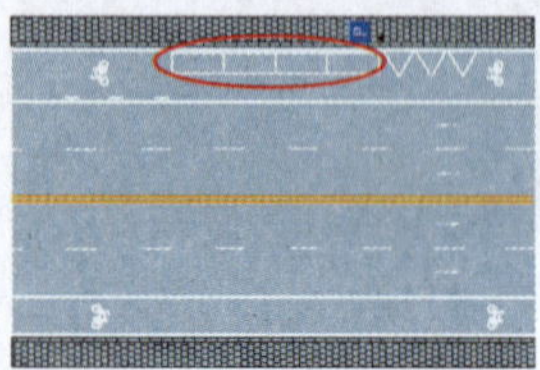	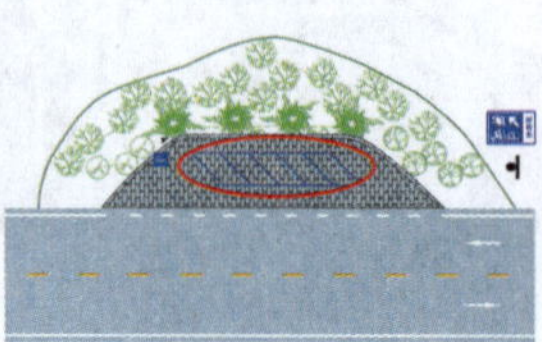	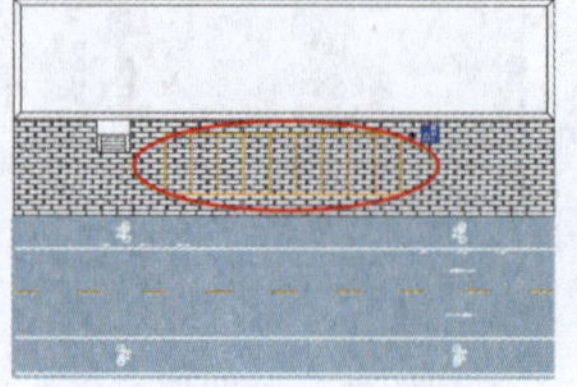	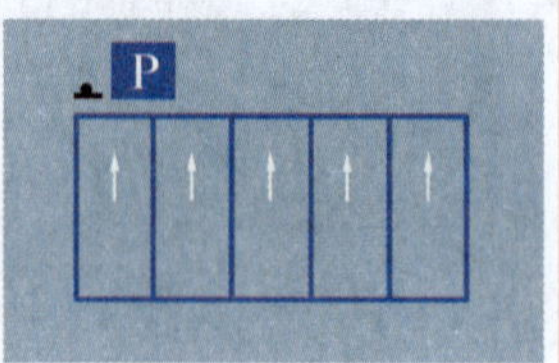
车辆平行于通道方向停放在停车位内	车辆与通道方向成30~60度角停放在停车位内	车辆垂直于通道方向停放在停车位内	停车位对车辆停车方向有特殊要求，箭头所指方向表示停车后车头的朝向

出租车专用待客停车位标线

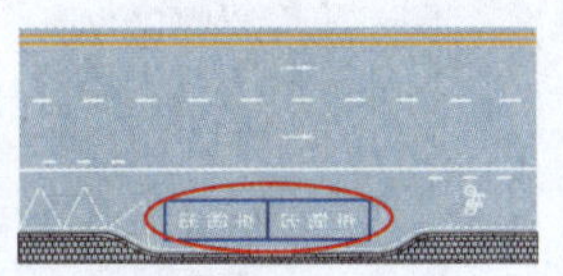

停车位内附加“出租车”文字且停车位标线为实线，允许出租车停车待客

出租车专用上下客停车位标线

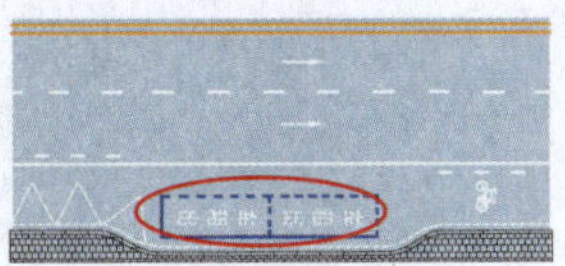

停车位内附加“出租车”文字且停车位标线为虚线，仅允许出租车短时停车上下客

残疾人专用停车位标线

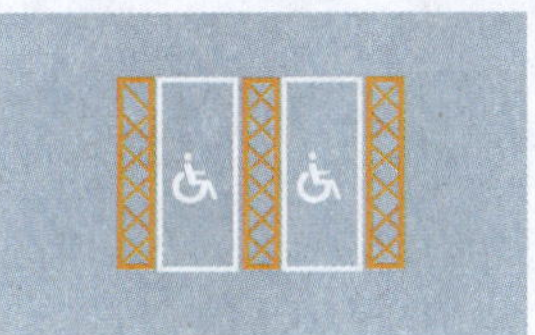

残疾人专用车辆或载有残疾人的车辆专用的停车位，其他车辆不得占用

非机动车停车位标线

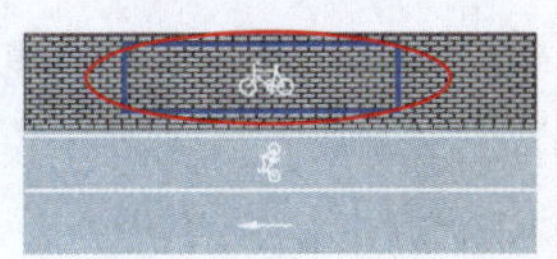

非机动车专用停车位

平行式机动车限时停车位标线

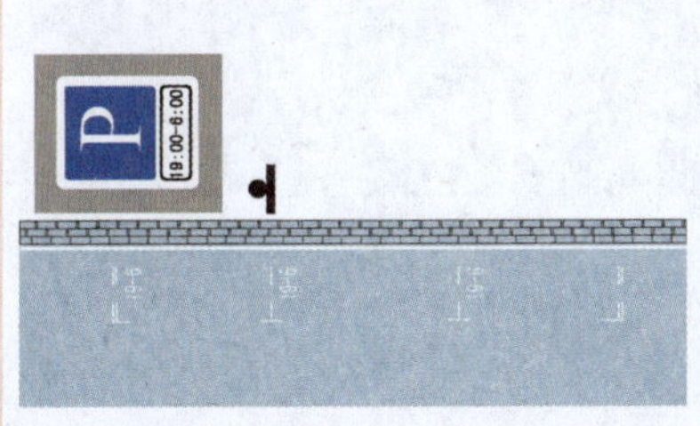

倾斜式机动车限时停车位标线

垂直式机动车限时停车位标线

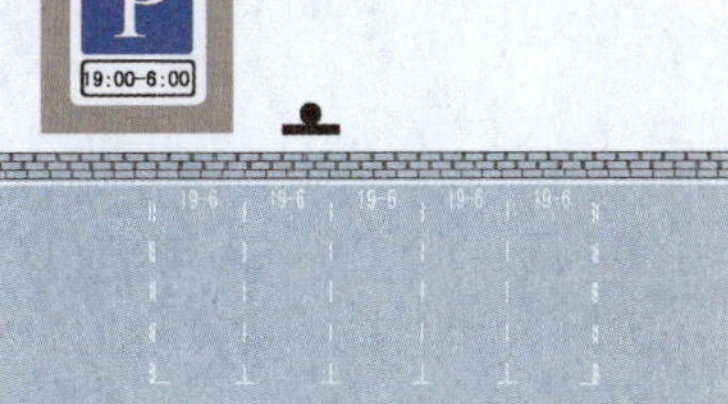

机动车限时停车位表示机动车只能在停车位内标注的时段停放，其他时段禁止停放

车种专用港湾式停靠站标线

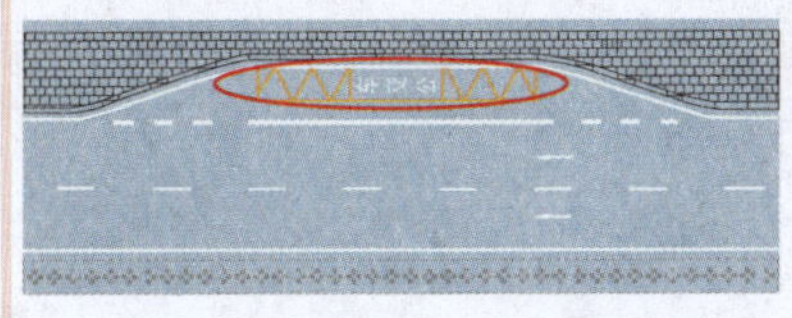

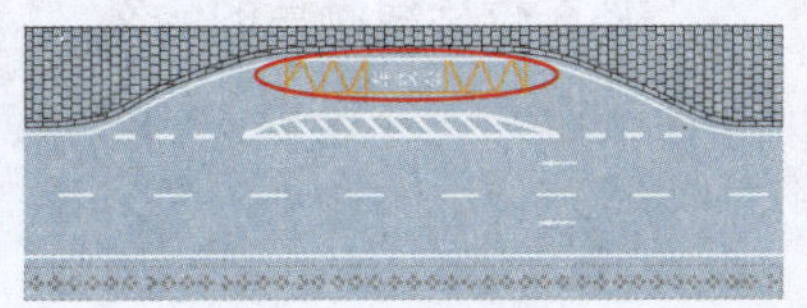

与停靠站中间标注的车辆类型文字（如公交车、校车等）相符的特定车辆停靠，除特定车辆外，其他车辆不得在此区域停留

非机动车路面标记

施划于车道起点或车道中，表示该车道为非机动车道，禁止机动车占道通行

路边式停靠站标线

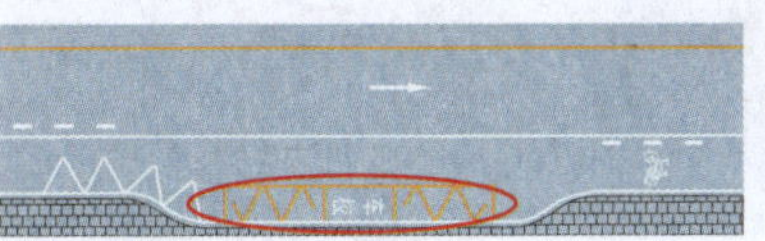

指示公共汽车或校车停靠站的位置，并指示除公共汽车或校车外，其他车辆不得在此区域停留

残疾人专用停车位路面标记

施划于残疾人专用停车位内，表示此车位为残疾人专用车或载有残疾人的车辆专用的停车位，其他车辆不得占用

港湾式停靠站标线	路面限速标记字符	
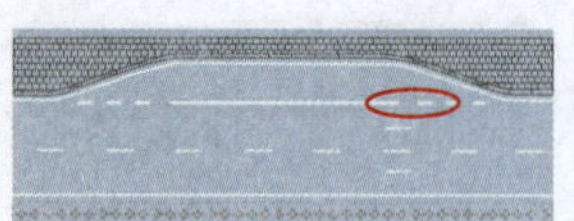 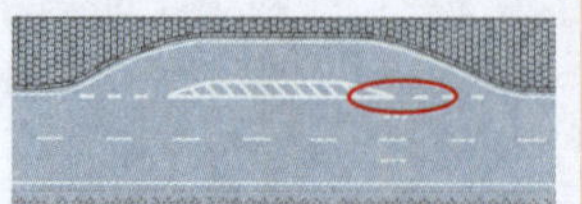		
标示车辆通向专门的分离引道的路径和停靠位置，由渐变段引道白色虚线、正常段外缘白色实线或白色填充线组成	表示相应车行道上车辆行驶的最低限速值	表示相应车行道上车辆行驶的最高限速值

导向箭头

直行　直行或左转　直行或右转　左转　右转　掉头　左转或掉头　直行或掉头　左右转弯　左弯或需向左合流　右弯或需向右合流

导向箭头颜色为白色，用以指示车辆的行驶方向

停车位标线颜色的含义

停车位标线为蓝色表示免费停车位；为白色表示收费停车位；为黄色表示专属停车位。

二 禁止标线

禁止标线的作用是告示道路使用者道路交通的遵行、禁止、限制等特殊规定。

双黄实线禁止跨越对向车行道分界线	黄色虚实线禁止跨越对向车行道分界线	黄色单实线禁止跨越对向车行道分界线	禁止跨越同向车行道分界线
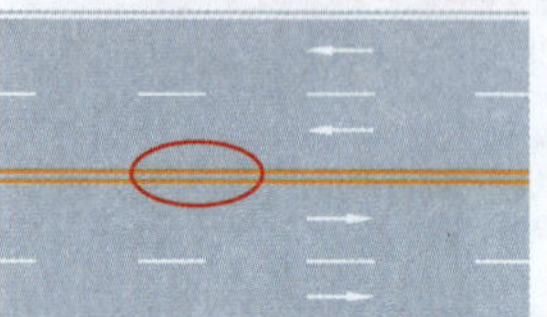	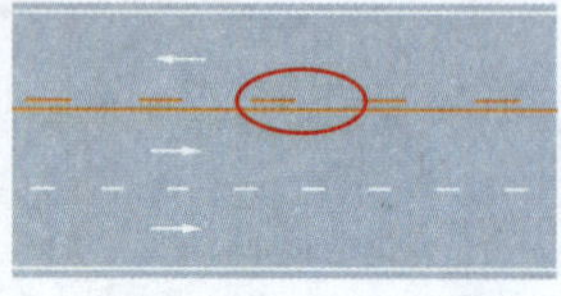	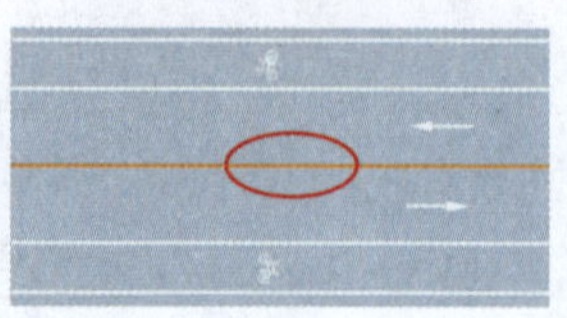	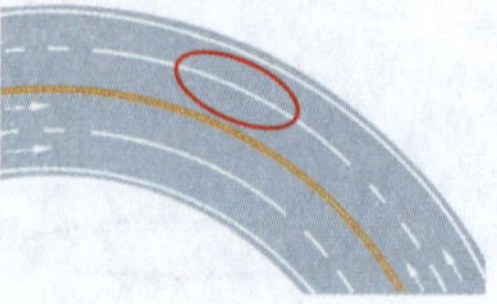
道路中线为双黄实线，用于分隔对向行驶的交通流，并禁止双方向车辆越线或压线行驶	黄色虚实线，实线一侧禁止车辆越线或压线行驶，虚线一侧准许车辆暂时越线或转弯。越线行驶的车辆应避让正常行驶的车辆	黄色单实线，禁止双方向车辆越线或压线行驶	白色实线，禁止车辆跨越车行道分界线进行变换车道或借道超车

禁止长时停车线

黄色虚线，禁止路边长时停、放车辆，但一般情况下允许装卸货物或上下人员等的临时停放

禁止停车线

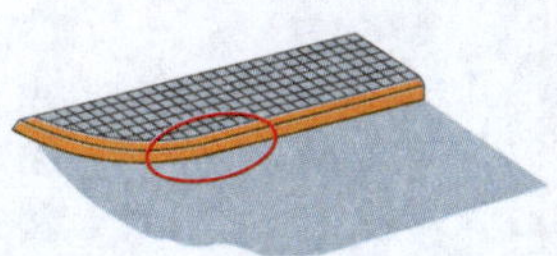

黄色实线，禁止路边停、放车辆

圆形中心圈

菱形中心圈

设在平面交叉路口的中心，用以区分车辆大、小转弯或作为交叉口车辆左右转弯的指示，不得压线行驶

非机动车禁驶区标线

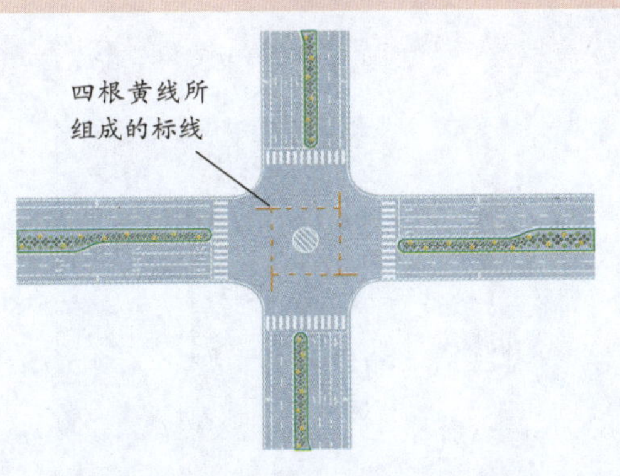

告示非机动车使用者在路口内禁止驶入的范围，左转弯非机动车应沿禁驶区范围外绕行，且两次在停止线前停车

十字交叉口导流线设置示例

T形交叉口导流线设置示例

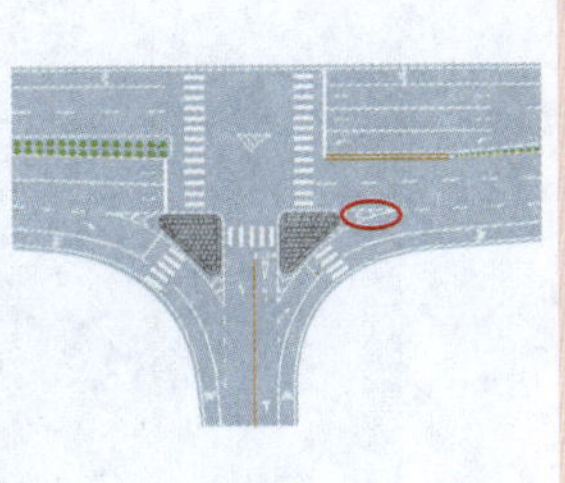

导流线的颜色为白色，与道路中心线相连时，也可用黄色。标线形式可分为单实线、V形线和斜纹线三种。车辆在交叉口需按规定的路线行驶，不得压线或越线行驶

停止线

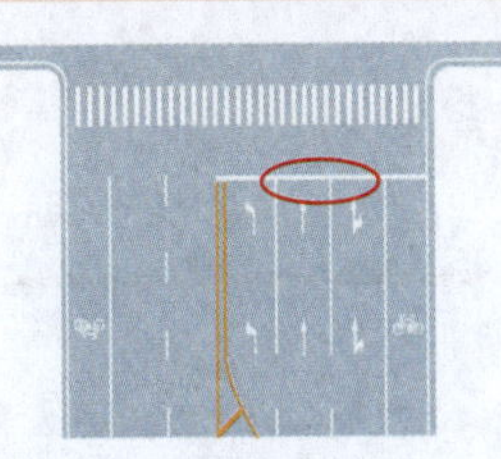

停止线为白色实线，表示车辆让行、等候放行等情况下的停车位置

停车让行线

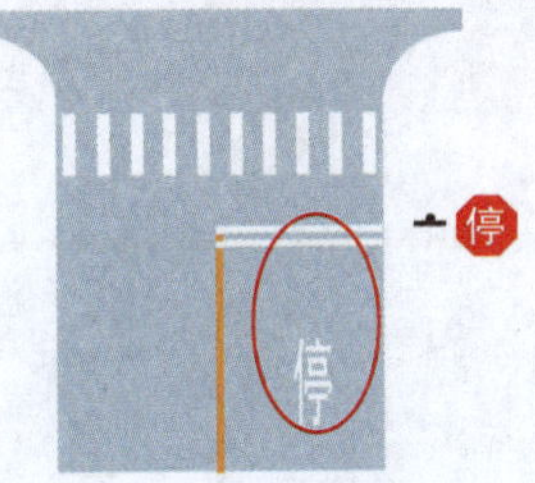

停车让行线为两条平行白色实线和一个白色“停”字，表示车辆在此路口应停车让干道车辆先行

减速让行线

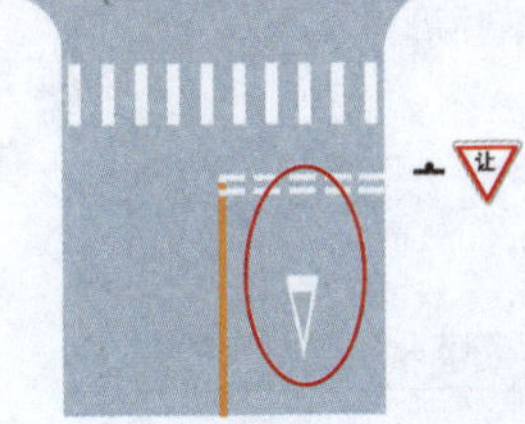

减速让行线为两条平行白色虚线和一个白色倒三角形，表示车辆在此路口应减速让干道车辆先行

网状线

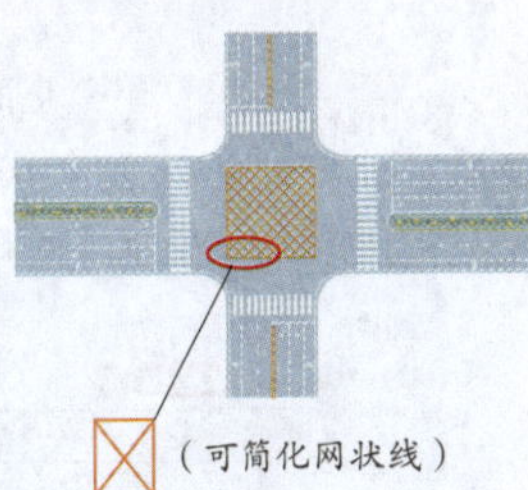

严格禁止一切车辆长时或临时停车，防止交通阻塞

非机动车道线

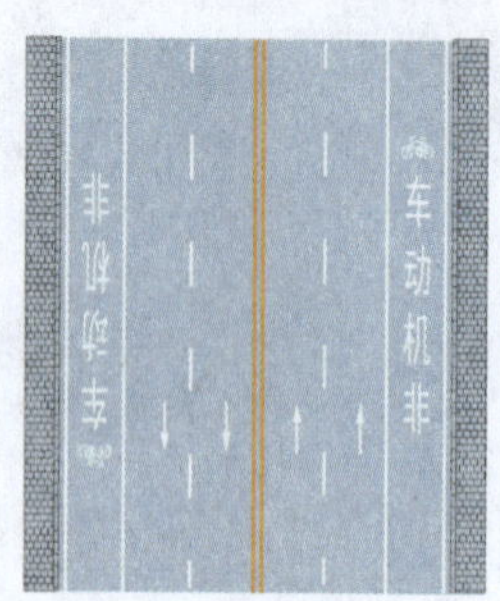

由车道线、非机动车标记图案和“非机动车”文字组成，表示该车道为非机动车道，除特殊点段外，机动车不得进入

小型车专用车道线

车行道内施划“小型车”路面文字，表示该车道为小型车专用车道

大型车道线

车行道内施划“大型车”路面文字，表示大型车应在该车道内行驶

公交专用车道线

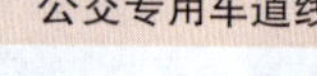

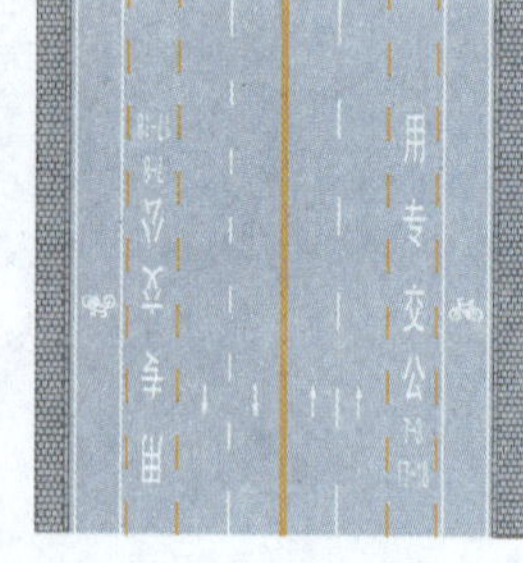

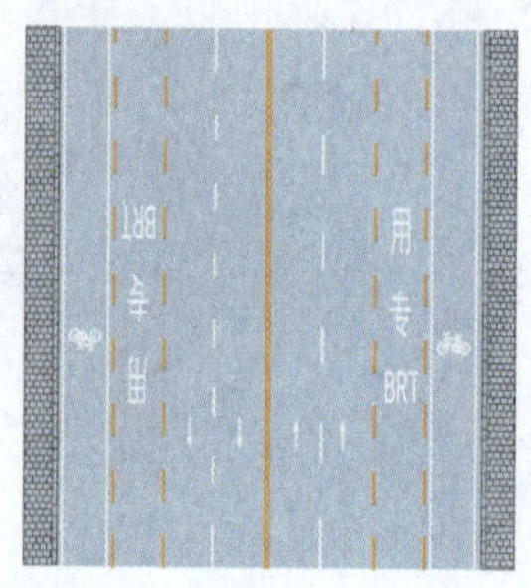

由黄色虚线及白色文字组成，表示除公交车外，其他车辆及行人不得进入该车道

多乘员车辆专用车道线

由白色虚线及白色文字“多乘员专用”组成，表示该车道为有多个乘车人的多乘员车辆专用的车道，未载乘客或乘员数未达规定的车辆不得入内行驶

禁止掉头标记

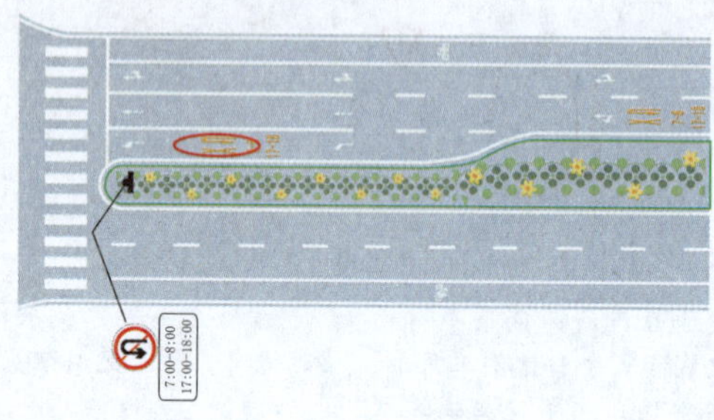

禁止转弯标记

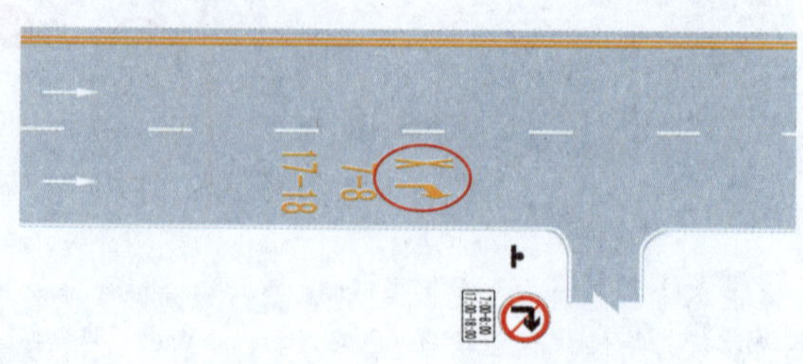

由黄色导向箭头和黄色叉形标记左右组合而成，黄色叉形标记位于左侧，表示本路口或区间禁止车辆掉头或转弯

三、警告标线

警告标线的作用是促使道路使用者了解道路上的特殊情况，提高警觉准备应变防范措施。

三车行道变为双车行道渐变段标线

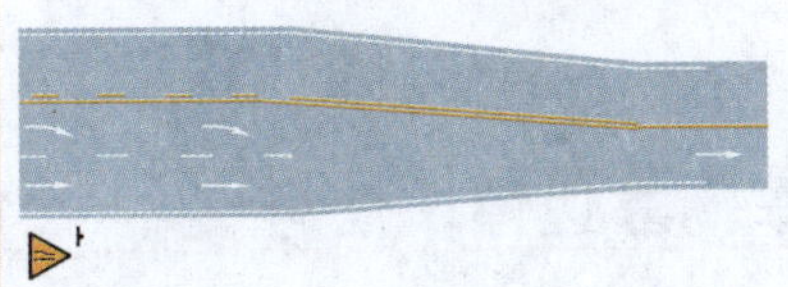

警告车辆驾驶人路宽或车道数变化，应谨慎行车，并禁止超车

接近障碍物标线

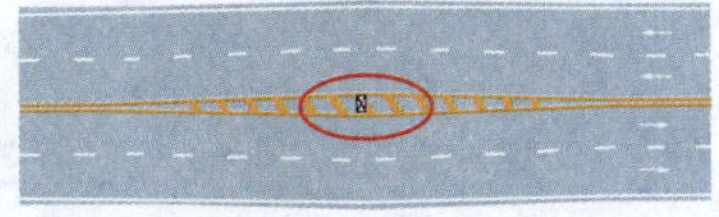

指示路面有固定性障碍物，警告车辆驾驶人谨慎行车，引导交通流顺畅驶离障碍物区域

收费岛地面标线

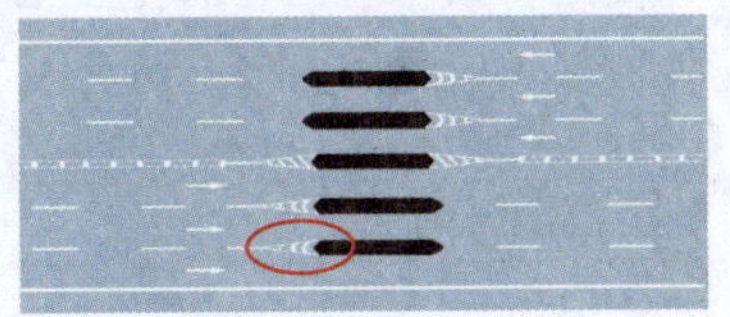

在收费岛迎车流方向标示收费车道的位置，为通过车辆提供清晰标记

铁路平交道口标线

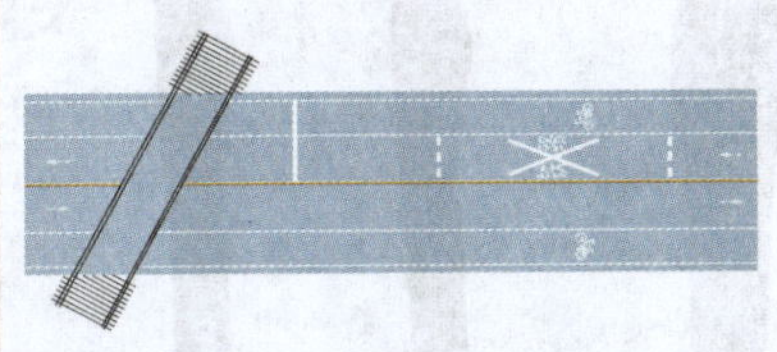

指示前方有铁路平交道口，警告车辆驾驶人应在停车线处停车，在确认安全的情况下或信号灯放行时，才可通过

立面标记

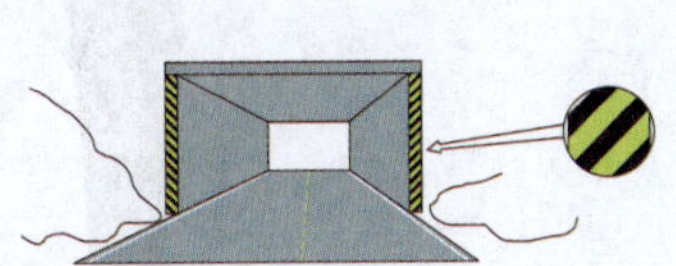

提醒驾驶人注意，在车行道或近旁有高出路面的构造物

突起路标

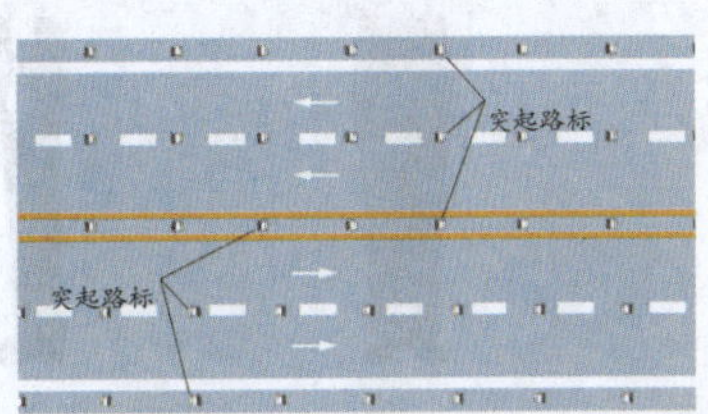

固定于路面上起标线作用的突起标记块，用来标记对向车行道分界线、同向车行道分界线、车行道边缘线等，也可用来标记弯道、进出口匝道、导流标线、道路变窄、路面障碍物等危险路段。

收费广场减速标线

行车方向

警告车辆驾驶人前方为收费广场，应减速慢行

车行道横向减速标线

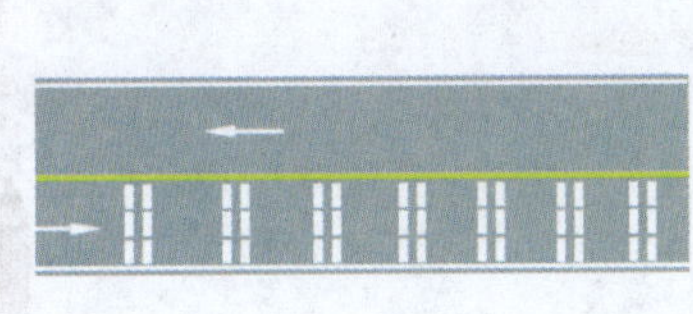

车行道纵向减速标线

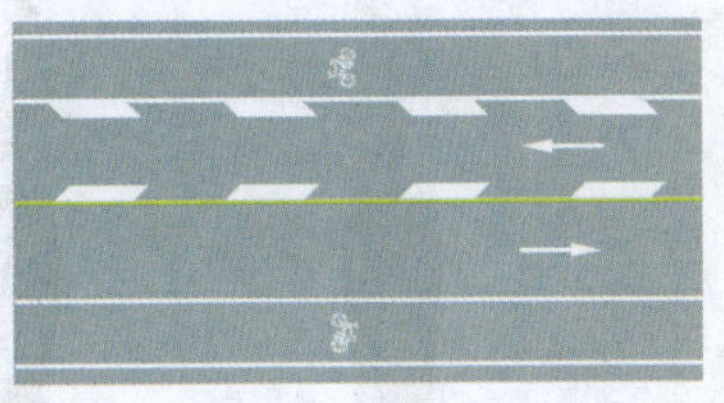

警告车辆驾驶人本车道需减速慢行

第4节 交通警察手势信号

交通警察手势信号有停止信号、示意车辆靠边停车信号、直行信号、变道信号、左转弯信号、左转弯待转信号、右转弯信号、减速慢行信号8种。

1 停止信号

交通警察左臂向前上方直伸，掌心向前。

交通警察面向的车辆不准通行。

2 示意车辆靠边停车信号

交通警察右臂向前下方平伸，掌心向左；左臂向前上方直伸，掌心向前；右臂向左水平摆动。

交通警察面向的车辆应当靠边停车。

3 直行信号

交通警察左臂向左平伸，掌心向前；右臂向右平伸，掌心向前，向左摆动。

准许交通警察右侧的直行车辆通行。

4 变道信号

交通警察右臂向前平伸，掌心向左；右臂向左水平摆动。

交通警察面向的车辆应由正在行驶的车道改变到交通警察指定的车道，减速慢行。

5 左转弯信号

交通警察右臂向前平伸，掌心向前；左臂与手掌平直向右前方摆动，掌心向右。

准许交通警察左侧的车辆左转弯，在不妨碍被放行车辆通行的情况下可以掉头。

6 右转弯信号

交通警察左臂向前平伸，掌心向前；右臂与手掌平直向左前方摆动，掌心向左。

准许交通警察右侧的车辆右转弯。

7 左转弯待转信号

交通警察左臂向左下方平伸，掌心向下；左臂与手掌平直向下方摆动。

准许交通警察左侧的左转弯车辆进入路口，沿左转弯行驶方向靠近路口中心，等待左转弯信号。

8 减速慢行信号

交通警察右臂向前方平伸，掌心向下；右臂与手掌平直向下方摆动。

交通警察右侧的车辆应当减速慢行。

在路口遇有交通信号灯和交通警察指挥不一致时，需按交通警察的指挥通行。

在夜间没有路灯、照明不良或者遇有雨、雪、雾、沙尘、冰雹等低能见度天气条件下，执勤交通警察用右手持指挥棒，按照手势信号指挥。

提示

交通警察手势信号识别技巧

（1）交通警察的面部对着哪个方向就是在指挥哪个方向的车。

（2）以上每行所列的交通警察手势信号很容易混淆，请注意区分。

第三章

车辆知识

在接触车辆前，先了解一些车辆结构与行驶原理、车辆性能、运行材料及日常维护知识，熟悉主要安全装置和驾驶操纵机构的位置和作用，为随后的驾驶操作训练打下一个很好的理论基础。

第1节 车辆结构与行驶原理

车辆结构与行驶原理是驾驶汽车前需要学习的最基本的常识。

一、汽车总体构造

汽车通常由发动机、底盘、车身和电气设备四部分组成。

汽车的基本结构

发动机：将燃料燃烧产生的热能转变为机械能，为汽车行驶提供动力。

底盘：接受发动机的动力，使汽车运动，并保证汽车按照驾驶人的操纵正常行驶。底盘主要由传动系、行驶系、转向系和制动系组成。

车身：是为乘客和货物提供空间的部件，还是车辆其他部件安装的载体。

电气设备：包括电源（蓄电池）、用电设备（如空调、刮水器、照明与信号装置等）及电子控制装置（如电控单元、网络系统等）。

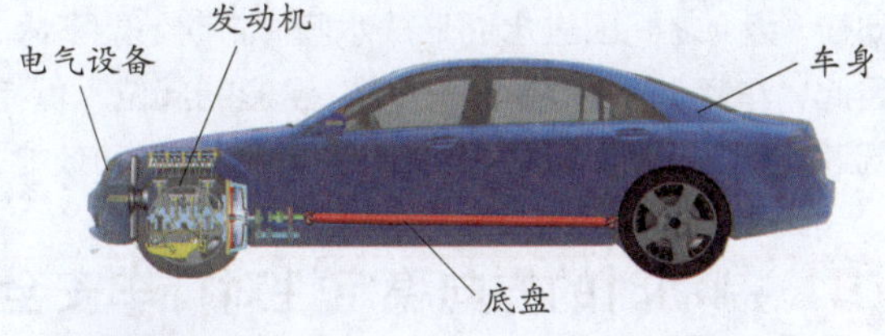

小知识

新能源汽车

电动汽车使用知识

新能源汽车有纯电动汽车、混合动力汽车及燃料电池汽车等。纯电动汽车通过电池向电动机提供电能，驱动电动机运转，从而推动汽车行驶；混合动力汽车是同时装备两套动力源的汽车；燃料电池汽车是用车载燃料电池装置产生的电力作为动力的汽车。

二、汽车行驶的基本原理

汽车发动机产生的动力经传动系传给驱动车轮，车轮转动时，轮胎表面与地面会产生摩擦力，它们之间的摩擦力就是推动汽车前进的驱动力。当驱动力足以克服汽车的行驶阻力（包括滚动阻力、空气阻力、坡度阻力、加速阻力等）时，汽车便能起步行驶。

小知识

前驱、后驱与四驱

前驱：即前轮驱动，这种驱动方式形象地说就是“拉”着车辆前进。优点：传动效率高，经济性好；缺点：弯道性能不理想，爬坡能力差。

后驱：即后轮驱动，这种驱动方式形象地说就是“推”着车辆前进。优点：弯道性能好，爬坡能力强；缺点：成本高，容易甩尾。

四驱（4WD）：即四轮驱动，这种驱动方式形象地说就是同时“拉”着和“推”着车辆前进。优点：动力好，操控性好，通过性好，安全性好；缺点：经济性差。

第2节 车辆性能

车辆性能主要包括动力性、燃油经济性、制动性、操纵稳定性、平顺性及通过性等，与行车安全最密切的是制动性、操纵稳定性和通过性。

一、车辆性能与安全行车的关系

车辆性能与安全行车的关系

车辆性能	评价指标	与安全行车的关系
制动性	制动效能 制动效能的恒定性 制动时的方向稳定性	制动性差，遇到突发情况不能实现有效减速、平稳制动，甚至跑偏、侧滑，极易诱发交通事故
操纵稳定性	纵向倾翻条件 横向侧翻条件	不良的操纵稳定性常常会引起侧滑或翻车
通过性	最小离地间隙、接近角、离去角、纵向通过角、最小转弯直径、内轮差	通过性差的车辆越野行驶时，可能出现车辆中间底部（或车头、车尾）触碰地面，或转不过弯，或轮胎打滑而无法通行的情况

二、制动性对行车安全的影响

① 制动效能对行车安全的影响

车辆的制动效能指的是车辆迅速降低车速直至停车的能力，制动效能与制动器的制动力及路面附着力有关。制动力增大，制动效能会增强；轮胎磨损过度及制动片磨损过度时，或者在湿滑及冰雪路面行驶时，制动效能会明显变差。

② 制动效能的恒定性对行车安全的影响

制动器使用不当会产生热衰退和水衰退。制动器抵抗热衰退和水衰退的能力，称为制动效能的恒定性。

制动器的热衰退是指汽车高速制动或连续下长坡反复制动时，制动器的温度迅速升高，引起制动效能急剧下降或制动失效的现象。

制动器的水衰退是指车轮涉水后，制动片与制动鼓（盘）之间因进水而形成水膜，制动效能下降。因此，车辆涉水后，应擦干被水浸湿的部位，保持低速行驶，并间断轻踩制动踏板，以恢复制动效能。

③ 制动时的方向稳定性对行车安全的影响

车辆在制动过程中维持直线行驶的能力或按预定弯道行驶的能力称为制动时的方向稳定性。制动时的方向稳定性不好的主要表现有制动跑偏、制动侧滑等。

（1）制动跑偏。车辆直线行驶时，在转向盘固定不动的条件下，制动过程中车辆自动向左或向右偏驶的现象称为制动跑偏。制动跑偏的主要原因是左右车轮制动力分配不均匀。汽车制动时跑偏会使其驶入对向车道或驶出路外、滑下山坡造成严重交通事故。

（2）制动侧滑。车辆制动时，某一轴或两轴发生横向滑移的现象称为制动侧滑。制动侧滑的主要原因是路面湿滑、车轮抱死、制动时猛打方向等。制动侧滑（尤其后轴侧滑）会引起车辆剧烈的回转运动而失控，可能造成碰撞、翻车、掉沟等恶性交通事故。

4 发动机辅助制动与行车安全

车辆挂前进挡行驶时，如果完全抬起加速踏板，发动机没有更多的燃料供应，转速下降，会牵制车辆的速度逐渐降低，其作用同制动相似，称为发动机辅助制动。在行驶中，尤其是下长坡时正确使用发动机辅助制动，对安全非常重要。

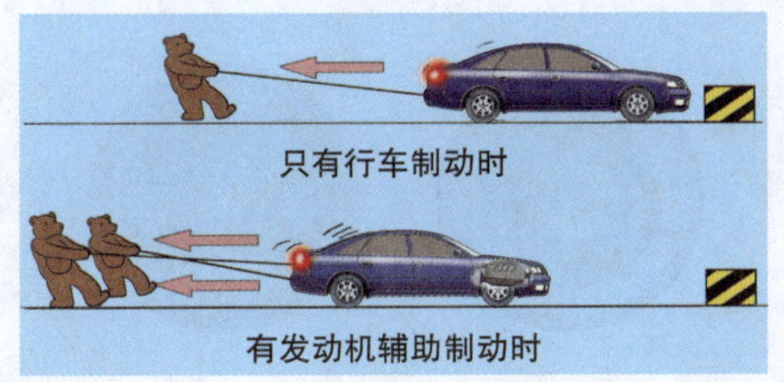

三 操纵稳定性对行车安全的影响

车辆操纵稳定性是指车辆抵抗力图改变其位置或行驶方向的外界影响的能力。操纵稳定性是决定高速汽车安全行驶的一个主要性能，被称为“高速车辆的生命线”。不良的操纵稳定性常常会引起侧滑或翻车，导致车辆失控，尤其是高速行驶时易引发恶性交通事故。操纵稳定性受车辆结构与参数、路面特性（如道路不平度、纵向和横向坡度、左右车轮性能差异）、环境（如横风）以及驾驶人操作技能等因素的影响。

四 通过性对安全行车的影响

通过性是指汽车在一定载质量条件下，能够以足够高的平均速度通过各种坏路、无路地带和克服各种障碍的能力。车辆通过性的评价指标有最小离地间隙（底盘高低）、接近角、离去角、纵向通过角、最小转弯直径、内轮差等。通过性差的车辆，在经过坡道、崎岖路面、狭窄弯道、松软地面时，车辆容易触碰地面（如触头、托底）、转不过弯或轮胎打滑，可能导致车辆受损甚至引发安全事故。

第3节 车辆安全装置

车辆的安全装置有主动安全装置和被动安全装置两种，主动安全装置可以使驾驶人自如平稳地控制车辆，主动消除或提醒驾驶人消除安全隐患，主要有防抱死制动系统、儿童安全锁、仪表与照明信号装置、轮胎气压监测系统和车载灭火器等。被动安全装置在车辆发生事故时提供对驾乘人员的保护，主要有头枕、安全带、安全气囊、儿童安全座椅等。

一 主动安全装置

① 防抱死制动系统（ABS）

防抱死制动系统(ABS)的作用是保证车辆在任何路面上进行紧急制动时，防止车轮抱死，保持前轮转向能力，消除制动过程中的跑偏、侧滑等非稳定状态，并获得良好的制动效果。

安装ABS的车辆紧急制动时，可用力踏制动踏板，但在紧急制动的同时转向，车辆还可能侧滑。另外，不要依赖ABS缩短制动距离，尤其是在冰雪路面上紧急制动时，ABS无法有效缩短制动距离。

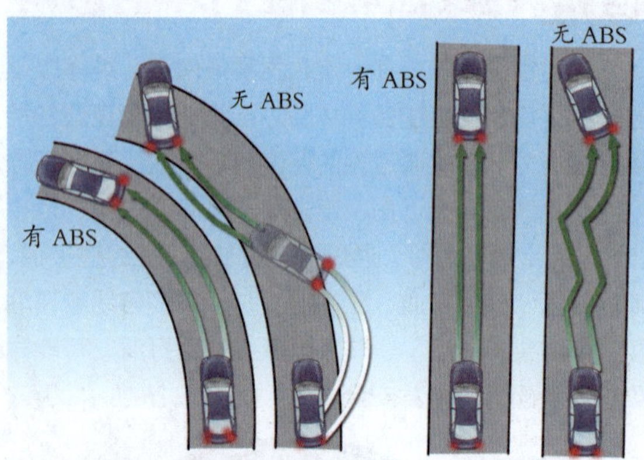

提示

ABS起作用时不可松抬制动踏板

ABS起作用时，制动踏板会出现振动现象，此时不可松抬制动踏板，应持续用力踩踏。

② 儿童安全锁

儿童安全锁是保护儿童的专用安全装置。安全锁在锁止位置时，从驾驶室内无法打开车门，只能在车外用门把手将车门打开。这种装置可防止车辆行驶中或紧急停车时，儿童自己打开车门而发生危险。具体使用方法可参照车辆使用说明书。

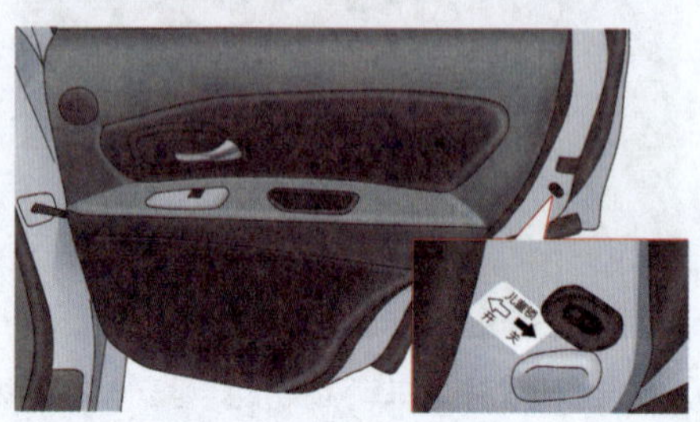

③ 仪表装置

在汽车的仪表板上安装有各种仪表、指示灯及报警灯，用于帮助驾驶人观察和掌握汽车及各系统的工作情况，提示异常现象和故障，以便及时消除安全隐患。

速度和里程表： 速度表指示汽车行驶速度，单位为公里/小时(km/h)，速度表指针所指的数字显示当前车辆的行驶速度。里程表累计行驶总里程数以公里(km)为单位；日里程表用于记录一天或某段区间的里程数；按回零按钮至“0”位后重新开始计数。

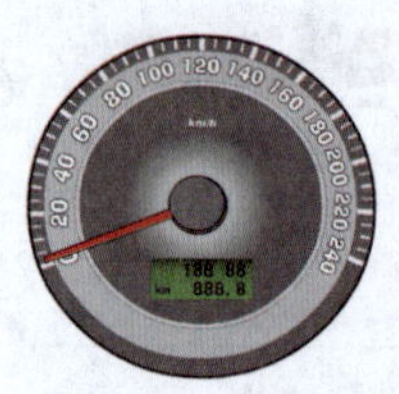

发动机转速表： 指示发动机的转速，单位为1000转/分(×1000r/min)；转速表指针所指的数字显示当前发动机转速。发动机运转时，转速表指针不能超过红色警示区。

各种指示灯和报警灯亮的含义

亮灯标识	含　义	亮灯标识	含　义
	车灯总开关		冷却液不足
	前雾灯开启		发动机温度过高
	后雾灯开启		制动系统出现异常或故障
	前后位置灯（又称示廓灯）开启		充电电路故障或发电机不向蓄电池充电
	远光灯开启		发动机控制系统故障
	近光灯开启		安全气囊处于故障状态
	右转向指示灯开启		防抱死制动系统出现故障
	左转向指示灯开启		启用空气外循环
	危险报警闪光灯（故障停车信号灯）开启		启用空气内循环
	没系安全带或安全带插头未插好		启用冷风暖气风扇
	驻车制动器处于制动状态		启用地板及迎面吹风
	两侧车门开启或提示两侧车门未关闭		启用迎面吹风
	提示左侧车门未关闭		启用地板及前风窗玻璃吹风
	提示右侧车门未关闭		前风窗玻璃刮水器开关
	发动机罩开启		前风窗玻璃刮水器及洗涤器开关
	行李舱盖开启		后风窗玻璃刮水器及洗涤器开关
	油箱内燃油已到最低液面		车门锁住开锁开关
	发动机机油压力过低或机油量不足		儿童安全锁开关

水温表：指示发动机冷却液的温度，单位为摄氏度（℃）。“C”表示温度低，“H”表示温度高，水温表指针所指的位置显示当前冷却液的温度。

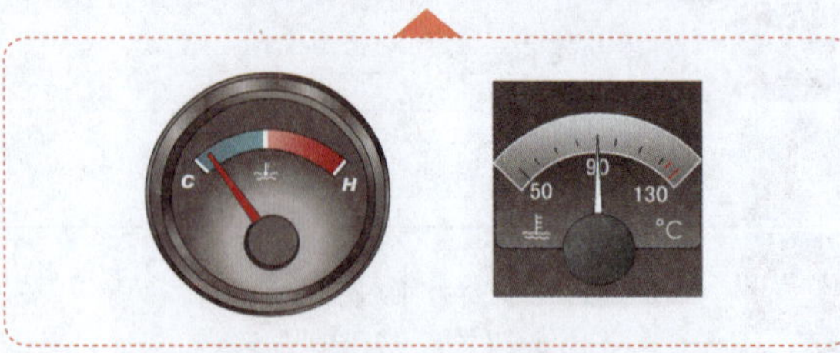

燃油表：指示油箱内的燃油量。“*E*”（0）表示空，“*F*”（1/1）表示满。当指针指在红色警告线以内时，提示油箱内燃油不足，需及时加油。

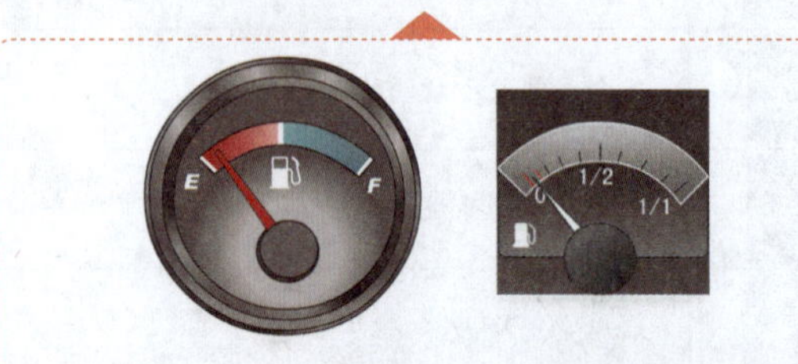

指示灯及报警灯：仪表板上的各种指示灯和报警灯亮时，提示驾驶人判断车辆各部件运行情况或异常现象，及时发现安全隐患，预防机械事故发生，保证车辆正常运行。

4 照明与信号装置

照明与信号装置主要包括前照灯、示廓灯、雾灯、转向信号灯、制动灯、倒车灯、尾灯、牌照灯、危险报警闪光灯及喇叭等，这些灯光、信号装置对车辆行驶安全起着非常重要的作用。

前照灯（俗称大灯）：用于夜间或光线不好时的行车照明，同时提醒其他车辆注意。前照灯包含远光灯和近光灯。

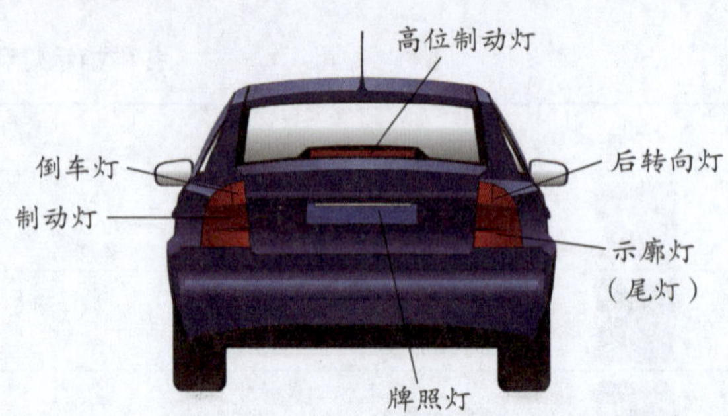

示廓灯（俗称小灯）：用于夜间和特殊天气行驶时，标示汽车的宽度，提醒其他车辆注意。

雾灯：用于雾、雨、雪或风尘弥漫天气时的行车照明，并具有信号作用。

转向信号灯：在汽车起步、转弯、变更车道和停车时使用，发出交替的闪光信号，表明汽车向左或向右转向行驶。

制动灯：用于在汽车制动、减速或停车时，向车后车辆和行人发出灯光信号。

倒车灯：挂入倒挡时自动开启，主要是警示后方的车辆和行人，夜间还可起到照明作用。

尾灯（俗称后灯）：用于在夜间行驶时向后方车辆和行人标示车辆位置。

牌照灯：主要用于照明车辆号牌，便于夜间辨别车牌号码。

危险报警闪光灯（俗称双闪）：与转向信号灯共用同一套灯具，当汽车发生故障停车或遇到紧急情况需要处理时使用，发出交替的闪光信号，用于警告后方车辆和行人。

喇叭：车辆行驶过程中，驾驶人可根据规定和需要向其他车辆或行人发出声响信号；引起其他车辆和行人注意，有利于行车安全。

三角警告标志：驾车行驶中，遇到车辆故障需停车检修或者是发生交通事故时，按规定将三角警告标志牌置于车辆后方，可以提醒其他车辆注意避让，以免发生二次事故。

5 轮胎气压监测系统

轮胎气压不正常会导致轮胎早期磨损和爆胎。轮胎气压监测系统可以对轮胎气压、温度进行实时监测，当车辆任何一个轮胎的气压、温度出现异常时，系统即刻以声、光形式向驾驶人报警提醒。

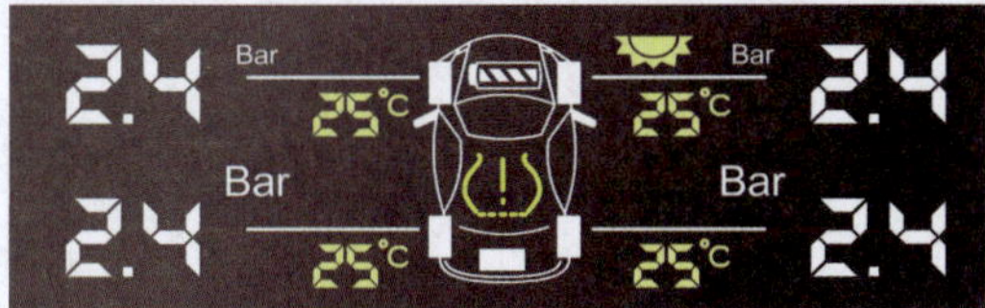

6 车载灭火器

车载灭火器专用于汽车灭火，多为手提式的，一般体积较小，随车携带，可扑灭车辆较小的初起火灾。

小知识

安全辅助驾驶系统

安全辅助驾驶系统是利用安装于汽车上的各种传感器，在第一时间采集车内外的环境数据，通过对静态、动态物体的辨识、侦测与追踪等技术处理，使驾驶人在最快的时间内察觉可能发生的危险。该系统主要包括夜视系统、车身电子稳定系统（ESP）、自适应巡航控制系统（ACC）、随动转向前照灯系统（AFS）、车道偏离预警系统（LDWS）、防碰撞预警系统、盲点辅助系统（BSA）及泊车辅助系统等。

二 被动安全装置

1 头枕

座椅上头枕的主要作用是汽车被追尾时，有效保护驾驶人和乘车人的颈椎。调整头枕高度时，保持头枕中心与后脑中心平齐，才能发挥保护作用。

2 安全带

座椅安全带的作用是在汽车发生碰撞或紧急制动时，固定驾乘人员位置，减轻对驾乘人员的伤害。驾驶人、乘车人在汽车行驶前，系好安全带是最有效的自我保护方法，在遇到意外危险情况时可避免受到致命的伤害。

3 安全气囊

汽车发生碰撞时，安全气囊迅速膨胀，在驾驶人、乘车人的正面形成一个气垫（安装有侧面安全气囊的，在驾驶人和乘车人侧面也会形成气垫），从而降低人体受伤害的程度。

安全气囊与安全带要配套使用，如果不系安全带，气囊引爆时会对驾乘人员头部和颈部造成严重伤害，这种伤害对儿童可能是致命的。

4 儿童安全座椅

儿童安全座椅系于汽车座位上（应当置于后排座位上），供儿童乘坐，有束缚设备，能在发生车祸时最大限度保障儿童的安全。一般要单独购买、安装。

第4节 驾驶操纵机构

在进行驾驶操作训练前，有必要先了解驾驶操纵机构的位置与作用。

一 转向盘

转向盘是驾驶人操纵汽车行驶方向的装置，转向盘通过转向机构控制转向轮向右、向左转动，从而改变汽车行驶方向。

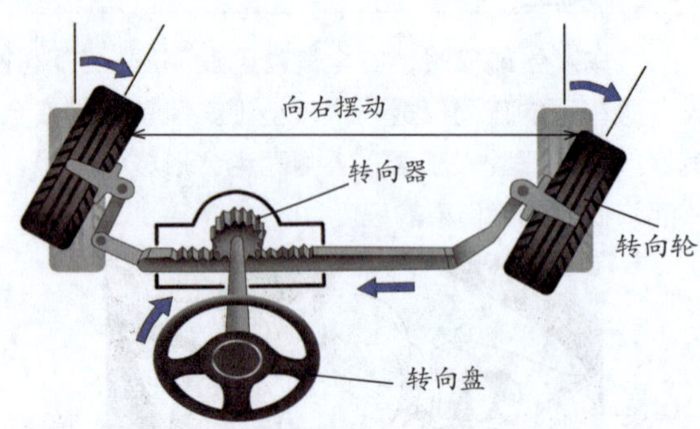

二 离合器踏板、制动踏板与加速踏板

发动机与变速器之间的动力通过离合器传递，踩下离合器踏板，离合器分离，动力被切断；抬起离合器踏板，离合器接合，动力被传递。

制动踏板是行车制动器的操纵装置，用于汽车减速和停车。踩下制动踏板，产生制动作用，抬起制动踏板，制动解除。

加速踏板用于控制进入发动机汽缸内燃油和空气的量，发动机转速和动力会随之改变。踩下加速踏板，发动机转速提高，动力增加。反之，抬起加速踏板，发动机转速和动力下降。

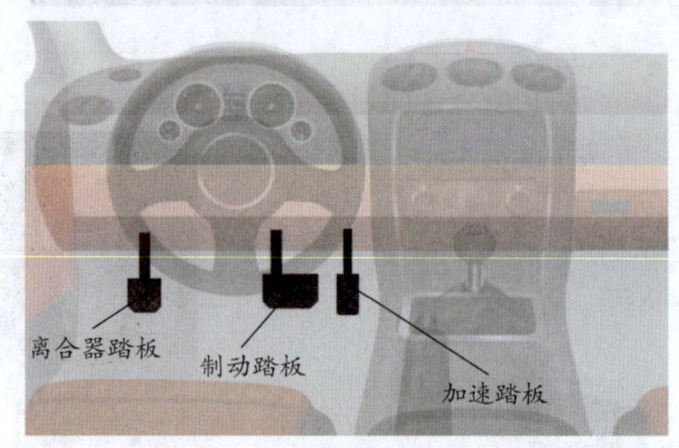

三 变速器操纵杆及挡位

1 手动变速器操纵杆及挡位

操纵手动变速器操纵杆，变换变速器内不同齿轮的啮合，可改变汽车的动力、速度和进退方向，使汽车加速、减速或倒车。配手动变速器的车辆一般设有N挡、R挡和5个（或6个）前进挡。

N(空挡)：不传递动力，供临时停车或换挡时使用。

R（倒车挡）：倒车时使用。

1～5（前进挡）：起步和行驶中使用。

2 自动变速器操纵杆及挡位

配自动变速器的车辆一般设有P挡、R挡、N挡、D挡、2挡、1挡（或L挡），变速器操纵杆球头上设有锁止按钮。

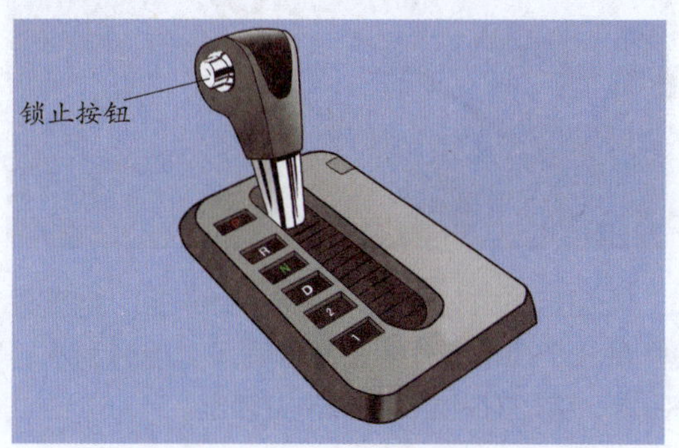

P（驻车挡）：驻车、起动发动机时使用。

R（倒车挡）：倒车时使用。

N（空挡）：不传递动力，临时停车或换挡时使用。

D（前进挡）：正常行驶中使用。

2（二挡）：上、下长坡时使用。

1或L（低速挡）：上、下陡坡时使用。

四 驻车制动器操纵装置

驻车制动器操纵装置控制驻车制动系统，可以使汽车可靠地停住而不溜滑。驻车制动器操纵装置一般有以下三种形式，一辆汽车上只会安装其中一种。

1 驻车制动器操纵杆（手刹）

拉紧驻车制动器操纵杆起制动作用，放下操纵杆，制动解除。

2 驻车制动踏板

踏下驻车制动器踏板，起制动作用；再次踏下驻车制动踏板，踏板自动抬起，制动解除。

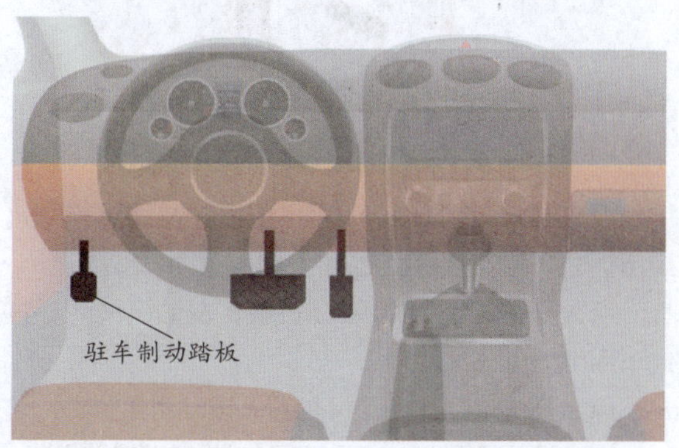

3 电子驻车开关按钮

目前，很多车型用电子驻车开关按钮取代了传统的驻车制动器操纵杆或驻车制动踏板，其优点是操作省力、节约空间。通过操纵电子驻车开关按钮，可施加驻车制动或解除驻车制动。

五 常用开关

1 点火开关

用于接通或切断起动机、点火和电器线路。点火开关一般设有0或LOCK、I或ACC、II或ON、III或START四个位置。

点火开关转到 0 或 LOCK 位置，发动机关闭，拔出钥匙，转向盘会锁止。

点火开关转到 I 或 ACC 位置，发动机关闭，其他车用电器可正常使用。

点火开关转到 II 或 ON 位置，发动机工作。

点火开关转到 III 或 START 位置，起动机起动。

一键起动开关

一键起动开关模式与点火开关挡位一致，钥匙在车内时，用不同方式按下“ENGINE START/STOP”开关，可以选择“ACC”模式、“ON”模式或起动（START）、停熄（STOP）发动机。

2 刮水器与洗涤器开关

刮水器与洗涤器开关控制刮水器与洗涤器，在雨天或下雪天行驶时使用，可清除风窗玻璃上的雨雪，保证驾驶人有良好的视线。拨动开关，风窗玻璃刮水器开始工作。

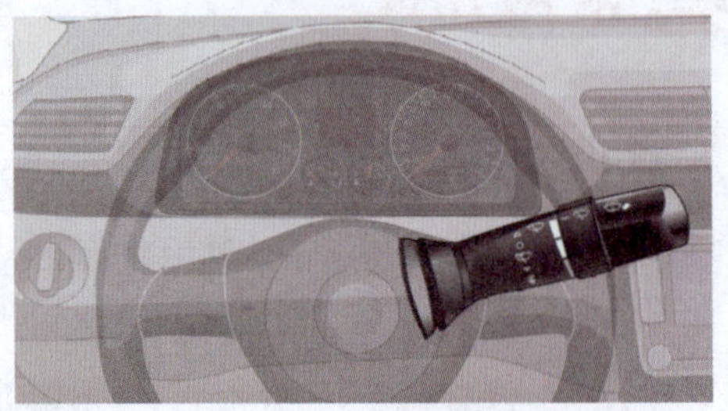

上下拨动这个开关，前风窗玻璃刮水器开始工作。

向上拨动拨杆，刮水器单次刮水一回；向下拨动拨杆有 3 个挡位，分别是间歇刮水、慢速刮水、快速刮水；将杆向内拉动，清洗液喷出。

3 雾灯开关

打开前雾灯开关，前雾灯指示灯和前雾灯亮；打开后雾灯开关，后雾灯指示灯和后雾灯亮。部分汽车前、后雾灯只有在示廓灯、近光灯亮时才工作。

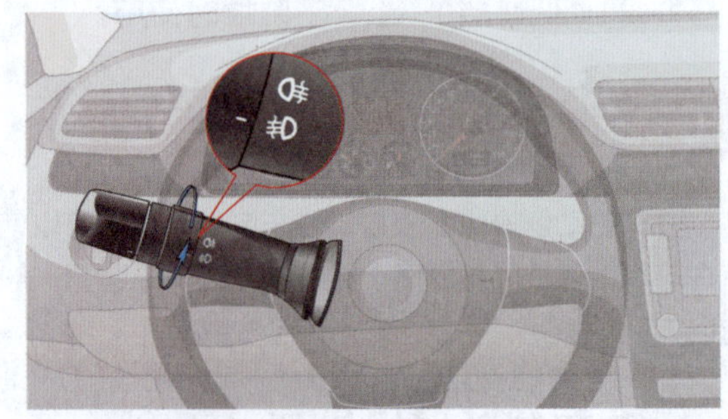

旋转开关到这一挡，汽车后雾灯亮。

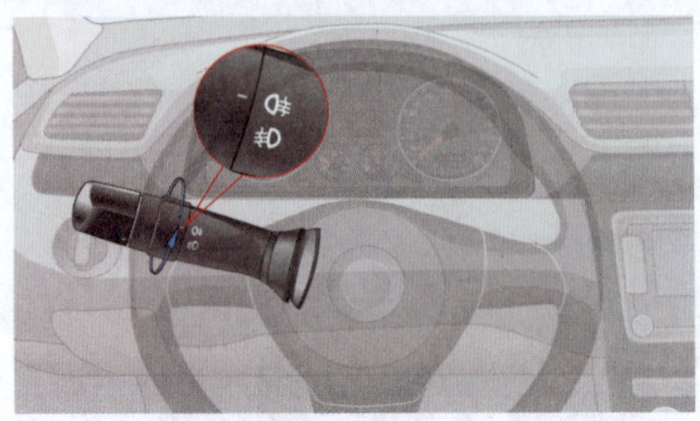

4 灯光—信号组合开关

组合开关可控制前照灯（远光灯和近光灯）、转向灯、示廓灯和信号灯光。

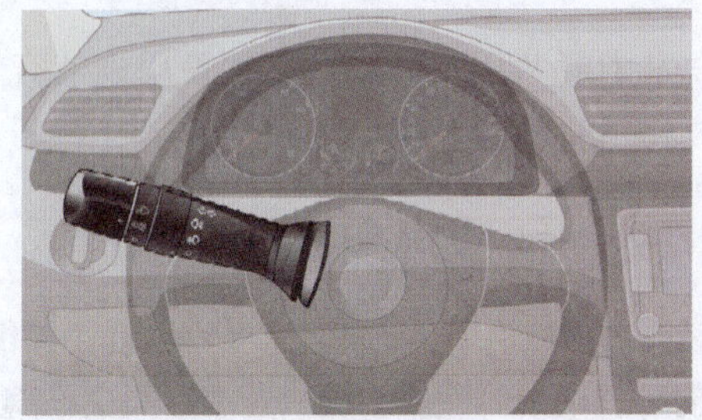

开关旋转到这个位置时，前照灯点亮。

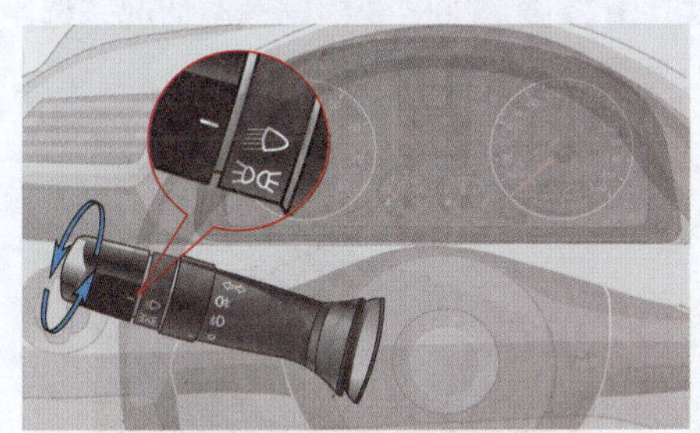

将转向灯开关向上提，右转向灯亮。

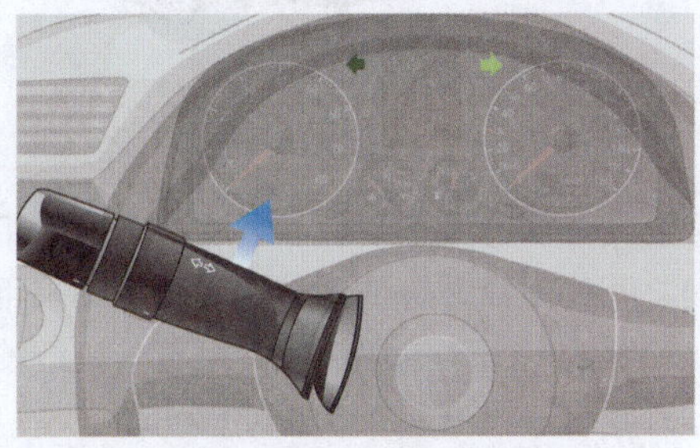

将转向灯开关向下拉，左转向灯亮。

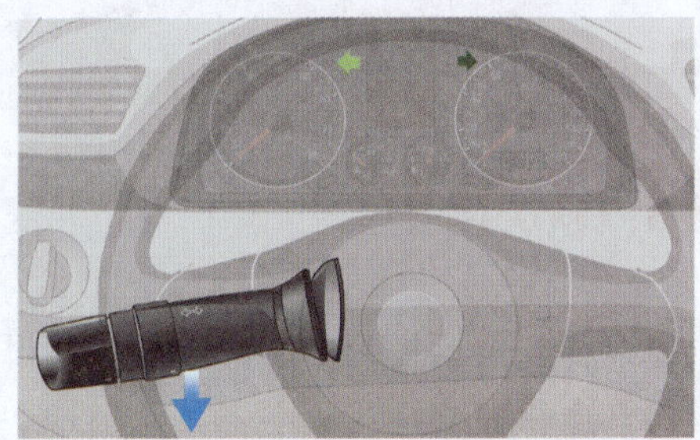

5 除雾器开关

除雾器开关控制汽车除雾器的工作，用于减少前、后风窗和车外后视镜表面上的湿气、雾气和霜，以改善视线。有的车型还设有风量调整钮、温度调整钮、送风开关、冷气开关。

按下除雾器开关，指示灯点亮，除雾器工作大约15分钟，超过预定时间后，除雾器将自动关闭。要手动关闭除雾器，再次按下除雾器开关即可。按下这个开关，前风窗玻璃除雾器开始工作。

按下这个开关，后风窗玻璃除雾器开始工作。

第 5 节　车辆运行材料

车辆运行材料是指在车辆运行过程中，使用周期较短，消耗费用较大，对车辆使用性能有较大影响的一些非金属材料，主要包括燃料、润滑剂、工作液和轮胎等。

1 汽油

从2017年1月1日起，为适应国五排放标准，我国的汽油牌号由原来的90号、93号和97号调整为89号、92号和95号。汽油牌号越高，其抗爆震性能越好（爆震是发动机汽缸内的一种不正常燃烧现象）。加注汽油时，应当根据车辆使用说明书要求选用规定牌号的汽油。

2 发动机润滑油

发动机润滑油俗称“机油”，是发动机润滑系统的工作液，可分为冬季用机油、非冬季用机油和多级机油（四季通用）三类。号数越大，机油的黏度越高，适用的气温越高。添加机油时，按照车辆使用说明书要求选用和定期更换规定牌号的机油，不同牌号的机油不能混用。

3 冷却液

冷却液是发动机冷却系统的冷却介质，是由蒸馏水与防冻剂按一定比例配制而成的。水与防冻剂的比例不同，冷却液的冰点也不同。冷却液一般呈绿色或红色。要按照车辆使用说明书要求选用和定期更换规定牌号的冷却液，不同牌号的冷却液不能混用。

4 风窗玻璃清洗液

风窗玻璃清洗液俗称“玻璃水”，主要由蒸馏水、清洁剂和酒精配制而成，可快速清除风窗玻璃上的灰尘与污渍。风窗玻璃清洗液分为夏季用和冬季用两种类型，需要添加时要根据气温情况来选用，要尽量避免混用不同牌号的清洗液。

5 轮胎

轮胎具有承担汽车重量、缓冲汽车振动和保证与地面之间的附着力等作用，现代汽车多采用充气轮胎。轮胎的气压及磨损情况关系着车辆行驶的安全性。轮胎气压过低、有裂纹或损伤时，车辆行驶中可能引起爆胎。轮胎磨损严重时会影响行车安全，需及时更换。

第 6 节　车辆日常维护

车辆日常维护是保证车辆正常运行的基础，以清洁、补给和安全检视为中心内容，车辆日常维护一般由驾驶人完成。行车前，驾驶人应该对汽车进行相关检查和补给。

车辆行驶前的检查与补给

项　　目	检　查　方　法
灯光	查看所有灯光装置的外观和工作情况；有脏污及时清洗，有损坏及时更换
轮胎	检查轮胎气压，气压不足要及时充气；检查轮胎侧面的磨损标记“▲”，磨损标记处沟槽深度小于1.6毫米时要立即更换；轮胎有裂纹或损伤要及时检修；轮胎沟槽内有异物的，要清除异物
机油	发动机起动前，拔出机油尺查看，机油高度要在上限（MAX）和下限（MIN）之间，低于下限时，按照车辆使用说明书规定的牌号添加
冷却液	检查液面高度，要在上限（MAX）和下限（MIN）之间，低于下限时，按照车辆使用说明书规定的牌号添加
风窗玻璃清洗液	打开储液罐盖，观察风窗玻璃清洗液液面高度；需要添加时注意防止杂质混入
制动液	检查液面高度，要在上限（MAX）和下限（MIN）之间；制动液明显减少时，检查液压管路是否有渗漏

更换轮胎的方法

第一步：拉紧驻车制动器操纵杆，挂一挡或倒挡，在每个车轮下加止动块，防止溜动。

第二步：卸下轮毂盖，用轮胎螺母扳手慢慢将螺母逐一松开。

第三步：将千斤顶放在轮胎附近固定位置处，装好并举升至轮胎离开地面，卸下已经松动的全部螺母。

第四步：换上备胎，拧上螺母（注意螺母的旋转方向），把每个螺母均匀地预紧到70%的程度。

第五步：放下千斤顶，按对角线交叉对称地将螺母拧紧，装上轮毂盖，将卸下的轮胎和工具一起收入行李舱。

备胎仅供临时使用

车辆配备的专用备胎不能作为正常轮胎长时间使用，只能在发生爆胎或轮胎漏气时临时应急使用。使用备胎时，行驶速度不能过快，而且要尽快将车开到最近的修理厂进行维修，换上正常的轮胎。

第四章

驾驶操作训练

驾驶操作训练应从基础驾驶训练开始，使学员掌握安全、规范的基础驾驶操作要领，养成良好的安全意识和驾驶习惯，具备控制车辆的基本能力。然后通过场地驾驶和道路驾驶训练，熟练掌握准确控制车辆行驶状态、一般道路及夜间驾驶方法，做到不同道路交通状况下的安全驾驶，具备在实际道路上综合控制车辆的基本能力。

第1节 基础驾驶

上下车、驾驶姿势、起步前的调整与检查、操作操纵装置、起步停车、加减挡与倒车、控制车辆行驶位置和路线是最基础的驾驶动作，也是场地驾驶与道路驾驶各训练科目的基础，对于驾驶人安全意识和良好驾驶习惯的养成至关重要，并对以后的安全驾驶有潜移默化的影响。

一、上下车及驾驶姿势

① 上车

1）安全确认

要养成上车前绕车查看车辆外观及车周围、车底安全情况的习惯。从左前门处开始，逆时针方向绕车一周，检查车辆外观、轮胎、号牌；观察有无液体渗漏现象。确认汽车底部及周围没有人、小动物和其他障碍物等影响安全起步的隐患后，方可上车。

小知识

为什么要逆时针绕车检查？

我国实行右侧通行，一般车辆是靠道路右侧停放。驾驶人需从左侧进入驾驶室，此时从左前车门处逆时针绕车检查，可以保证驾驶人看到后方来车及交通情况，这样更加安全。

2）上车动作

上车时，左手打开车门后身体移至车门内侧，握住车门内把手按右腿、臀部、左腿的顺序入座。

上车动作

左手轻轻地拉车门，在离关紧位置约10厘米处再用力将车门关严。关门后要再次确认车门是否关紧，随手锁好车门。

2 下车

1）安全确认

下车

下车前，要观察前方，通过内外后视镜并侧头观察左后方交通情况，确认无行人、非机动车和其他车辆临近。

2）下车动作

下车时，先稍微打开车门后，再次向左侧头观察，确认无行人及其他车辆靠近后再开大车门，按左腿、臀部、右腿的顺序下车，关闭并锁好车门。

确认锁好车门

用电子遥控钥匙锁好车门后，要拉动车门把手确认车门是否锁好，以免车门未关闭导致车内物品被盗。发现电子锁失灵时，要立即改用手动锁锁好车门。

3 驾驶姿势

正确的驾驶姿势

驾驶人保持正确的驾驶姿势，能够很好地观察道路情况，方便操作各操纵装置，使全身保持自然、放松的状态，可有效减轻驾驶疲劳。正确的驾驶姿势是保证安全驾驶的基础，错误的姿势会影响操作，造成安全隐患。

正确的驾驶姿势

两种错误的驾驶姿势

二 起步前的调整与检查

1 起步前的调整

1）调整座椅和头枕

调整好座椅的前后位置、靠背角度及头枕高度，左脚能够轻松自如地控制离合器踏板，右脚能够自如地控制加速踏板和行车制动器踏板，两手能自如地抓住转向盘上端。头枕顶部与头平齐，头枕中央对准脑后部。

调整座椅和头枕

座椅和头枕的调整方法：

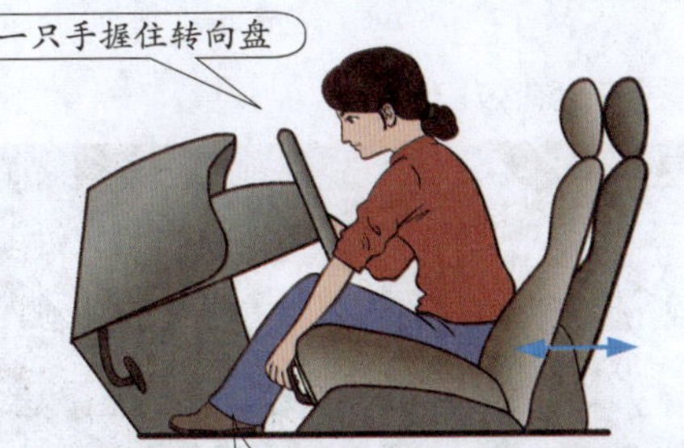

小知识

电动座椅的调整

电动座椅侧面配有调整开关，操作相应开关即可调整座椅前后位置、高度、靠背角度和腰部支撑曲率。

2）调整后视镜

保持正确驾驶姿势，面向正前方。右手握内后视镜边缘，调整至转动眼睛时便可看到车后窗外情况为宜。

通过车内调整装置调整外后视镜，调至能看到的车体占镜子横向的 1/4，车外物体占镜子横向的 3/4，左后视镜中路面占镜子高度的 1/4，右后视镜中路面占镜子高度的 2/3（可根据身体高度进行调整），尽量能看到后方更远的地方。

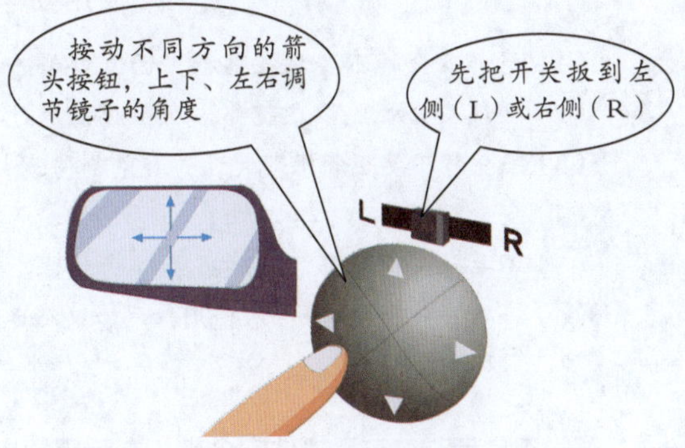

外后视镜盲区

驾驶人坐在驾驶座上，从外后视镜中看不到的地方是外后视镜的盲区，范围为从车后门开始向外侧展开约30°以外的区域。调整好外后视镜，能够减小盲区。

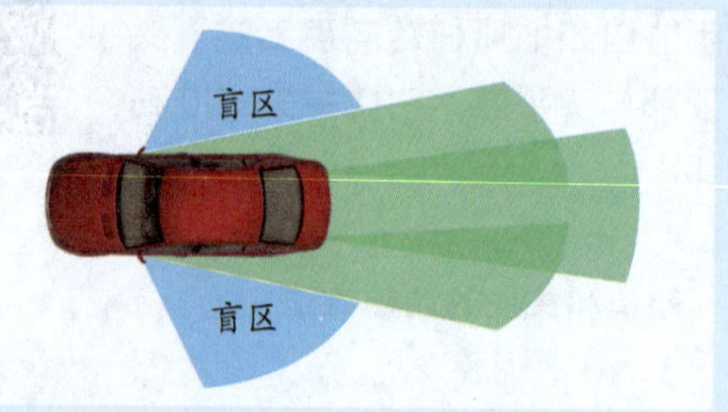

3）系、松安全带

系安全带时，先根据身高扳动安全带高度调整钮调整好高度，再用右手缓慢将安全带向下平顺拉出，使安全带从肩与颈根（锁骨下）之间，通过胸部的适当位置，将搭扣插头插入插座里，当听到“喀”的一声为止。然后，猛拉安全带，检查自动锁止是否安全有效。

系、松安全带

提示

使用安全带的注意事项

（1）肩部安全带不要放在胳膊下面，要斜着从胸前通过；

（2）腰部安全带要系在髋部，从小腹前通过，紧贴髋骨下部，不要系在腹部；

（3）安全带不要距颈根部太近，避免割伤颈部动脉；

（4）安全带不要打卷、扭曲；

（5）不要让安全带压在坚硬或易碎的物体上，如衣服里的眼镜、手机和钥匙等；

（6）一副安全带只能一个人使用，严禁双人共用。

解脱安全带时，左手抓住安全带，右手用拇指按下搭扣插座上端的按钮，插头便会从插座中脱出，左手慢慢将安全带放松复位到卷收器中。

2 起步前的检查

1）检查车辆外部和发动机舱

上车前，要检查车辆外部和发动机舱。

车辆外部主要检查车外表有无伤痕，若有较重的伤痕，找出原因，影响行车安全时要及时维修。检查轮胎的磨损、坚固和气压情况，轮胎磨损超过标准，要及时更换；发现螺栓松动，要进行坚固；气压不足要找出原因，有针对性地处理。

发动机舱主要检查冷却液、发动机机油、燃油、玻璃清洗液等是否充足，不足时要及时添加。发现漏液现象时，要找出原因，及时排除。

2）检查操纵装置

起动发动机前，驾驶人一定要对驾驶室内的操纵装置进行检查，确认手动挡车辆的变速器操纵杆在空（N）挡，自动挡车辆的变速器纵杆应在P挡位置；驻车制动器处于制动状态；制动踏板和离合器踏板踏、抬正常，踏板与驾驶室地板之间的间隙合适，无障碍物；加速踏板灵活，无卡滞现象。

3）起动发动机

踏下离合器踏板（自动变速器车辆需踏下行车制动踏板），将点火开关旋至“START”位置，起动发动机。遇到点火开关转不动时，可一边轻轻晃动转向盘，一边转动钥匙。如果发动机未能起动，则10秒后必须关闭发动机，约30秒后再尝试起动。发动机起动后，立即松开点火开关。

小知识

“一键起动”发动机

对于有“一键起动”功能的车辆，首先确认遥控钥匙位于车内，将离合器踏板踩到底（自动变速器车辆则踏下行车制动踏板），“ENGINE START/ STOP”开关指示灯将变为绿色，此时按下“ENGINE START/ STOP”开关一次，即为“START”模式，发动机起动。

4）检查仪表

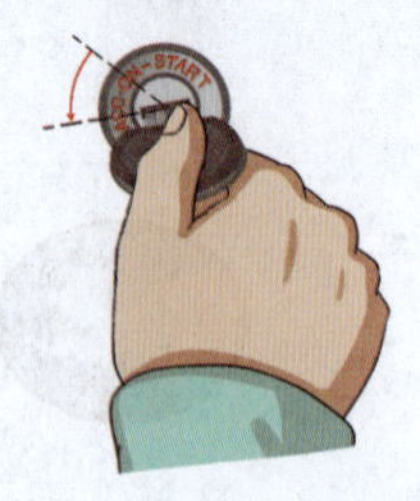

起动发动机后，要注意观察各仪表工作状态是否正常，仪表板上的报警灯有无故障警示。出现异常情况要及时处置，杜绝驾驶“带病”车辆。

5）停熄发动机

把点火开关转动到“ACC”位置，将发动机熄火。

有“一键起动”功能的车辆发动机熄火

对于有“一键起动”功能的车辆，首先确认遥控钥匙位于车内，变速器操纵杆在空挡（自动变速器车辆变速器操纵杆应在P挡）位置，实施驻车制动，按下“ENGINE START/ STOP”开关，发动机熄火。

三 操纵装置的规范操作

1 转向盘

1）转向盘的握法

双手握在转向盘两侧盘缘，食指到小指四个手指由内向外自然地握住，拇指自然按住转向盘缘，注意不要握得太紧。转动转向盘以左手为主，右手辅助。

2）转向操作

向右转动转向盘时，左手向右转动，右手辅助。连续转动时，左手转动到2～3点钟位置，右手从左手上方握住转向盘接续转动转向盘，左手松开继续接转，两手依次交替操作。

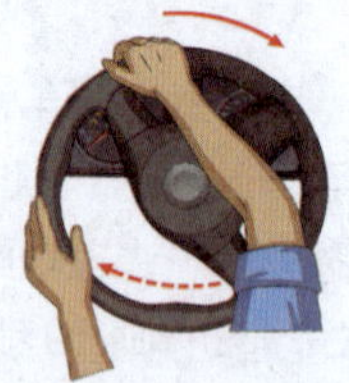

向左转动转向盘时，右手向左转动，左手辅助。连续转动时，右手转动到9～10点钟位置后，左手从右手上方握住转向盘接续转动转向盘，右手松开继续接转，两手依次交替操作。

3）转向盘回正

回转转向盘时，与转动转向盘的方向相反。也可利用前轮的回正力，使转向盘自动回正。

转向盘操作注意事项

（1）转动转向盘，要做到预判预转，慢转慢回，及时回正；

（2）尽量避免原地转动转向盘，否则会磨损轮胎，影响前轮的定位参数；

（3）行车时严禁双手同时离开转向盘。

2 离合器踏板

操纵离合器踏板时，把左脚前脚掌放在离合器踏板上，用膝关节和踝关节的伸屈动作踩下或抬起踏板。踩下踏板，离合器分离；抬起踏板，离合器接合。

离合器踏板的操作

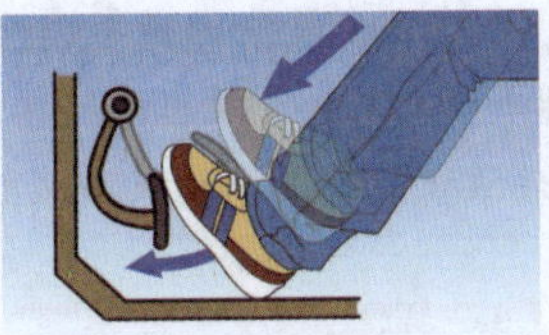

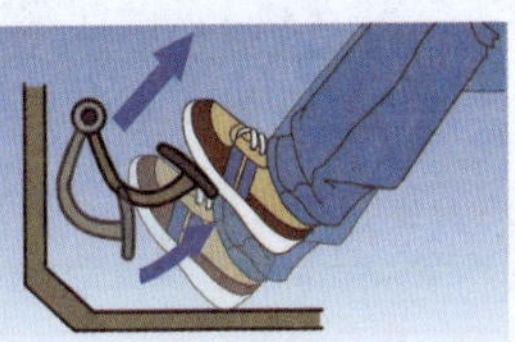

注意：自动挡车辆无离合器踏板。

小知识

离合器半联动

（1）离合器半联动指动力不完全传递状态。掌握好半联动，才可以实现平稳起步。

（2）踩踏板时要迅速、一踏到底，松抬时要做到“快—慢—停—慢—快”。

快：开始的自由行程抬起要快；

慢：即将到达离合器接触点时要慢抬踏板；

停：离合器半联动状态要略作停顿；

慢：离合器平稳接触后慢抬踏板；

快：松抬踏板的自由行程要快。

（3）不要长时间使离合器处于半联动状态。

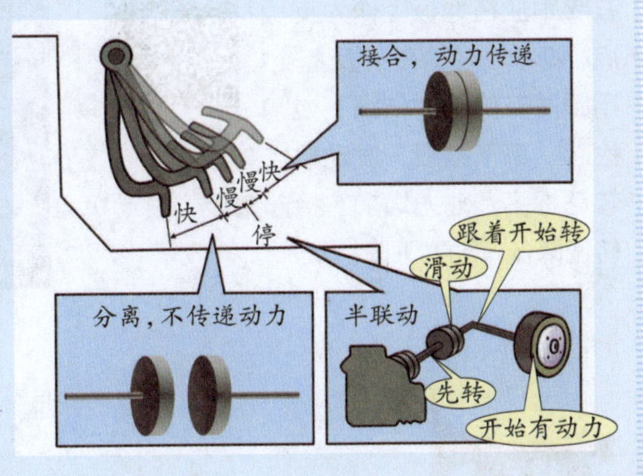

3 制动踏板

操纵制动踏板时，把右脚前脚掌放在制动踏板上，用膝关节的伸屈动作踩下或松抬。踩下踏板，制动起作用；松抬踏板，解除制动。

提示

制动踏板操作注意事项

（1）踩踏板时，要靠脚的感觉操作，不能用眼睛看踏板；

（2）踩踏板的行程、速度、力度要根据需要而定，不能一次用力踩到底；

（3）平时要养成不踩加速踏板时，便将右脚掌放在制动踏板上的习惯，以便随时准备采取制动措施，俗称“备刹车”，这能有效防止错把加速踏板当成制动踏板的情况发生。

4 加速踏板

操纵加速踏板时，把右脚跟放在地板上作为支点，脚掌轻轻踏在踏板上，用踝关节伸屈动作踩下或抬起。踩下踏板，发动机转速提高，动力增加。抬起踏板，发动机转速降低，动力下降。

加速踏板的操作

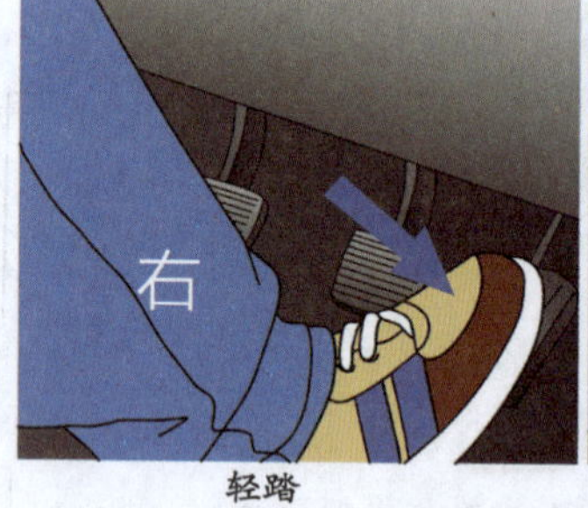

轻踏

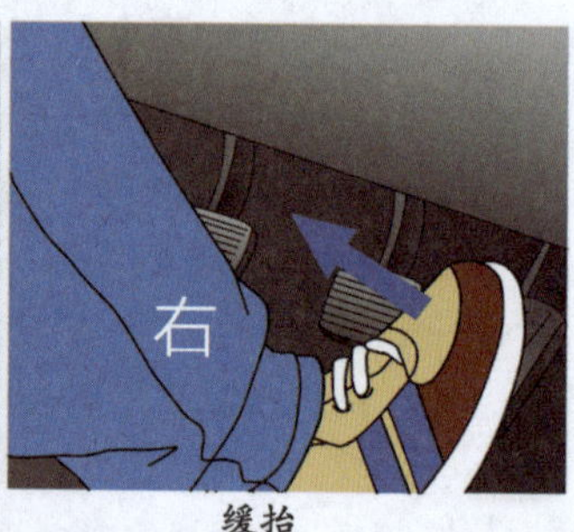

缓抬

提示

加速踏板操作注意事项

（1）踩踏板时，要靠脚的感觉操作，不要用眼睛看踏板；

（2）操纵时要“轻踏、缓抬”，切忌忽抬忽踩。

5 变速器操纵杆

1）手动挡车辆换挡

用右手控制变速器操纵杆，换挡时，必须将离合器踏板完全踩到底。加挡时，必须逐级换挡；减挡时，尽量逐级换挡，逐级减挡无法保持发动机足够动力时，可越级减挡。

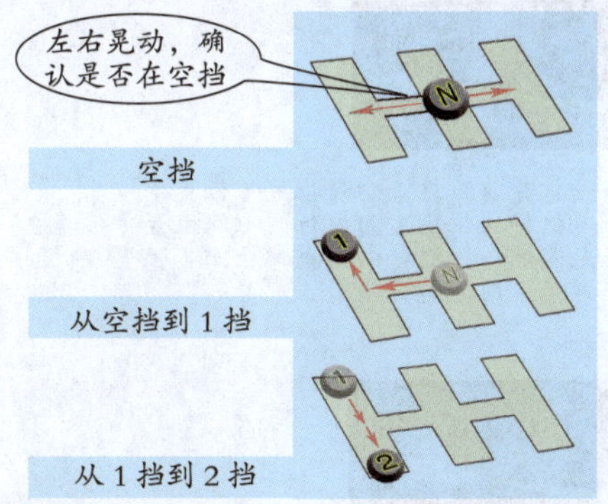

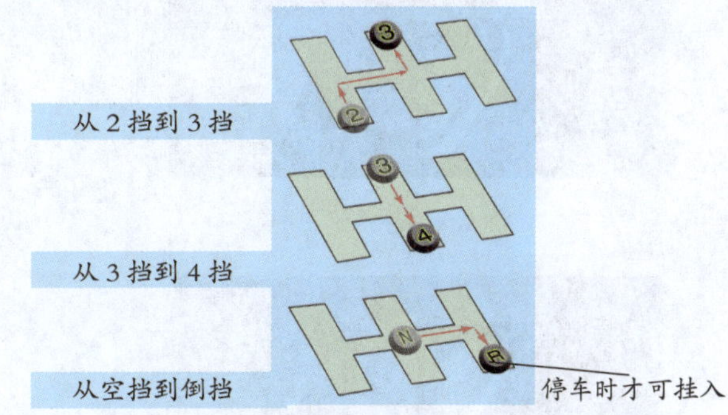

换挡时的注意事项

（1）换挡时，两眼注视前方，不要低头看挡位；

（2）换挡力量不要太大，否则容易挂错挡位。

2）自动挡车辆换挡

（1）从P挡向其他挡位移动变速器操纵杆时，必须踩下制动踏板。

（2）自动变速器操纵杆上有锁止按钮的，换入P、R、1（L）挡时，必须按下锁止按钮。

（3）从P挡换向N挡时，动作不能太慢。

（4）行驶中，D、2、1（L）挡位互换时，不要用眼睛看变速器操纵杆，仪表板上会有挡位显示。

（5）车辆停放后，将变速器操纵杆换到P挡后，才能拔下点火钥匙。

6 驻车制动器操纵装置

1）驻车制动器操纵杆的操作

操纵驻车制动器操纵杆时，右手握住并用力拉起操纵杆，起制动作用。放松操纵杆时，先将操纵杆稍向上提，拇指按下按钮，将操纵杆放到底后解除制动。

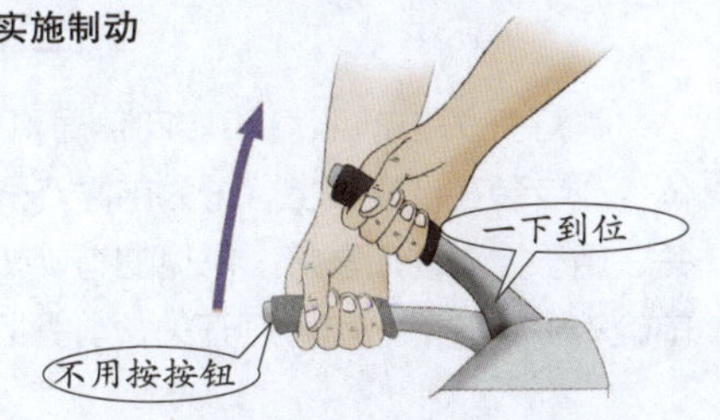

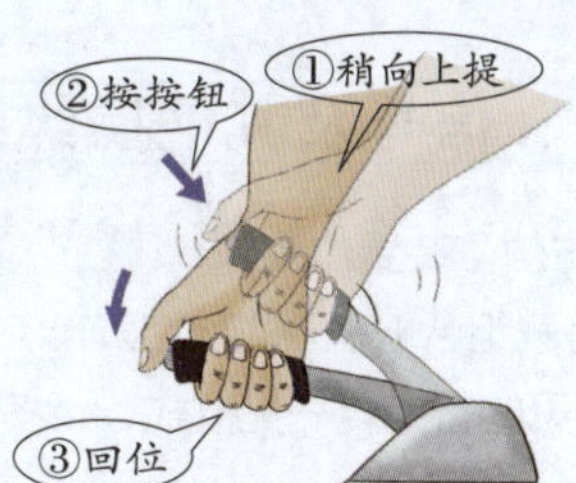

2）驻车制动踏板的操作

踩下踏板，起制动作用。放松时，先向下踩踏板，然后才能抬起踏板，踏板完全抬起，制动解除。

踩下，实施制动

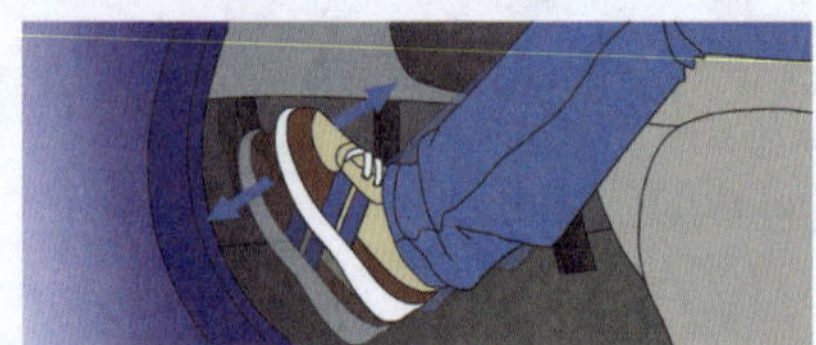
再次踩下后抬起，解除制动

3）电子驻车开关按钮的操作

不同车型的电子驻车开关按钮操纵方式不同。其中一种方式为：向上抠电子驻车开关按钮，即可实现驻车制动；点火开关位于“ON”位置，踩下行车制动踏板，按下电子驻车开关按钮，即可解除电子驻车制动。

7 照明、信号及其他操纵装置

1）照明与信号装置的操作

灯光—信号组合开关是控制照明灯光和信号灯光的装置，常见的有旋转—提拉式，大多数安装在转向盘左下方转向柱上，用左手操纵。

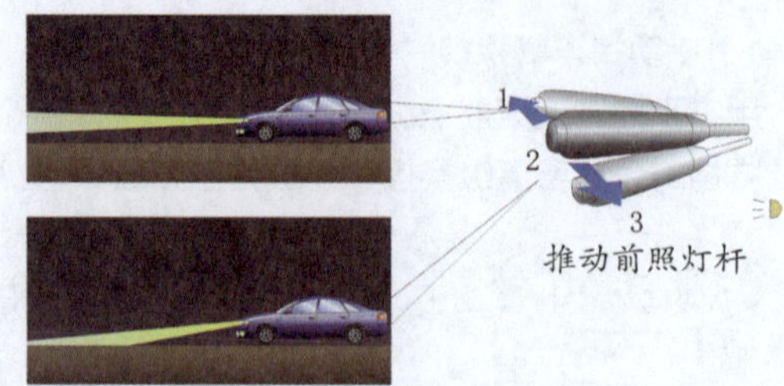

远光——打开前照灯，向外推杆（位置1）
近光——把杆从位置1向内拉回中间位置（位置2）
远、近光闪烁——把杆向内全部拉回（位置3）远光开启，再释放则远光关闭

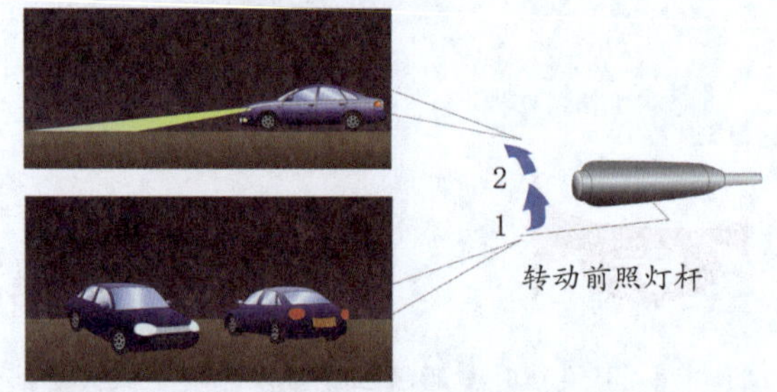

位置1——示廓灯、尾灯、牌照灯和仪表灯点亮
位置2——前照灯和上述所有灯点亮

转向灯开关是控制转向信号灯的操纵装置，与前照灯共用一个操纵杆。向上抬杆，开启右转向灯；向下按杆，开启左转向灯。

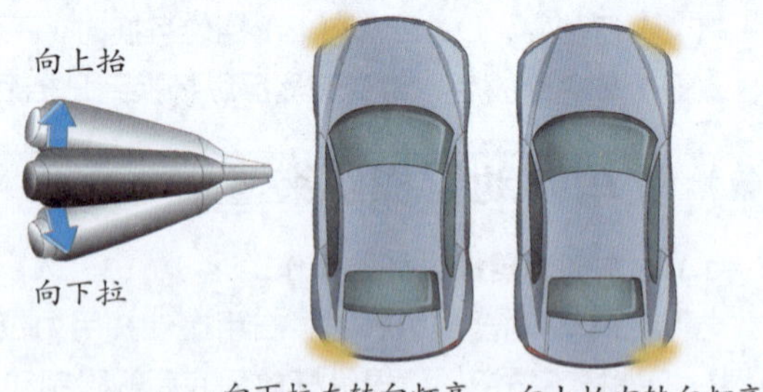

向下拉左转向灯亮　向上抬右转向灯亮

雾灯开关与前照灯和转向信号灯开关组合为一体，或者装在仪表板上，分为前雾灯开关和后雾灯开关，用于控制前后雾灯。常见的有旋转、按钮式。向前旋转（或按下）前雾灯开关，前雾指示灯、前雾灯

亮；向后旋转（或按下）后雾灯开关，后雾指示灯、后雾灯亮。

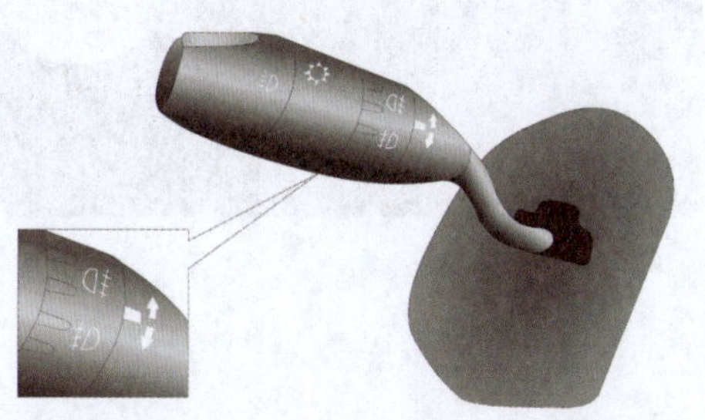

危险报警闪光灯开关（俗称双闪）装在仪表板上，都是按钮式的，按下开关，前后的两侧转向灯会同时闪烁；再按一次开关，危险报警闪光灯关闭。

喇叭按钮一般位于转向盘上。按下按钮时喇叭响，松开按钮停止鸣喇叭。

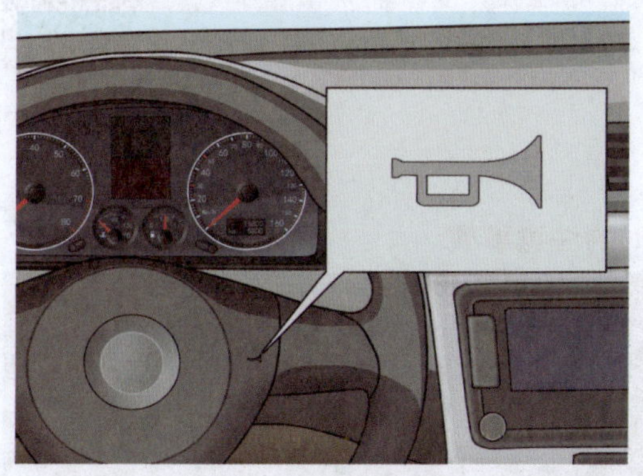

2）刮水器的操作

风窗玻璃刮水器开关一般安装在转向盘右下方转向柱上，用右手操纵。向上拨操纵杆，将操纵杆向下拉或向上推，可选择不同的刮刷挡位；向内拉动操纵杆，将喷出清洗液。

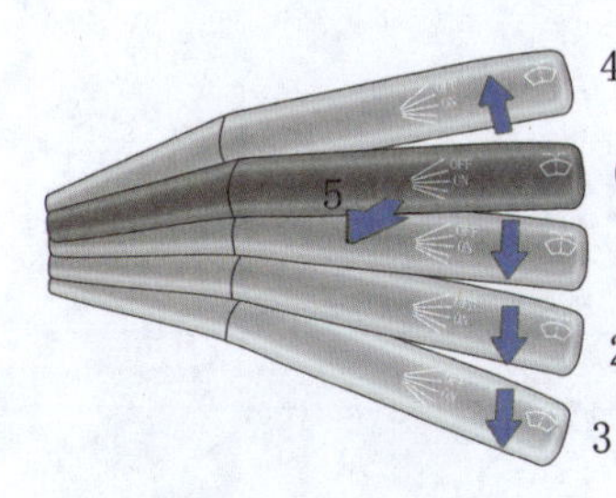

3）开、关行李舱门

行李舱门开启手柄（按钮）位于仪表板左下方或左前门门槛处，拉起手柄或按下按钮，行李舱打开；关闭行李舱门需从车外部操作。

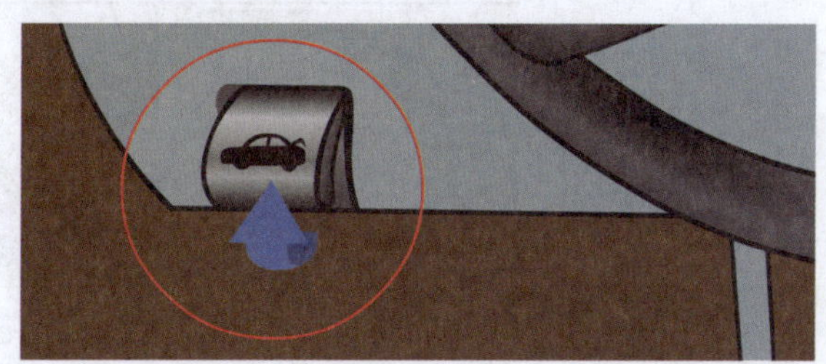

4）开、关燃油加注口盖

燃油加注口盖开启拉手一般位于仪表板左下方或左前门门槛处，拉起拉手，燃油加注口盖会自动弹开。加完油后，拧好油箱盖，手动关上燃油加注口盖。

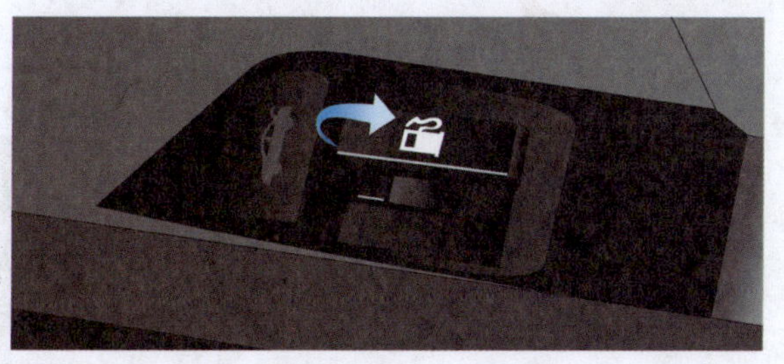

5）开、关发动机舱盖

发动机舱盖开启手柄（按钮）位于仪表板下方，拉起手柄或按下按钮发动机舱盖打开；提起发动机舱盖边缘上的锁舌，即可掀开发动机舱盖；关闭时，从外部放下发动机舱盖，按落到底就位并卡紧。

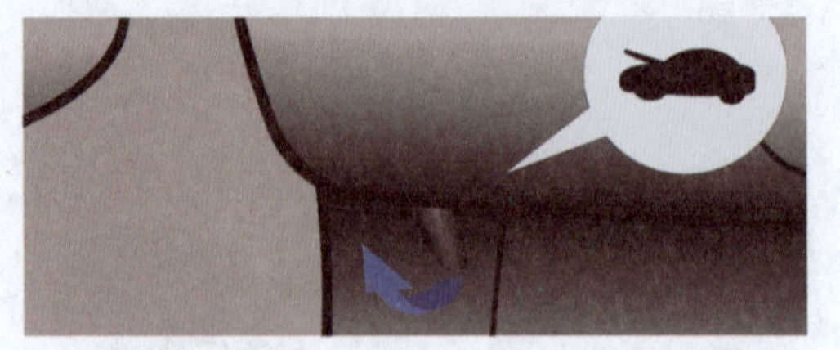

四 起步与停车

1 起步

1）安全确认

绕车一周进行安全确认后按照规范动作上车，确认全部车门都完全关闭。根据身高调整好座椅、头枕、后视镜，系好安全带并提醒车内乘员系好安全带，检查操纵装置，起动发动机，观察仪表，发现异常情况及时停熄发动机进行处理，仪表显示无异常时，才可起步。

注意：车辆前排不应乘坐未满12周岁的儿童，当车辆后排乘载儿童时，应使用专门的儿童安全座椅或坐垫。不同年龄阶段的儿童使用安全座椅的方法不同。

婴幼儿

低龄儿童

大龄儿童

2）起步操作

起步时，观察内、外后视镜，侧头观察左后方交通情况，开启左转向灯。驾驶手动挡车辆起步时，左脚将离合器踏板踩到底，挂1挡，左脚缓抬离合器踏板至半联动位置，右脚踩加速踏板，同时松驻车制动器，继续踩加速踏板，缓抬离合器踏板，使车辆平稳起步。驾驶自动挡车辆起步时，右脚将制动踏板踩到底，挂D挡，松驻车制动器，缓抬制动踏板，使车辆平稳起步。

安全起步

夜间及不良天气起步时的注意事项

（1）夜间驾驶车辆起步时，开启近光灯、左转向灯，注意观察两侧的车辆和行人，特别要注意提防黑暗中的车辆和行人。在夜间起步前，不要开启远光灯。

（2）雾天驾驶汽车起步时，要开启左转向灯和雾灯，必要时开启近光灯，同时要比正常气象条件更仔细观察前方及车两侧情况。起步时，不要开启远光灯、长时间鸣喇叭。行驶时，根据能见度情况适时开启危险报警闪光灯。

（3）雨、雪天气驾驶汽车起步时，要开启近光灯、左转向灯，雨天要使用刮水器，雪天可用中速挡，要注意预防雨、雪中行人抢行。

3）汇入车流

驾驶汽车起步后，要随时注意两侧道路情况，向左缓慢转向，在不影响其他车辆通行的前提下，逐渐驶入正常行驶道路。

从辅路汇入主路，遇到左侧车辆较多时，让左侧车辆先行，不要向左突然急加速转向汇入车流。从主路汇入辅路时，要提前减速，注意观察右侧车辆是否让行，确认安全后，逐渐汇入。

2 停车

1）安全确认

观察前方、后方及右侧道路交通情况，在不影响其他车辆正常行驶的前提下减速行驶并预估停车地点。确定停车地点后，开启右转向灯，通过内、外后视镜观察后方和右侧交通情况，确认安全。

2）停车操作

车辆驶近停车地点时，右脚松抬加速踏板，并迅速放到制动踏板上，开始轻踏并逐渐加力，手动挡车辆车速低于 5 公里 / 小时时，左脚迅速踏下离合器踏板，将车辆平稳地停到预定地点。然后，拉紧驻车制动器操纵杆，手动挡车辆需将变速器操纵杆挂进空挡，自动挡车辆则应挂入 N 挡，关闭转向灯，放松制动踏板。长时间停车时，手动挡车辆可直接关闭点火开关，自动挡车辆需先将变速器操纵杆挂入 P 挡，再关闭点火开关。

手动挡车辆停车操作顺序

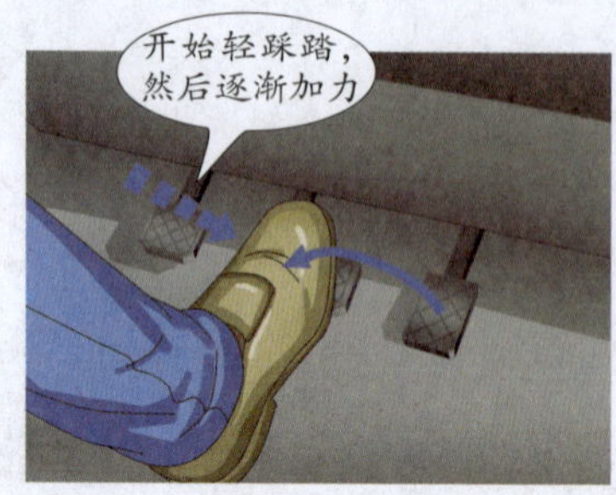

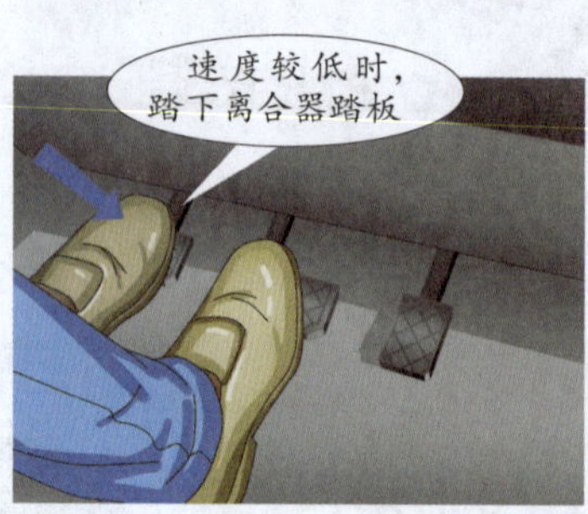

拉紧驻车制动器操纵杆

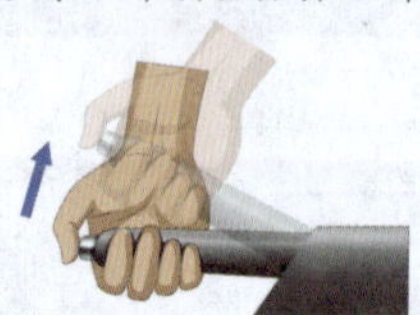

挂入空挡

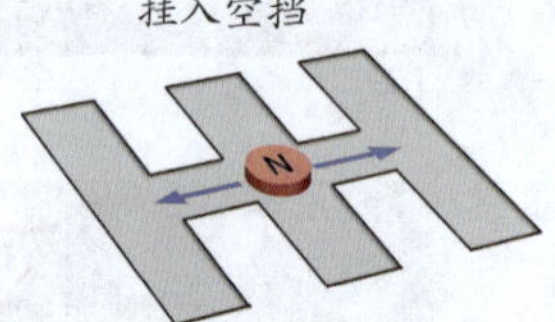

关闭点火开关

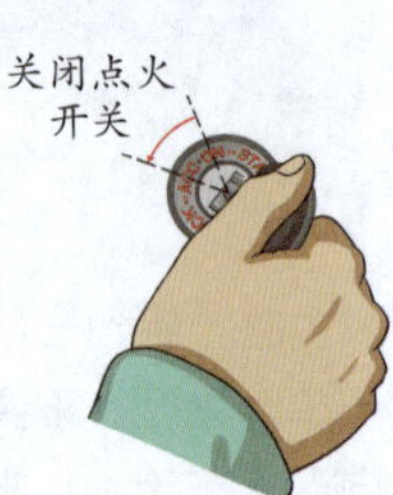

平稳停车的操作要领

使用行车制动器平稳停车的要领是先轻踏制动踏板，再逐渐加重或适当修正踏板力度，以平顺减速，当车即将停住时稍抬制动踏板，然后再轻轻踏下制动踏板，可实现平稳停车。

五 变速、换挡与倒车

1 变速与换挡

1）加速、加挡

加挡前，平稳地踏下加速踏板，逐渐提高车速。车速适合换入高一级挡位时，控制好转向盘保持车辆直线行驶，松抬加速踏板，在踏下离合器踏板的同时，将变速器操纵杆换入高一级挡位，并尽快逐级换至最高挡位。

踩加速踏板加速→松开加速踏板的同时，踏下离合器踏板→加挡，但用力不要过大→抬离合器踏板的同时，逐渐踏下加速踏板。

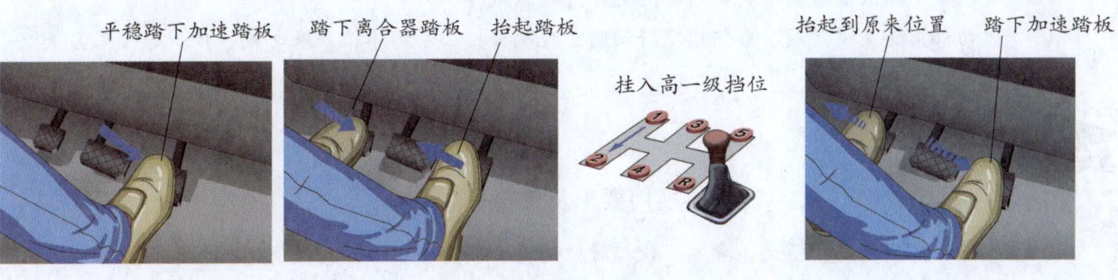

加挡时的注意事项

（1）从1挡加到2挡，离合器踏板抬起速度要慢些；

（2）从2挡加到3挡，离合器踏板抬起速度要稍加快；

（3）从3挡加到4挡，离合器踏板抬起的速度要更快些；

（4）加挡时必须逐级从低速挡升至高速挡，不得越级加挡。

2）减速、减挡

减挡时，提前抬起加速踏板，利用发动机制动作用提前进行减速，随即将右脚移至制动踏板上，适时地用行车制动减速。减挡时，控制好转向盘保持直线行驶，在右脚抬起加速踏板的同时，左脚踏下离合器踏板，随即将变速器操纵杆换入低一级挡位。减挡动作要求连贯、准确、迅速，挂挡或脱挡时要注意手腕的爆发力。

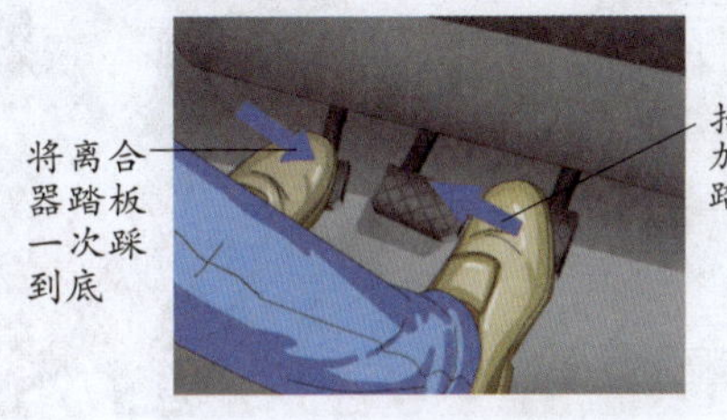

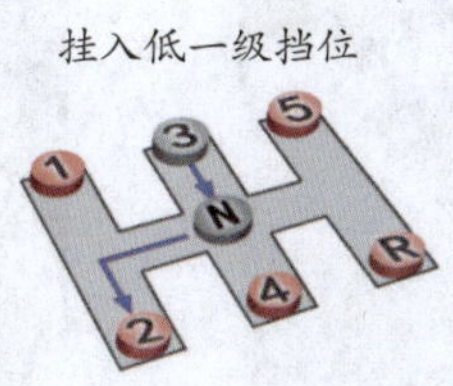

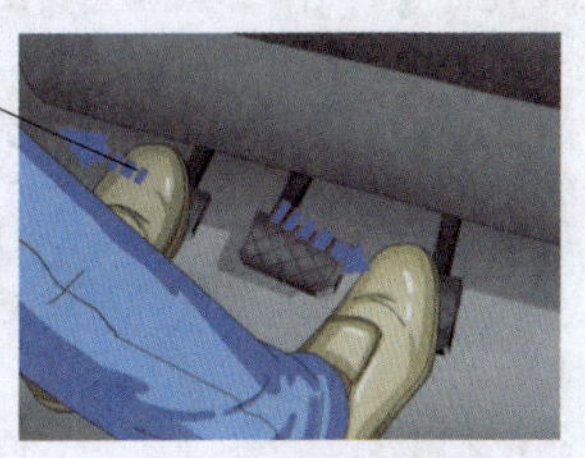

抬起加速踏板，轻踩制动踏板减速（有时仅需发动机制动减速即可），踩下离合器踏板的同时→减挡，但用力不要过大→抬离合器踏板到半联动点时，开始踩加速踏板。

提示

减挡时的注意事项

（1）减挡一定要掌握好车速与挡位的匹配，尤其是车速不宜过快；

（2）逐级减挡无法保持发动机足够动力时，可越级减挡；

（3）发动机声音变得沉闷、车体出现抖动时，说明该挡已动力不足，及时换入低一级挡位。

小知识

换挡要求及注意事项

（1）换挡动作应连贯、迅速、准确，换挡时机恰当，换挡全过程保持没有间歇，手脚配合协调；

（2）离合器接合要到位，不到位或尚未到位会引起发动机空转。空转不仅发出噪声，对发动机也有一定的损伤；

（3）加、减挡过程中，加速踏板踩得过轻或离合器踏板抬起过急，都可能造成发动机熄火；

（4）不可低头看挡位；

（5）加挡前先加速，减挡前先减速，不可低头看转速表换挡；

（6）紧急情况下，任何挡位均可停车。

2 倒车

1）安全确认

倒车与前进相比，死角盲区非常多，操作难度大。倒车前，认真观察车辆四周情况，规划好倒车路线，必要时开车门或下车进行安全确认。

2）倒车操作

（1）通过后窗观察倒车。倒车时，左脚将离合器踏板踩到底（自动挡车辆，则右脚踏制动踏板），挂倒挡，左手握转向盘上缘，上身向右后转体，下身向右微斜，右手扶住副驾驶座椅靠背上端，两眼通过后窗观察后方及侧方，离合器踏板抬到半联动点时右脚轻踏加速踏板使车辆平稳起步后将右脚移到制动踏板上（自动挡车辆，则右脚缓抬制动踏板，不需踏加速踏板），保持随时停车的可控速度。

（2）通过后视镜观察倒车。倒车时，左脚将离合器踏板踩到底（自动挡车辆，则右脚踏制动踏板），挂倒挡，通过内、外后视镜观察后方及侧方，

离合器踏板抬到半联动点时右脚轻踏加速踏板使车辆平稳起步后将右脚移到制动踏板上（自动挡车辆，则右脚缓抬制动踏板即可，不需踏加速踏板），保持随时停车的可控速度。

倒车注意事项

（1）倒车时转向盘的转动方向与倒车方向一致；

（2）倒车过程中，发现方向偏差，及时转动转向盘进行修正；

（3）遇到不平的路面，可轻踏加速踏板，低速平稳通过；

（4）当速度过低时，适量踏下离合器踏板，避免发动机熄火。

六 行驶位置和路线

1）观察点及视野

在驾驶室内正确地选择观察点，收集车辆行驶中所必需的信息，对提前确定行驶方向和行驶位置非常重要。从驾驶室内观察，要将头微抬，尽量向前方远处看，并随时观察车周围的情况，同时还要考虑到视线死角。做到看远、顾近、注意死角。

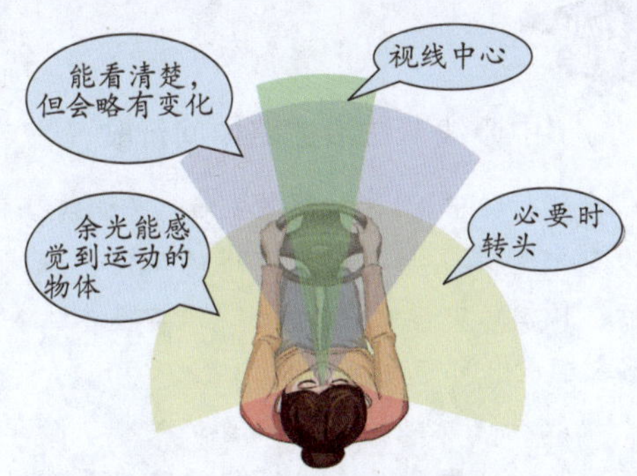

驾驶车辆时只看近处，能看到的前方范围很小，不容易发现行驶偏差，当产生较大偏差时才能发现。感觉偏离了行驶路线，要及时调整转向盘进行修正。修正方向时，转动转向盘要缓，转向时行驶距离可长一点，不可过快过猛地调整转向。要注意转向盘转动多大角度要及时转回多大角度。

看近处不容易感觉到偏差

看远处容易较早感觉到偏差

2）车体位置的感觉方法

掌握车前方、后方位置的距离感觉，正确地判断车体的大小和位置，形成良好的位置感。驾驶人在车内常常看不到车体前后的边缘，可利用标杆或其他参照物来感觉、判断车辆的宽度、长度，确认车身的大小和路面的位置。了解视线的死角（盲区），对于正确选择行驶位置和路线很有必要。

汽车盲区

驾驶人坐在驾驶座位上，观察不到的路面区域叫汽车盲区。汽车盲区主要有车头前部盲区、车身立柱盲区、后视镜盲区和车辆后部盲区。汽车盲区大小与车身、座椅的高度、车头的长度、驾驶人的身材及后视镜的调整角度等都有关系。驾驶人应充分利用扭头、侧头观察及车内辅助影像系统来消除盲区的影响。

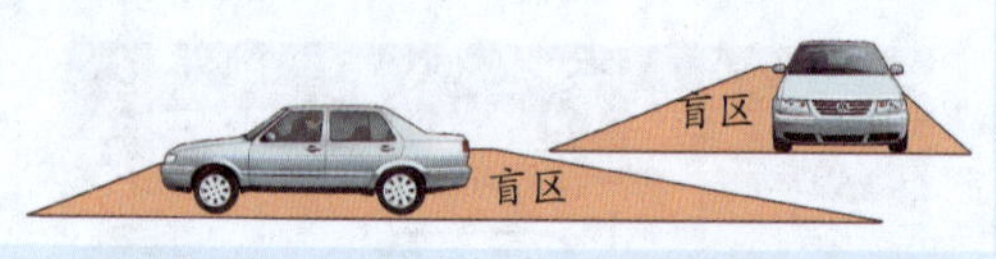

3）直线行驶

根据道路实际情况，有效、平稳地控制车辆沿直线行驶，合理控制车速，是保证车辆正常行驶的最基本条件。

（1）方向控制。行车时，驾驶人两手应轻松地稳握转向盘，尽量目视远方道路交通情况，余光照顾近处。感觉偏离了行驶路线，及时调整转向盘进行修正。转动转向盘时，以左手为主，右手为辅随动或滑动，控制好转向盘的自由行程。

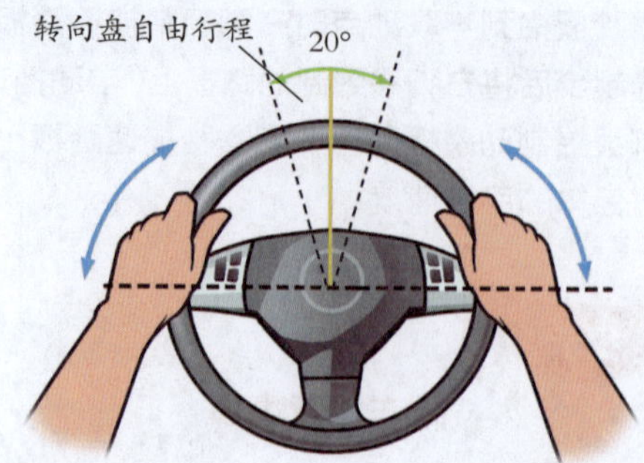

注意：行驶中，驾驶人在观察前方的同时，还要注意适时从后视镜观察后方道路上的情况，在确保安全行驶的前提下，一般每隔不超过20秒通过后视镜观察一次后方交通情况。

控制方向时的注意事项

（1）车辆行驶在拱形路面的右侧，转向盘自由行程偏向左边；行驶在拱形路面的左侧，转向盘自由行程偏向右边；

（2）转动转向盘要做到少转少回，预转预回；

（3）行驶中感觉车辆有偏驶现象时，要及时向相反方向适量修正转向盘。

小知识

“中心线”法沿道路中间行驶

车辆行驶中，目光从驾驶室沿车头向前(一般为50~150米）与道路或车道的几何中心线平行，且相距中心线0.5米时，汽车基本上在道路或车道中间行驶。

视线放得越远，发现偏差就越早，修正偏差越及时，发现汽车偏离行驶路线要及时修正。“中心线”法适用于汽车高速行驶时参照。

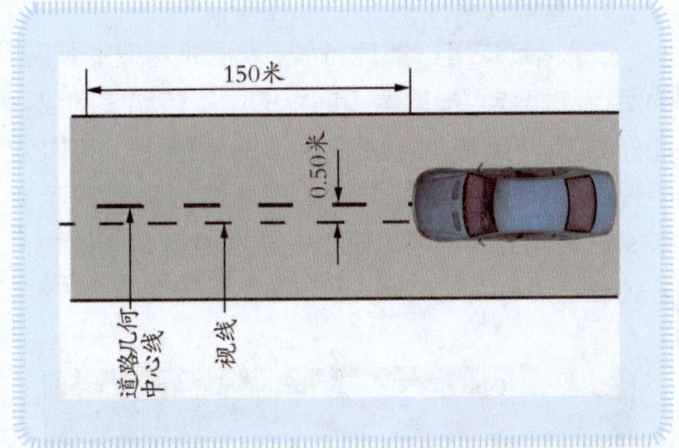

（2）速度控制。在道路上行驶时，还要根据道路情况和限速标志合理控制车速，并适时地进行调整。常用的降低车速的方法有：利用发动机牵阻作用减速、利用制动器减速、利用离合器半联动减速（适用于狭窄、转弯、拥挤路段），在实际驾驶中需要综合协调运用这些方法来控制车速。

（3）速度感知。车辆高速行驶时，驾驶人的视力下降、视野变窄，车辆的制动距离变长、操纵稳定性变差，行车的安全性降低。驾驶人应了解随着车速提高时人体和车辆特性的变化，充分认识到高速行驶的危险性。

①视力下降。驾驶人在行车时的有效视力是动视力，动视力会随着车速的提高而降低，当车速过高时，驾驶人不易看清前方道路和周围的情况。一般情况下，驾驶人的动视力比静止时低 10% ~ 20%，有时甚至低 30% ~ 40%。例如，车速为 60 公里 / 小时时，驾驶人可以看清前方 240 米处的交通标志；当车速提高到 80 公里 / 小时时，则连前方 160 米处的交通标志都看不清。此外，驾驶人年龄越大，动视力比静止时视力下降得越多。

②视野变窄。当人的眼睛朝一个方向看时，在这个方向上两眼所能看到的范围就称为视野。人的视野会随着车速的提高而变窄：车速为 40 公里 / 小时时，视野范围可达 90° ~ 100°；车速为 95 公里 / 小时时，视野范围只有 40°。也就是说，车速越快，驾驶人越看不到近处周围的情况，而且单位时间内遇到的情况却越多，行驶的危险性也越大。

40 公里 / 小时

60 公里 / 小时

80 公里 / 小时

110 公里 / 小时

③制动距离变长。汽车的制动距离，会随着车速的升高而加长。车速是原来的两倍时，制动距离就会达到原来的4倍。也就是说，车速越快，制动距离就越长，发生事故的概率就越大。而且，车速越高，车辆惯性越大，发生事故时造成的冲击力就越大，容易加重事故后果。

小知识

不同车速下发生碰撞时的冲击力

车辆发生碰撞时冲击力的大小与速度和质量有关。例如，车辆以60公里/小时的速度撞向墙壁，其所受的冲击力与从14米（5层楼）的高空坠落所受的冲击力相当。

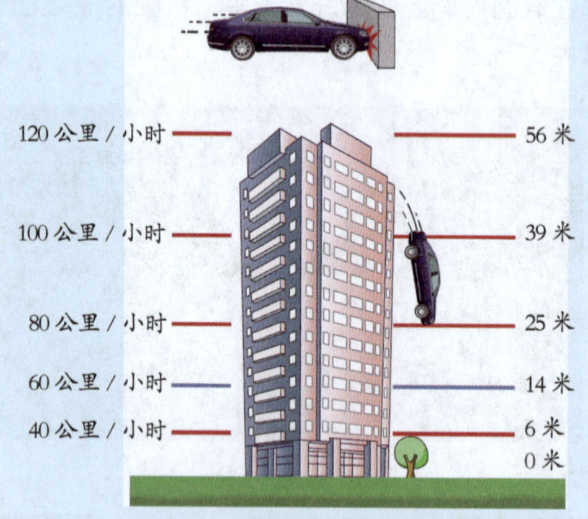

④操纵稳定性变差。车辆转弯时的车速越快，转弯时的离心力越大，表现为转弯时车辆不容易控制。车速是原来的两倍时，离心力就会达到原来的4倍。速度超过一定的限度，在离心力的作用下，会造成车辆侧滑冲出道路，甚至引起车辆倾翻。

4）弯道行驶

进入弯道之前，减速行驶，看清楚弯道的状况，确定行驶路线。根据弯道曲线的弯度转动转向盘，动作要准确柔和。行驶在平缓的弯道上，可以双手握住转向盘进行转向。对于急弯，需要双手交替操纵转向盘。转小弯时，一定要注意车辆的内、外轮差。

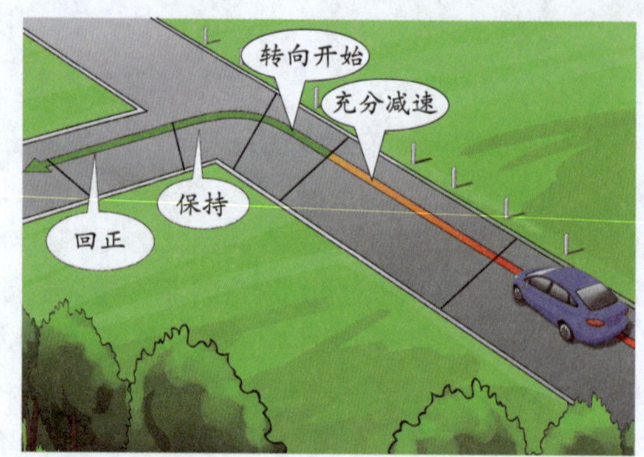

小知识

转弯时的内、外轮差

车辆转弯时，后轮并不是沿着前轮的轨迹行驶。弯道内侧前轮转弯半径与后轮转弯半径之差叫内轮差；弯道外侧前轮转弯半径与后轮转弯半径之差叫外轮差。车身越长，内、外轮差越大。行车中如果只注意前轮能够通过而忘记内轮差，就可能造成内侧后轮驶出路面或与其他物体碰撞的事故。

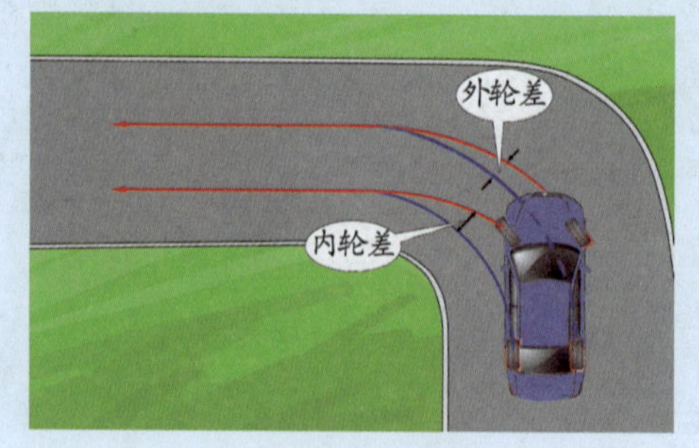

第2节 场地驾驶

在掌握基础驾驶知识的基础上，学习场地驾驶训练的基本操作要求和注意事项，熟练掌握操纵车辆从两侧正确倒入车库、准确判断停车位置、正确停入道路右侧车位、控制车辆曲线行驶和内外轮差的技能，能更好地适应道路驾驶训练。

一 倒车入库

驾驶车辆在运动中分别从两侧倒入车库，培养在实际道路上驾驶时，倒入垂直式停车位和停车入库时控制车辆的能力。

1 操作要求

驾驶车辆从道路一端控制线（两个前轮触地点在控制线以外）倒入车库停车，再前进出库向另一端控制线行驶，待两个前轮触地点均驶过控制线后倒入车库停车，最后前进驶出车库，回到起始点。

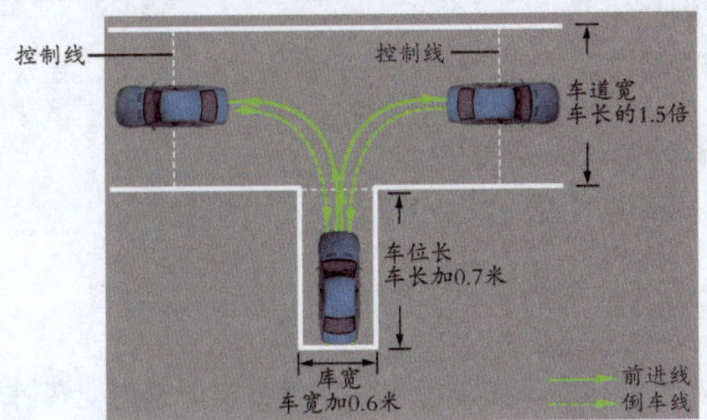

2 注意事项

（1）要按规定路线、顺序行驶；
（2）行驶过程中，车身任何部位都不能出线；
（3）车辆进退途中不能停车；
（4）项目完成时间不得超过 3.5 分钟。

二 桩考

1 操作要求

驾驶车辆从起点线（两个前轮触地点在起点线以外）倒入乙库停正，随后前进出库向停止线行驶，待两个前轮触地点均驶过停止线后，倒入甲库停正，前进返回起点线。

2 注意事项

（1）车身不应超出道路边缘线或库位边线；
（2）每次倒车过程中两个前轮触地点驶过库口控制线前允许改变行驶方向调整入库角度；

（3）项目完成时间不应超过 8 分钟。

三 坡道定点停车和起步

驾驶车辆在坡道上平稳停车、平顺起步，培养在实际道路上驾驶时，准确判断车辆的位置，正确使用制动、挡位和离合器控制车辆的能力，以适应在有停止线的路口准确停车，在上坡路段停车和起步的需要。

1 操作要求

通过视觉和感觉，驾驶车辆在坡道上的停止线前平稳停车，然后再平顺起步。

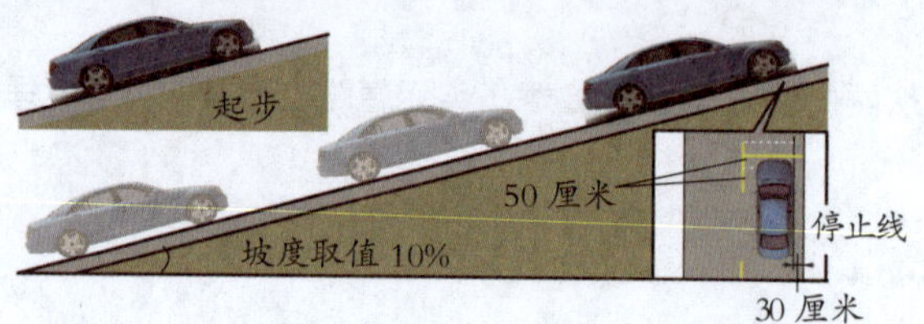

2 注意事项

（1）停车后，要拉紧驻车制动器；

（2）车辆停止后，汽车前保险杠定于停止线上，不得超过停止线 50 厘米；

（3）车辆停止后，车身距离路边缘线要在 30 厘米以内；

（4）起步时间不能超过 30 秒；

（5）整个行驶过程中，车辆不得后溜。

四 侧方停车

驾驶车辆在运动中正确停入道路右侧车位（库），培养在实际道路上停车时，倒入平行式停车位、依次在路边停车时控制车辆的能力。

1 操作要求

车辆在车库前方一次倒车入库，再前进向左前方出库，出库前应开启左转向灯，出库后关闭转向灯，项目完成时间不得超过 1.5 分钟。

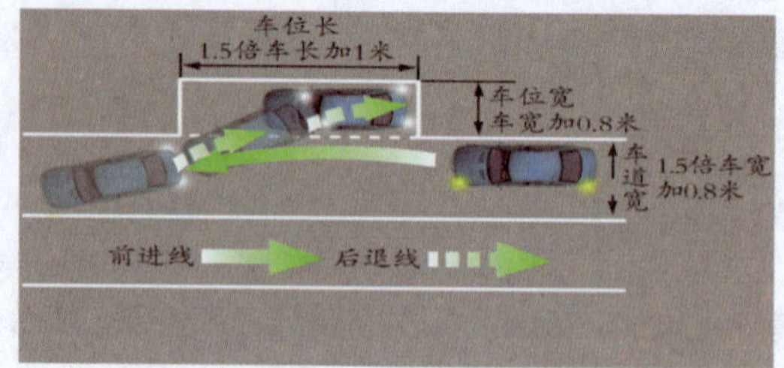

2 注意事项

（1）车辆入库停止后，车身不能出线；

（2）中途不能停车，车轮不能触轧车道边线；

（3）行驶中车身不能触碰库位边线；

（4）出库时要正确使用转向灯。

五 曲线行驶

驾驶车辆在运动中一次通过两个弯道，培养在实际道路上驾驶时，操纵转向盘、控制车辆曲线行驶通过弯道的能力。

1 操作要求

驾驶车辆以二挡（含）以上挡位从弯道的一端前进驶入，从另一端驶出。行驶中转向、速度平稳。

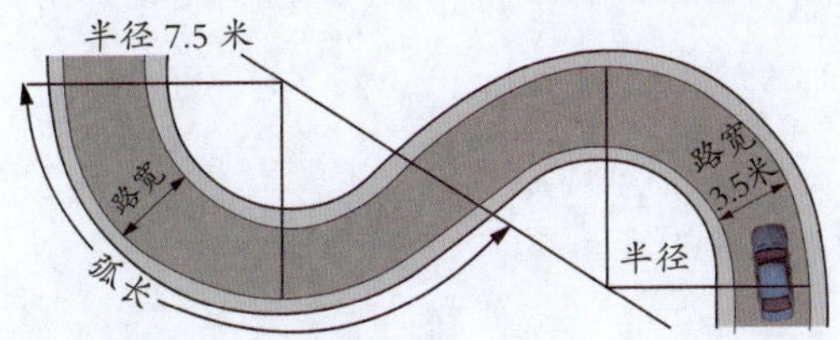

2 注意事项

（1）行驶中，车轮不能轧道路边缘线；
（2）中途不能停车。

六 直角转弯

驾驶车辆从直角弯路一侧驶入，在运动中一次通过，实现转弯。培养在实际道路上驾驶时，驾驶车辆在通过直角弯路段时，正确操纵转向盘、准确判断车辆内外轮差的实际驾驶能力。

1 操作要求

驾驶车辆按规定的线路行驶，由左向右或由右向左一次通过直角转弯。转弯前，应开启转向灯，完成转弯后，关闭转向灯。

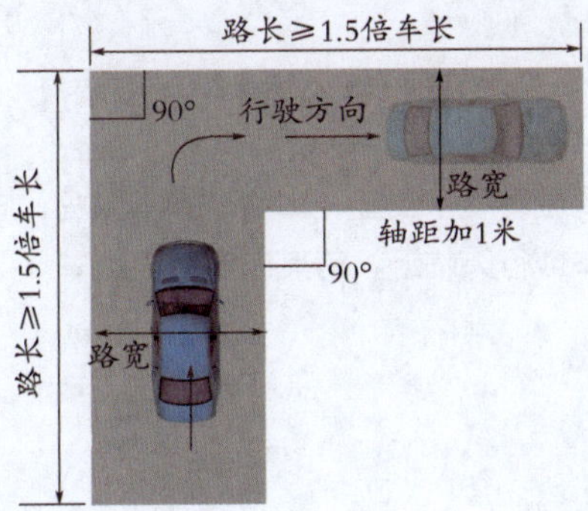

2 注意事项

（1）行驶中，车轮不能碰轧道路边缘线；
（2）中途不能停车；
（3）转弯时要正确使用转向灯。

第3节 道路驾驶

学习上车准备、起步、直线行驶、加减挡、变更车道、靠边停车、直行通过路口、路口左转弯、路口右转弯、通过人行横道、通过学校区域、通过公共汽车站、会车、超车、掉头和夜间驾驶的方法，掌握在不同交通环境下安全驾驶的基本操作要求，培养驾驶人综合操控车辆的能力。

一 上车准备

1 操作要求

上车前要逆时针绕车一周进行检查，确认安全。观察车辆外观有无损毁，周围环境是否安全，车底有无异常情况。打开车门前应观察后方交通情况。

2 注意事项

（1）如发现车辆外观有损毁、周围环境不安全、车底有异常情况，应消除安全隐患后再上车；

（2）如果后方有车辆、非机动车或行人临近，待其通过后再上车。

二 起步

1 操作要求

起步前检查车门是否完全关闭，确认车门完全关好后再起步；调整座椅、头枕、后视镜，系好安全带；检查驻车制动器、挡位，将变速器操纵杆置于空挡（自动挡车辆位于P挡）；起动发动机；检查仪表，观察内、外后视镜，侧头观察后方交通情况；开启左转向灯，挂1挡（自动挡车挂D挡），松驻车制动器，起步。起步过程应平稳、无闯动、无后溜，不熄火。

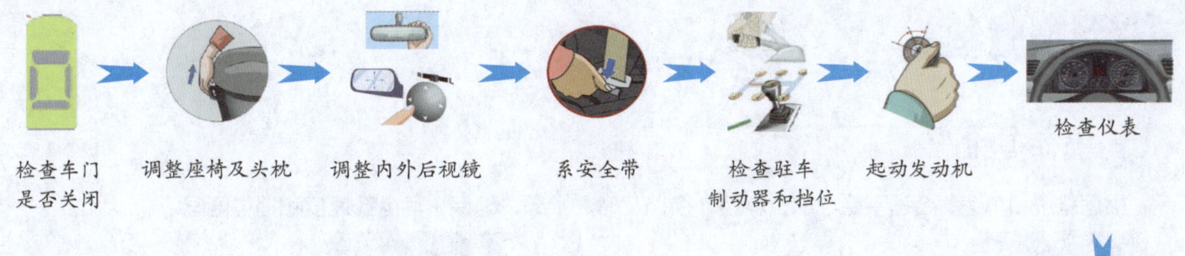

2 注意事项

（1）起步时注意松驻车制动器操纵杆，如果未松，要及时纠正；

（2）发动机起动后，要及时松开起动开关；

（3）道路交通情况复杂时，起步要合理使用喇叭（禁鸣区除外）；

（4）起步时，合理控制加速踏板，发动机转速不要过高。

三 直线行驶

1 操作要求

根据道路情况合理控制车速，正确使用挡位，确保方向控制稳定，保持车辆直线行驶。跟车距离适当，仔细观察，遇前车制动或发现路面障碍物，要及时采取减速措施。

2 注意事项

（1）应在车道中央行驶，不要骑轧车道中心实线或车道边缘实线；

（2）行驶过程中适时通过内、外后视镜观察后方交通情况，视线不得离开行驶方向超过2秒；

（3）直线行驶时，转向盘的转动量与汽车行驶速度成反比。车速越快，转向盘操作量应越小，转动转向盘的速度也应越慢。

四 加减挡

① 操作要求

根据路况和车速，合理平稳地加、减挡，换挡及时、平顺，确保车辆运行速度和挡位匹配。

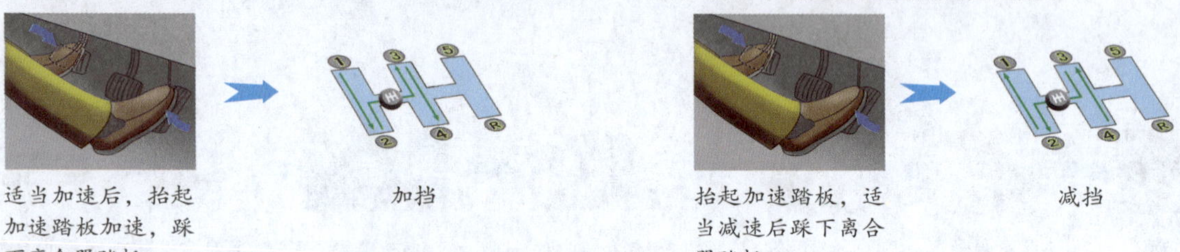

适当加速后，抬起加速踏板加速，踩下离合器踏板　加挡　抬起加速踏板，适当减速后踩下离合器踏板　减挡

② 注意事项

（1）不要低头看挡位；

（2）换挡过程中不要出现变速器内齿轮撞击（俗称“打齿”）的情况；

（3）不要换错挡位，不能越级加挡。

五 变更车道

① 操作要求

变更车道有一定的风险，一定要在确保安全的前提下谨慎变更。需要变更车道时，提前3秒打开转向灯或利用手势示意，提醒后方来车注意。通过内、外后视镜观察，并向变更车道方向回头观察后方道路交通情况，判断车辆安全距离，控制行驶速度，确认不妨碍本车道后方车辆和即将驶入车道内的其他车辆正常行驶时，安全变更车道，变更车道完毕后关闭转向灯。

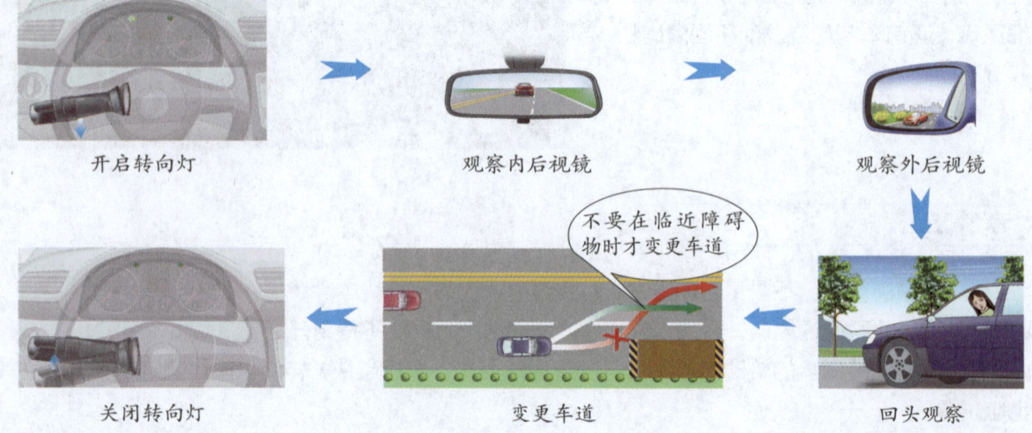

开启转向灯　观察内后视镜　观察外后视镜　回头观察　变更车道　关闭转向灯

② 注意事项

（1）不能频繁变更车道；不能一次连续变更两条以上车道；

（2）变更车道时，合理判断车辆安全距离、控制行驶速度；

（3）不能长时间骑轧车行道分界线。

六 靠边停车

① 操作要求

开启右转向灯，通过内、外后视镜观察后方和右侧交通情况，并回头观察，确认安全后减速，向右转向靠边，平稳停车。拉紧驻车制动器，放松行车制动踏板，关闭转向灯，将发动机熄火。停车后，车身距离道路右侧边缘线或者人行道边缘30厘米以内。需要下车的，回头观察左后方交通情况，确认安全后缓开车门下车并关闭车门。

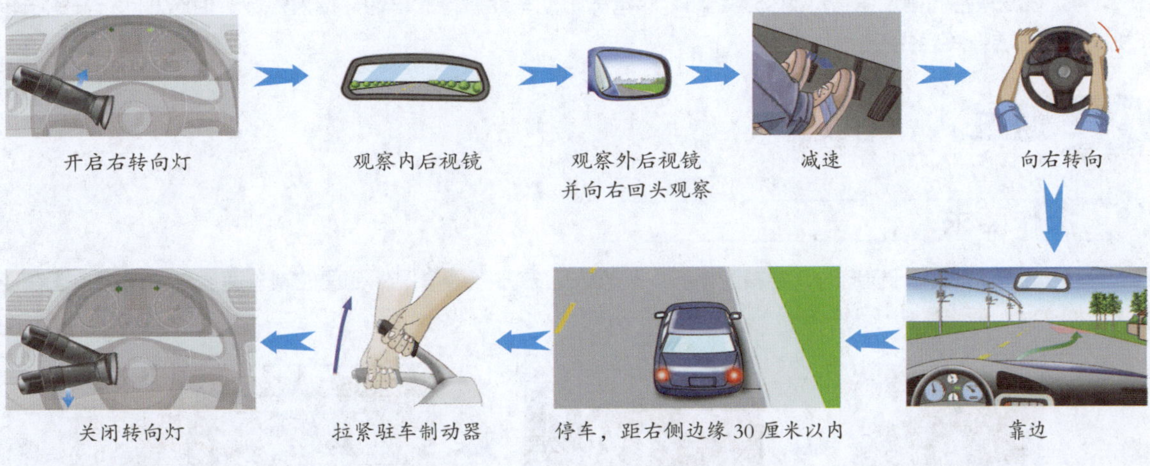

② 注意事项

（1）停车后，车身不超过道路右侧边缘线或者人行道边缘，且与人行道边缘的距离不得超过30厘米；

（2）拉紧驻车制动器前不要放松行车制动踏板。

七 直行通过路口、路口左转弯、路口右转弯

① 操作要求

驾驶机动车通过路口时，要仔细观察路口两侧的交通情况，与前车保持足够的安全距离，减速或停车瞭望，主动礼让优先通行的车辆、行人和非机动车，根据车辆行驶方向选择相应车道。直行通过路口时，选择直行车道；路口左转弯时，提前开启左转向灯，进入左转弯车道；路口右转弯时，提前开启右转向灯，进入右转弯车道。

绿灯亮起后，前方无其他车辆、行人等影响通告时，在10秒内完成起步。根据不同路口情况，采取正确的操作方法，安全通过路口。

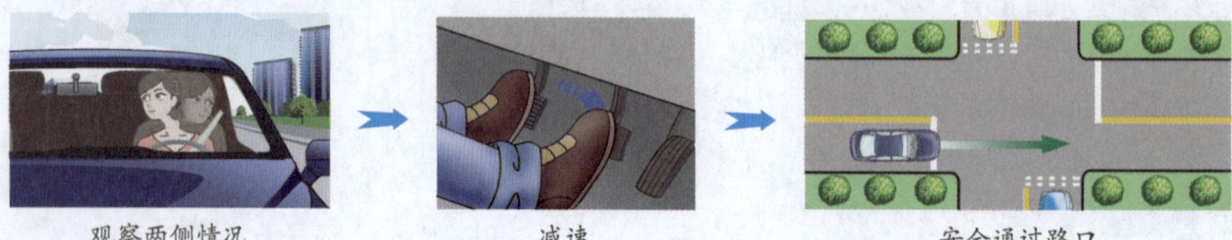

观察两侧情况　　减速　　安全通过路口

② 注意事项

（1）观察左、右方交通情况，转弯通过路口时，注意观察侧前方及车辆盲区的交通情况；

（2）遇有路口交通阻塞时不要进入路口，将车辆停在路口外等候；

（3）左转通过路口时，靠路口中心点左侧转弯；

（4）在没有方向指示信号灯的交叉路口，转弯的机动车让直行的车辆、行人先行，相对方向行驶的右转弯机动车让左转弯车辆先行。

八 通过人行横道

① 操作要求

驾驶机动车通过人行横道时，要减速慢行，观察左、右方交通情况，合理控制车速通过。遇行人正在通过人行横道时，要停车让行人先行。

减速　　观察两侧情况　　停车礼让行人

② 注意事项

（1）注意观察交通信号，临近人行横道时，提前减速；

（2）遇行动缓慢的老弱病残孕等交通参与者通过人行横道时，要停车礼让，不能鸣喇叭催促或冒险加速绕行。

九 通过学校区域

① 操作要求

驾驶机动车通过学校区域，提前减速至30公里/小时以下，观察左、右方交通情况，注意道路两侧学生及家长的动态，与路侧行走的学生保持足够的安全距离，文明礼让，确保安全通过，遇有学生横过道路时应停车让行。

制动　减速至 30 公里 / 小时以下　观察两侧情况　停车，让学生先行

② 注意事项

（1）按规定减速慢行，时刻提防学生横穿道路；

（2）有学生队列横过道路时，应停车让行，不能鸣喇叭或加速抢行。

十三 通过公共汽车站

① 操作要求

驾驶机动车通过公共汽车站，提前减速慢行，密切关注公共汽车进出站动态和上下车乘客动态，着重注意同向公共汽车前方和对向公共汽车后方有无行人横穿道路。

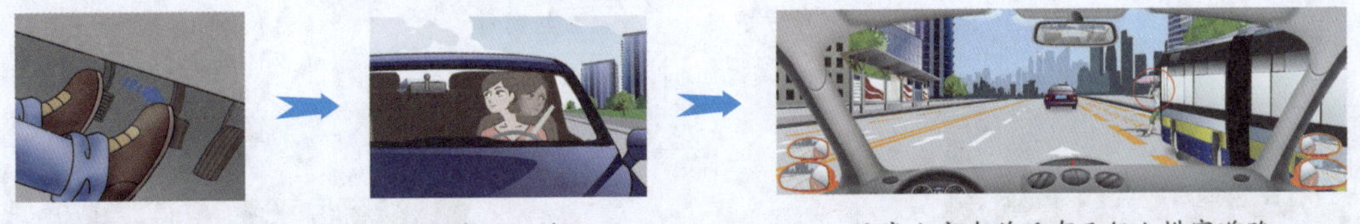

减速　观察两侧情况　注意公交车前后有无行人横穿道路

② 注意事项

（1）超越停靠在站台的公共汽车时，要减速慢行，并与其保持较大的横向间距；

（2）仔细观察左、右方交通情况，如遇行人横穿道路，要停车让行。

十一 会车

① 操作要求

正确判断会车地点，与对方车辆以及右侧的非机动车和行人保持安全间距，注意交会车辆后方有无其他行人、非机动车或机动车窜出。会车有危险时，控制车速，提前避让，调整会车地点。

2 注意事项

（1）在没有中心隔离设施或者中心线的道路上会车时，减速靠右行驶，与其他车辆、行人、非机动车保持安全距离；

（2）会车困难时主动让行，不要强行会车；

（3）准确判断横向安全间距，不得紧急转向避让对方来车。

十二 超车

1 操作要求

超车前，保持与被超越车辆的安全跟车距离。开启左转向灯，通过内、外后视镜观察后方及左侧交通情况，并回头观察确认安全后，选择合理时机，鸣喇叭（禁鸣区除外）或交替使用远近光灯，从被超越车辆的左侧超越。超车时，观察被超越车辆的情况，保持横向安全距离。超越后，开启右转向灯，通过内、外后视镜观察后方和右侧交通情况，并回头观察，确认与被超越车辆拉开足够的安全距离后，逐渐平稳驶回原车道，关闭转向灯。

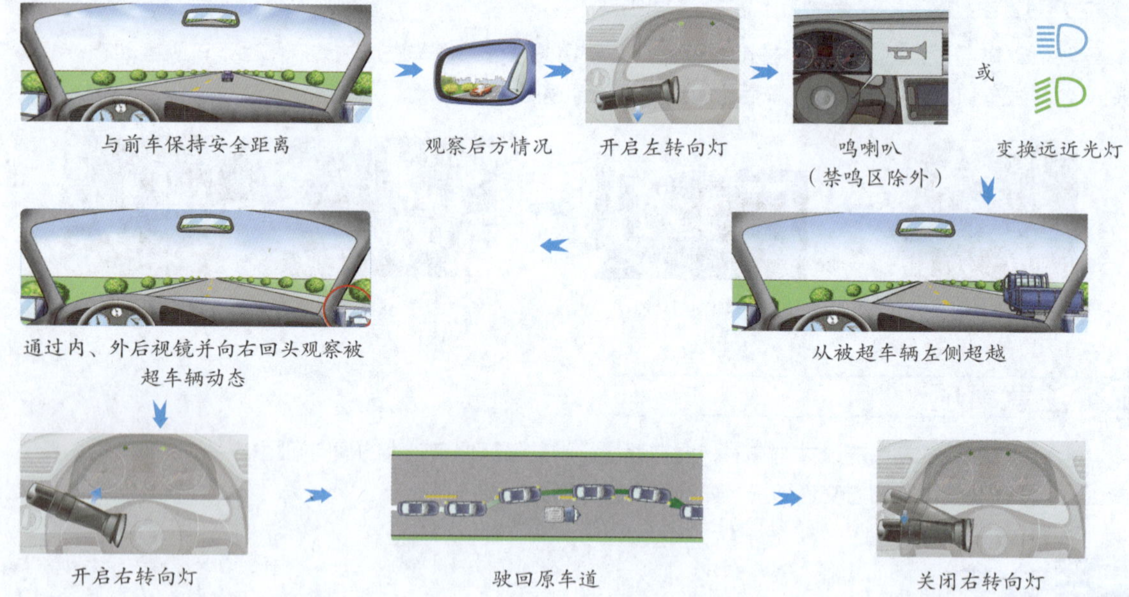

2 注意事项

（1）超车前通过内、外后视镜观察后方和左侧交通情况，并回头观察进行安全确认；

（2）合理选择超车时机，不影响其他车辆正常行驶；

（3）超车时与被超越车辆保持安全距离；

（4）超车后不要急转向驶回原车道，要通过内、外后视镜观察并回头进行安全确认，不能妨碍被超车辆正常行驶；

（5）在没有中心线或同方向只有一条行车道的道路上不要从右侧超车；

（6）当后车发出超车信号时，具备让车条件的要减速靠右让行。

十三 掉头

1 操作要求

驾驶机动车行驶过程中，需要掉头时，首先降低车速，观察后方和对向车道的交通情况，正确选择掉头地点和时机，开启左转向灯，发出掉头信号后掉头。掉头时不要妨碍其他车辆和行人的正常通行。

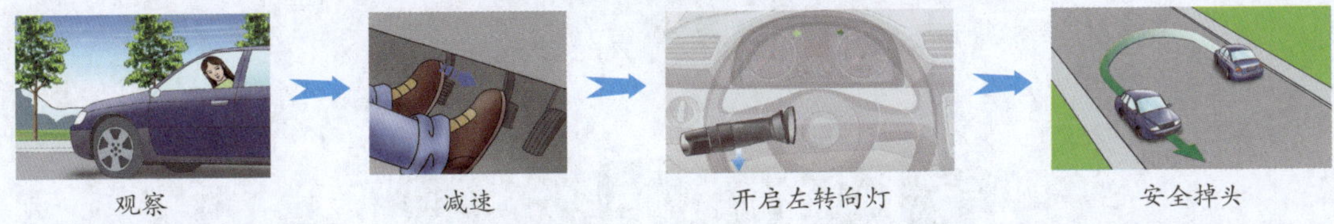

观察　减速　开启左转向灯　安全掉头

2 注意事项

（1）合理选择掉头地点，严禁在不允许掉头的路段掉头；

（2）正确观察交通情况，合理选择掉头时机。

十四 模拟夜间灯光使用

1 操作要求

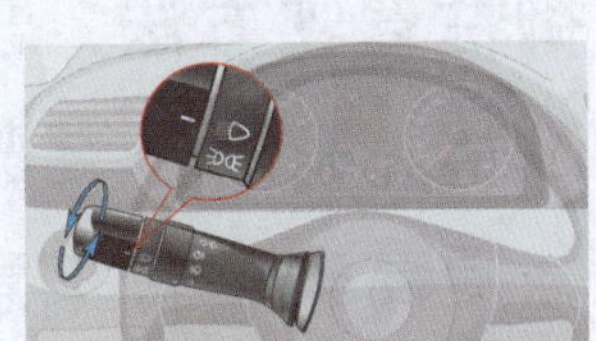

开启前照灯

远光灯开启

近光灯开启

开启远光灯或近光灯

夜间起步时，应开启前照灯，行驶中根据照明条件和道路情况正确使用灯光。在无照明或照明不良的道路上行驶，使用远光灯；在照明良好的道路会车、路口转弯、近距离跟车等，使用近光灯。超车、通过急弯、坡路、拱桥、人行横道或者没有交通信号灯控制的路口时，应当交替使用远近光灯示意。

2 注意事项

（1）同方向近距离跟车行驶时，不能使用远光灯；

（2）会车时不能使用远光灯；

（3）通过路口时不能使用远光灯；

（4）在路边临时停车，要关闭前照灯并开启示廓灯。

第五章

安全文明驾驶

通过本章系统地学习安全文明驾驶知识，使自己始终处于良好的驾驶状态，掌握防御性驾驶方法，学会预测和分析交通中的险情。有助于驾驶人良好驾驶习惯的养成，提高安全行车意识，增强文明驾驶素养。

第1节 安全驾驶基础知识

驾驶机动车上道路行驶，驾驶人首先要确保自己处于良好的驾驶状态，避免身心方面出现不利于安全行车的情况，同时还应了解行车中有哪些危险源，掌握防御性驾驶方法，提前预测和识别险情，及时采取有效的防范措施，保证行车安全。

一 确保自身的安全驾驶状态

1 杜绝吸毒驾驶

吸毒本身就是违法行为，而且吸毒后人的精神会极度亢奋，甚至出现幻觉、妄想，感觉脱离现实场景，人的判断能力下降甚至完全丧失，人的操作动作也会出现错乱，绝对不允许驾车。当毒瘾（或药瘾）发作后，人更是无法控制自己的情绪和行为。因此，应坚决杜绝吸毒驾驶这种严重的违法行为。

我国《机动车驾驶证申领和使用规定》明确规定："三年内有吸食、注射毒品行为或者解除强制隔离戒毒措施未满三年，或者长期服用依赖性精神药品成瘾尚未戒除的"人不得申领机动车驾驶证。驾驶人如果在取得驾驶证后开始吸毒或长期服用依赖性精神药品成瘾的，应该注销驾驶证，绝对不能驾驶机动车上路行驶。

2 严禁酒后驾驶

饮酒后，酒精会麻醉、抑制人的中枢神经系统，使人产生头晕、困倦等症状。酒后驾驶，会对驾驶人的注意力、判断力、操作能力和驾驶心理都产生不利影响，因此，为了自己和他人的安全，驾驶人一定要做到：喝酒不开车，开车不喝酒。

饮酒对驾驶人的不利影响

饮酒的不利影响	产生原因及表现
注意力和判断力下降	饮酒后，驾驶人会感觉反应迟钝、头脑昏沉、眼花缭乱，不能集中注意力观察周围交通情况，视觉、听觉敏锐度降低，对周围情况的判断能力下降，对距离和速度判断的准确性降低，直接影响安全行车
操作能力降低	酒精的麻醉作用，会使驾驶人触觉能力和动作协调能力降低，驾驶人的眼、手、脚之间不能有效协调配合，导致驾驶人不能正确有效控制车辆的行驶状态，操作失误也会大大增加
易产生冒险和挑衅心理	过多的酒精刺激还会使驾驶人过高估计自己的驾驶技术，不易听取他人劝告，容易误解他人的驾驶行为，极易产生冒险和挑衅心理，从而引发过激的危险驾驶行为

在我国，当驾驶人血液中的酒精含量大于或者等于20毫克/100毫升，小于80毫克/100毫升时，就是酒后驾驶；当驾驶人血液中的酒精含量大于或者等于80毫克/100毫升时，就是醉酒驾驶。醉酒驾驶就触犯了刑法，是会受到刑事处罚的。

3 防止疲劳驾驶

1）疲劳对驾驶人的影响

人在睡眠不足或从事其他劳动强度大的工作后驾车、长时间连续驾驶或者在驾驶环境差的情况下驾车，很容易产生疲劳，此时驾驶人的判断能力下降、反应迟钝、操作失误增加，很可能导致交通事故。不同疲劳程度下，驾驶人的状态及表现不同。

不同疲劳程度下驾驶人的状态及表现

疲劳程度	驾驶人的状态及表现
轻微疲劳	驾驶人会频频打哈欠、眼皮沉重，出现换挡不及时、不准确的情况
中度疲劳	驾车容易走神，动作迟缓，有时甚至会忘记操作
重度疲劳	驾驶人往往会下意识地操作或出现短时间睡眠现象，严重时会失去对车辆的控制能力

2）预防疲劳驾驶的措施

（1）注意劳逸结合。驾驶人平时就要注意劳逸结合，保证充足、高质量的睡眠；一天行车时间不要超过8小时；深夜行车不得连续超过两天；需连续行车时，要与其他人轮流驾驶，每人都不宜长时间驾驶；同时注意连续驾驶不得超过4小时。

（2）驾车中感觉疲劳时，要注意休息。因驾驶环境单调稍感疲劳时，可以听听音乐、广播或与车内乘员聊聊天，但一定不要分散太多注意力，需注意的是这只适合短时间的调节。当驾车过程中感觉轻微疲劳时，驾驶人应停车休息片刻；当感觉中度或重度疲劳时，一定要停车作长时间的休息。

驾驶人要注意休息的方式和环境

驾驶人因疲劳需要休息时，要注意休息的方式和环境。停车后，可以在驾驶室内调整一下局部疲劳部位的姿势，如伸伸臂，抬抬腿，活动活动腰部，也可以躺一下，放松全身肌肉，最好不要坐着休息。有条件的，可以用冷水洗洗脸。消除疲劳和困意的最好方式就是躺下睡一会儿。

驾驶人休息的环境要安静、空气要新鲜，温度最好使人感到凉爽。

4 注意疾病和药物的影响

驾驶人患有一些常见疾病和慢性病时，如高血压、胃病、腰肌疼痛、下肢静脉曲张等发病期内，要避免开车。因为驾驶人在生病状态下开车，注意力和反应力会大大降低，动作不协调，准确性也会下降，慢性疾病同样也会增加发生交通事故的可能性。

当驾驶人因疾病服用药物时，一定要了解所服药物如何正确服用，是否会有影响驾驶的副作用，避免药物对驾驶人的心理、生理产生不良影响，妨碍安全行车。驾驶人在服药期间最好不要驾车。

常见药物对驾驶的副作用

常见药物	对驾驶的副作用
抗菌消炎药	头痛、眩晕、耳鸣，使身体平衡失调
抗过敏药	倦怠、嗜睡、头晕

续上表

常见药物	对驾驶的副作用
镇定催眠类药	显著抑制中枢神经系统，疲劳、嗜睡、头晕
抗抑郁药	视力模糊、乏力、肌肉震颤
解热镇痛药	视力、听力、注意力减退，反应能力、动作协调能力下降，使人疲倦、瞌睡或头晕
止痛药	眩晕、恶心、嗜睡、幻觉、成瘾
降血糖药	心悸、头晕、虚脱
降血压药	疲劳嗜睡、头晕眼花
抗心绞痛药	头痛、视力不清、头晕乏力等，影响判断的准确性

5 根据心理特点做好情绪管理

1）驾驶人心理特点对安全行车的影响

驾驶人的心理活动与行车安全有着密切的关系，良好的心理活动是安全行车的关键因素。根据心理学知识，不同气质的驾驶人在驾驶时表现的心理活动不同，对安全行车的影响也不同。驾驶人要根据自己的气质特点，适时地调整自己，不断克服个性上的弱点，弥补不足，减少错误行为，最大限度地保证行车安全。

驾驶人的气质与安全行车的关系

气质类型	驾驶车辆时积极的一面	驾驶车辆时消极的一面
多血质	动作迅速敏捷、胆大心细、机动灵活、对道路条件适应快、应变能力强	注意力易转移，感情易变化，耐久力较差
胆汁质	精力旺盛、胆大粗心、不易疲劳、反应迅速敏捷	往往争强好胜、超速行车、强行超车、争道抢行
黏液质	小心谨慎、行动迟缓、遵章守纪、不急不躁、自制力强	遇突然情况应变能力差、反应迟钝、固执呆板
抑郁质	观察细致、谨慎、敏感，能遵章守纪	处理情况犹豫不决、行动慢、遇危险心慌失意，面临险情时往往极度恐惧

2）驾驶情绪对安全驾驶的影响

驾驶人在心情愉快、高兴满意时，反应灵敏度高，行车精力充沛、精神集中，观察分析情况灵敏果断、操作迅速准确，有助于保证行车安全。

当驾驶人有生气、厌恶、愤怒情绪时，常常采用超速、抢行等行为进行发泄，同时对他人的驾驶行为不能宽容对待，容易诱发攻击性驾驶，使驾驶行为充满危险和暴力，对安全行车极为不利，比较突出的是近几年常被大家热议的“路怒症”。

当驾驶人感觉到恐惧、忧愁、悲哀或压抑时，感受能力降低、注意力分散、无精打采、反应迟钝、操作迟缓、时有失误，引发交通事故的几率增大。

因此驾驶人要做好情绪管理，保持心情舒畅，避免在心情、情绪不佳时驾驶车辆；在驾驶过程中出现不良情绪时，要努力控制自己情绪、平静心境、放松心情，做到心态平和、安全行车。

"路怒症"的预防

路怒症，顾名思义就是带着愤怒情绪去开车，是指驾驶人在行车中有攻击性或愤怒的行为。随着人们生活压力的增大、交通拥堵的加剧，很多人在开车时难免情绪激动，加上他人不文明驾驶行为的刺激，路怒症很可能瞬间爆发。为此，驾驶人可采取以下方法预防"路怒症"的发生。

（1）注意提升个人素养，养成礼让行车的好习惯；

（2）平时注意给自己减压，保持良好的心态，情绪激动时不要开车上路；

（3）遇堵车时，转移一下注意力，可听听轻松的音乐或广播；

（4）遇到不文明的驾驶行为，要注意忍让，不要以暴制暴；

（5）事故中遇到纠纷时，要控制自己的情绪，不要大动肝火，难以解决时及时报警。

6 避免分心驾驶

分心驾驶，就是驾驶人一边驾驶一边做或想其他使注意力分散的事情，这违背了安全驾驶的"集中注意力"这个黄金原则，对安全行车非常不利。分心驾驶的危害在于，一是驾驶人注意力分散、视线离开路面，无法提前观察或自然忽略道路交通中的信息；二是会引起驾驶姿势或操作动作的变化，不利于安全平稳操纵车辆。

驾驶人分心驾驶时，无法专注于观察和判断道路上的交通情况，本应能提前发现和避免的险情就成了驾驶人眼中的"突然情况"。假设分心驾驶时眼睛有2~3秒的时间离开路面，当车速为60公里/小时时，则相当于驾驶人盲开了33~50米的距离，如果驾驶人的手再离开转向盘或有其他姿势、位置的变化，车辆很容易失控，这是相当危险的。

常见的分心驾驶行为

（1）接打电话、发送信息或玩手机、看地图等；

（2）吃东西、喝水或吸烟；

（3）更换电台或CD碟片、观看车内电视；

（4）整理头发、服饰或化妆；

（5）拿取车内物品或捡拾掉落在驾驶室地板上的物品；

（6）长时间或过度参与车内人员聊天；

（7）把注意力放在孩子或宠物身上；

（8）行驶中调整后视镜和座椅、熟悉灯光及刮水器的操作。

二 了解行车中的危险源

1 危险源

行车中的危险源是指在道路上可能导致交通事故，造成驾乘人员伤亡、财产损失、交通环境破坏的根源或状态。如车辆故障、超速行驶、路面湿滑、雨雾天视线不清等，都是危险源。行车中，驾驶人要善于提前识别各种危险源，防范行车风险，有效避免交通事故的发生。

车辆故障

恶劣环境

② 危险源的种类

行车过程中存在多种多样的危险源，常见的危险源大体可分为三类：人的不安全行为、车辆的不安全状态、道路及环境的不安全因素。

常见的危险源

危险源种类		常见危险源
人的不安全行为	驾驶人的不安全行为	（1）本车和其他车辆驾驶人的违法和不文明驾驶行为，如超速行驶、疲劳驾驶、违法超车、不按规定让行、不遵守交通信号等； （2）因技能不熟练引起的操作错误或情况判断失误导致的操作不当引起的危险，如将加速踏板误当成制动踏板，转向、会车、停车操作不当，紧急情况处理不当
	其他交通参与者的不安全行为	主要是其他交通参与者不遵守交通规则和复杂多变的交通行为引起的危险，如行人和非机动车闯红灯、随意占用机动车道，行人翻越道路中央隔离护栏或突然横穿道路，摩托车抢行或突然改变行驶方向等
车辆的不安全状态	机动车的不安全状态	主要是车辆的安全技术条件不符合标准引起的危险，如车辆机械故障、照明及信号装置出现故障、车辆制动或转向失灵等
	车内物品的不安全状态	主要是由于车内物品放置不当或装载不安全物品、装载不符合规定等引起的危险，如车内物品遮挡驾驶视线、车内物品不稳固、车辆超员、载物超重超限等
道路及环境的不安全因素	道路条件复杂	主要是复杂道路条件引起的危险，如城市复杂交叉路口、山区道路、隧道、复杂立交桥等
	天气状况及环境不佳	主要是夜间和雨、雪、雾（霾）及风沙天气带来的交通环境恶化引起的驾驶风险，如雨天、雾（霾）天、冰雪天气引起的危险

三 掌握防御性驾驶方法

① 防御性驾驶含义

防御性驾驶，又称预见性驾驶，是指驾驶人在行车过程中，能够准确地“预见”各种危险源引发的危险，提前分析判断，并及时地采取必要、合理、有效的措施防止事故发生，这种驾驶方式称为防御性驾驶。

防御性驾驶的核心理念就是“预防”，不仅是要预防自己出现危险驾驶行为，同时要预防其他车辆和交通参与者引起的险情。因此，防御性驾驶一方面要求驾驶人确保车辆技术状况良好，自觉遵守交通法规、安全文明驾驶，保证自己的车辆不会引发交通事故；另一方面，在其他车辆和交通参与者出现错误或危险行为时，驾驶人能够及时发现、正确判断，提前采取有效措施进行规避。

防御性驾驶 → 预防自己引起险情 → 车辆技术良好、守法礼让行车

防御性驾驶 → 预防他人引起险情 → 提前分析判断、及时规避风险

2 防御性驾驶方法

（1）熟悉车辆性能，做好预防性自检。

行车前，驾驶人要熟悉车辆的性能，驾驶他人车辆时，还要提前熟悉车辆的各种操纵装置，并检查车辆的技术状况，尤其要注意检查制动装置和轮胎状况，确保车辆技术状态良好。驾驶人平时应养成行车前检查车辆的好习惯。

预防性自检实用清单

序　号	检　查　项　目	序　号	检　查　项　目
1	车身及灯光外观	6	制动液
2	是否有油液渗漏	7	蓄电池
3	轮胎磨损情况、胎压及沟槽内是否有异物	8	车辆周围及车底情况
4	冷却液	9	各种操纵装置
5	机油	10	车内仪表

（2）遵守交通法规，文明礼让出行。

驾驶人要确保自己处于良好的驾驶状态，行车中，要严格遵守交通法规，谨慎驾驶，同时做到文明驾驶、礼让行车。

（3）环顾周围环境，提前预测险情。

行车中，驾驶人要掌握正确的观察方法，不停地环顾周围交通情况，同时注意观察车辆后方及周围盲区中的情况，最大范围地了解车辆周围的交通情况，提前发现行车中的险情。

安全行车观察方法

（1）既看“天”又看“地”。驾车时不仅要看路面交通情况，还要注意道路上方的情况，如道路上方的指路标志、限高标志等，尤其是经过立交桥、涵洞、隧道时要特别注意观察上方交通标志、顶部障碍等。

（2）望远、看中、顾近。行车中要保证足够的行车视距，驾驶人要放眼远方，最好能看到前方等速行驶15秒距离以外的情况，同时兼顾近处的交通情况，做到“望远、看中、顾近”，以获取最全面的交通信息，提前发现险情。

（3）视线灵活、扫视周围。行车中眼睛不要长时间集中观察某一物体，要不时转动眼睛或头部扫视周围环境，扩大视野范围，同时要善于利用余光感知周围交通信息。

（4）瞻前顾后。行车中，驾驶人要每隔不超过20秒观察一次后视镜，了解后方交通情况。

（5）消除盲区影响。驾驶人在变更车道、转弯时，要注意通过左右侧头、前后探头或调整姿势等方式进行观察，以消除外后视镜盲区及车辆两侧立柱盲区的影响。

（4）保持安全距离，预留缓冲空间。

驾驶时，要注意与周围车辆、行人保持足够的纵向和横向安全距离，为自己预留出足够的反应时间和安全空间。

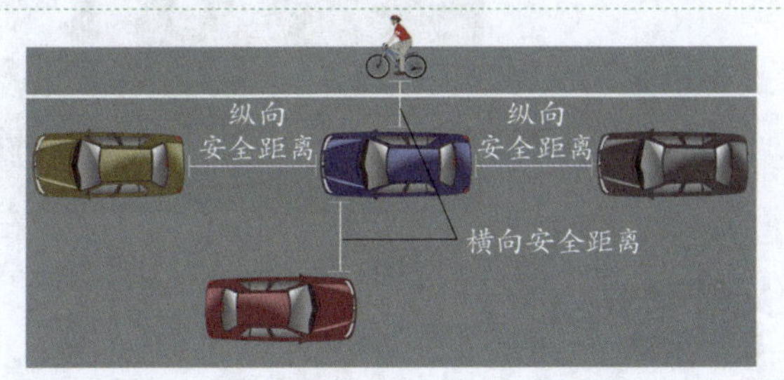

（5）及时沟通信息，提示他人注意。

驾驶人要充分借助车辆照明及信号装置向其他交通参与者发出信号，表明自己的行驶意图和行驶状态，让其他车辆和行人及时地注意到自己。

第2节 安全行车知识

学习跟车、变更车道、会车、超车、掉头、倒车、停车及通过各种路口、人行横道、学校区域、公交车站、居民小区的安全行车知识，可以学会分析各种情况下的典型险情、掌握安全驾驶方法，有利于全面提高驾驶人的安全意识，养成良好的安全驾驶习惯。

一 跟车与变更车道的安全驾驶

1 跟车的安全驾驶

1）保持安全跟车距离

跟车行驶，不能将注视点固定在前车上，要随时观察前方两到三辆车的动态。控制好与前车的安全距离，这是避免发生追尾、剐碰等事故的前提。

跟车行驶时，必须与前车保持安全的距离，即保证前车制动时，本车随之制动而不与前车相撞的停车距离。

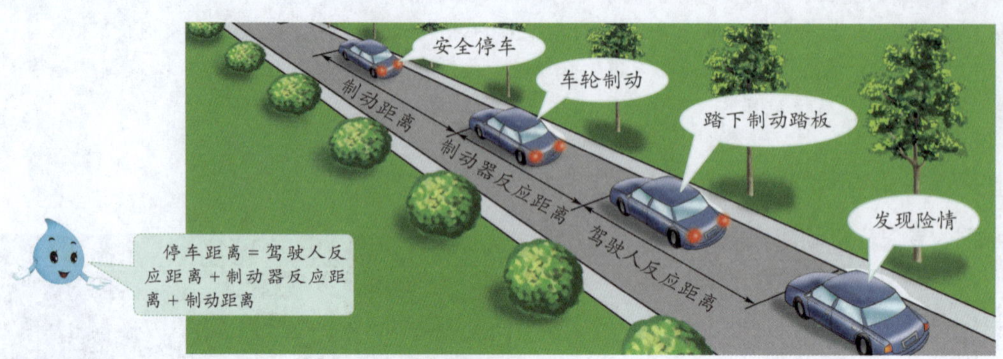

小知识

影响停车距离的主要因素有哪些？

影响停车距离的主要因素有驾驶人反应时间、车速及制动系统的性能等。其中，车速是最主要的影响因素，车速控制的好坏关系着行车是否安全。另外，驾驶人疲劳、雨雪雾等恶劣天气及车辆载质量等因素，都会使停车距离加长。

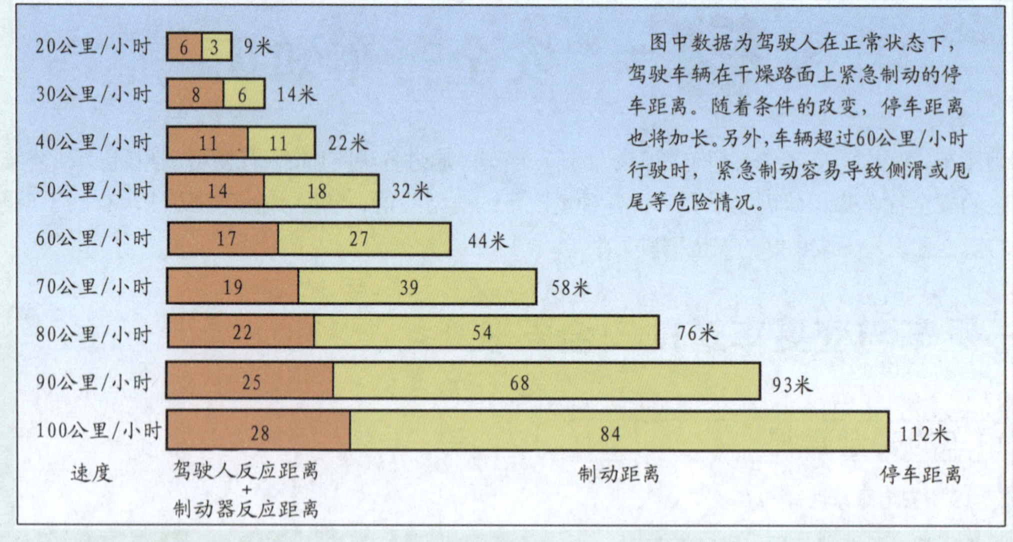

在干燥路面上，车速在每小时 30 ~ 60 公里时，安全距离应大于车速表读数 -15；当车速超过每小时 60 公里时，安全距离约等于车速表的读数。

雨天时安全距离是干燥路面上的 1.5 倍。

冰雪天时安全距离是干燥路面上的 3 倍。

建议安全跟车距离

速度（公里/小时）	安全距离（米）
慢行	5以上
30	15以上
40	25以上
50	35以上
60	45以上
70	70以上
100(高速公路)	100以上

2）跟车时的险情判断及处置

（1）预防前车突然停车。注意观察前方车辆的行驶动态及路面状况，预防前车突然停车或遇上制动灯有问题的车辆等情况，提早发现前车紧急制动的隐患，保证与前车的安全距离，以便有足够的反应时间来决定是否变更车道或是减速停车。

（2）警惕异常车辆。前方车辆行驶轨迹异常时，首先要与其保持足够的距离，跟在后方注意观察，在保证安全的情况下尽可能地超过前车，要注意防范前车驾驶人可能存在酒驾、毒驾、疲劳驾驶等情况。

（3）跟随大型车行驶要注意信号灯的变化。前方有大型车时会导致视线不佳，会挡住路口的信号灯或路边交通标志。可以通过加大跟车距离来扩大视野范围，预防跟随大型车通过时，信号灯突然变化；同时还可避免大型车紧急制动时与其追尾。

（4）如果后车跟车过近时，可以采用轻踩制动踏板的方式来警示后车，不需用力踩踏，只要能使制动灯亮起即可。如果警示后，后车还是跟车过近，则可以适时打开右转向灯靠右让行，让后车先行。

跟车太近

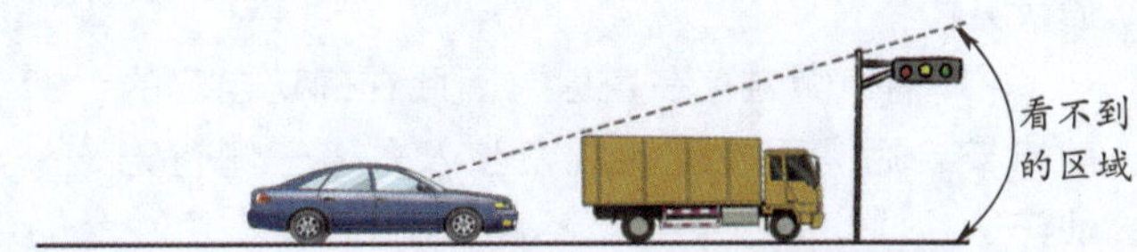

加大跟车距离

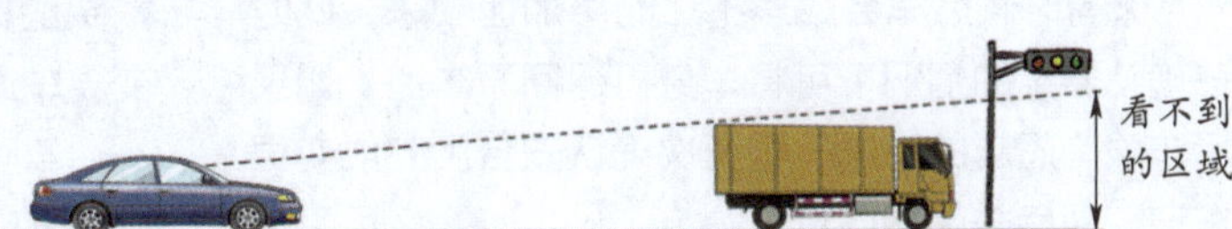

小知识

不宜跟随的车辆有哪些？

（1）不跟大型车。大型车易遮挡视线，不便驾驶人观察前方交通情况，同时自己的车也不易被他人发现。

（2）不跟出租车。出租车因乘客上下车的原因可能随时停车。

（3）不跟外埠车。外埠车驾驶人可能会因路线不熟悉突然停车，也有些因为长时间驾车而疲劳驾驶。

（4）不跟实习车。实习期驾驶人开车上路对路况、车况和操作等方面不熟悉，容易引发事故。

2 变更车道的安全驾驶

驾驶车辆在超车、避让障碍、转弯、掉头或停车需变更车道时，要分析道路交通流的状态，正确地选择行驶车道和变更时机，安全变道行驶。

1）“两次变更法”

为保证安全，驾驶人在变更车道时可采用“两次变更法”。具体做法如下：

两次观察：

①在变更车道前打开转向灯示意约3秒以上，先通过内外后视镜观察后方车辆和将驶入车道的交通状况。

②车辆的侧方存在盲区，因此在确认自己的前方安全后需再次侧头观察驶入车道一侧有无他车。

两次变更：

①侧后方安全时，在不妨碍驶入车道内车辆正常行驶的情况下将车身靠近要变更的车道。

②有时候后车会故意不让而急加速驶来，此时在确认安全的情况下可将车身再退回原车道。如果后车没有超越的意思，则再次确认安全后完成变更车道，随后关闭转向灯。

变更车道的过程中还要注意：

（1）不得连续变更两条以上车道；

（2）左右两侧车辆向同一车道变更时，左侧车辆让右侧车辆先行变更；

（3）在车道分界线为虚实线的路段，实线一侧的车辆严禁变更车道；

（4）变更车道不宜过缓，长距离轧线行驶会影响其他车辆行驶，一般情况应用50～60米的距离变更车道；

（5）每变更一次车道，就会隐含着一次风险，因此禁止频繁变更车道。

小知识

频繁变更车道的危害

变更车道时，不观察车辆两侧和后方道路交通情况，不开启转向灯，随意频繁变更车道或强行突然变道，连续侵占正常通行车辆的行驶路线会严重扰乱道路通行秩序，影响其他车辆的正常通行，容易导致道路拥堵和剐蹭、碰撞事故的发生。

2）转弯时变更车道

左转弯或右转弯前需要变更车道时，需按导向箭头的指示在虚线区变更车道，进入实线区后不能变更车道。

驾驶人应按照以下顺序安全变更车道：通过车内后视镜观察后方情况→通过左侧或右侧外后视镜观察

后方车辆行驶情况→扭头观察后视镜盲区的情况→确认安全后变更车道。

左转弯前变更车道时，应注意左后方车辆的速度和距离，确定是加速变更车道还是减速变更车道。

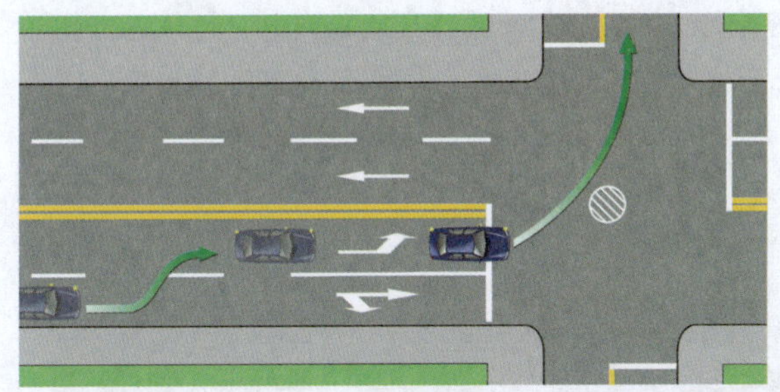

右转弯前变更车道时，要充分利用后视镜和侧头观察确认右后方安全后，再向右变更并转弯。右转时还要特别注意右侧的行人及非机动车，以免发生剐碰事故。

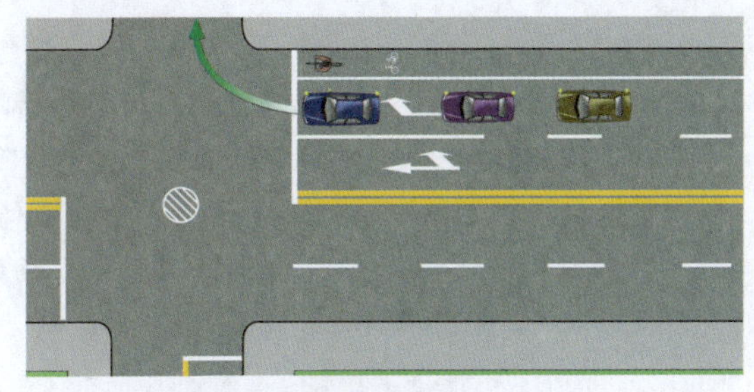

3）车流量大的路段变更车道

在车流量大的路段尽量不要变更车道，确需变更车道时，要提前打开转向灯，然后观察后方来车的反应。后车速度降低，驶入；后车速度不降低，不能驶入。

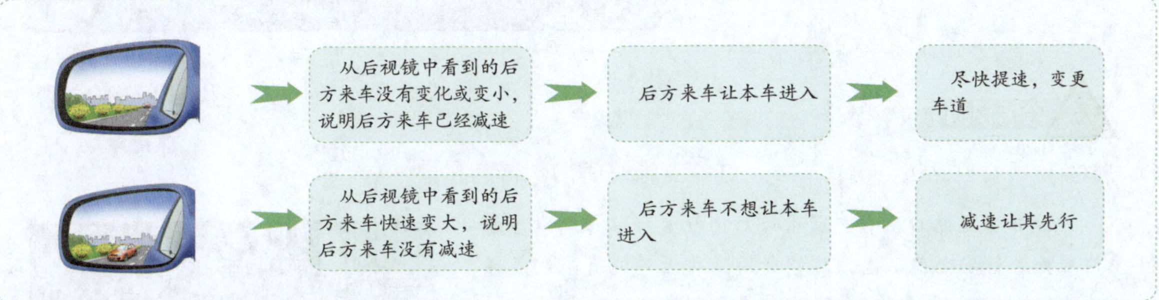

二 通过路口的安全驾驶

1 直行通过路口

1）直行通过有信号灯的路口

驾驶机动车通过有交通信号灯控制的交叉路口时，应减速慢行，注意观察左、右方交通情况。红灯（红色箭头灯）亮时，要停在路口停止线以外等待放行信号。

等红灯时也要预防后车可能带来的危险

在路口等红灯时，后方来车可能会因各种原因追撞自己，如果是在铁路道口被追撞，则更加危险；如果被追撞至路口中央，被放行方向的转弯车辆可能会剐碰本车；当路口处于上坡路段时，前车也可能会溜车；如果车门没有锁好的话，还可能会突遇犯罪分子拉开车门抢劫财物。

因此，在路口等红灯时，最好距路口停止线前1～2米左右停车；如有前车，不要距前车太近，同时也要时刻关注周围车辆动向。

驾驶机动车在绿色信号灯亮的路口直行，遇到对向有左转弯车辆进入路口时，要及时减速停车让行，不要抢行通过。

红灯变绿灯时切勿着急起步

在城市交叉路口，当交通信号灯由红变绿，车辆准备起步前应先进行安全确认，预防相交的道路上可能有未完成通行或抢行的车辆；与其他车辆（尤其是大型车辆）并排停止时，两侧车辆前方的道路上可能还有行人（尤其是行动缓慢的老人、儿童或行动不便的残疾人）、非机动车正在通过，因此，绿灯刚亮时，一定要左右观察，确认安全后再起步，切勿着急起步。

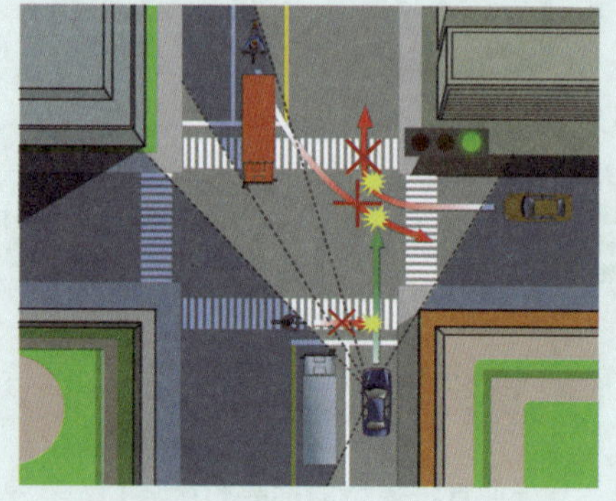

驾驶机动车在黄色信号灯亮的路口，已越过停止线的车辆可以继续通行；没有越过停止线的车辆不得加速抢行通过，要在停止线以外停车等待。

驾驶机动车通过设有箭头信号灯的路口，要注意观察信号灯的指示方向，当本车道对应的绿色箭头信号灯亮时，可以通过。

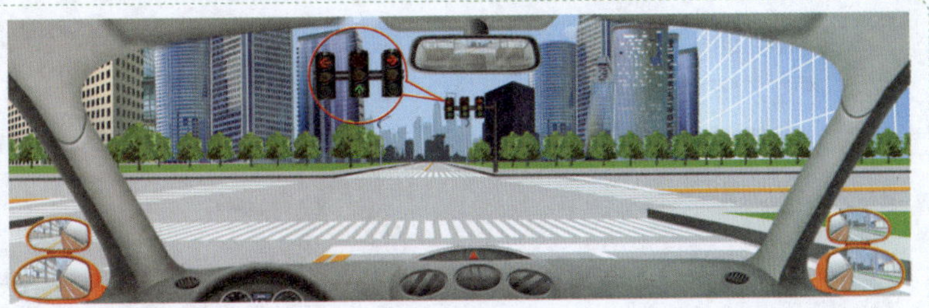

绿灯通行时也要预防危险

交叉路口绿灯亮时，只代表可以通行，但并不意味着路口处安全无风险。在接近绿灯亮的路口时，驾驶人还应预测到可能存在以下情况：

（1）前方可能会有非机动车、行人违法横穿；

（2）前方车辆可能会突然变更车道，准备转弯或掉头；

（3）对向准备左转弯的车辆可能会占用部分直行车道或强行左转；

（4）对向直行车辆后方可能突然出现横穿的非机动车、行人；

（5）右侧车道有车辆等待右转时，其后侧车辆可能突然向左变更车道。

驾驶人应明白，绿灯亮时不能改变交叉路口处固有的危险性质，因此，行经路口时一定要提前减速、仔细观察、全面预防险情。

2）直行通过没有信号灯的路口

在没有交通信号灯控制的路口直行，应在距路口 50 ~ 100 米时减速，行至路口时仔细观察左、右两侧道路交通情况，减速或停车瞭望，做到“一看，二慢，三通过”，直行车辆优先通行。遇到有停车让行标志的路口，要停车观察主路情况，确认安全后再通过。

通过路口时注意避让正在通行的车辆和行人，随时做好停车的准备。即使有优先通行权，也不能忽视对面来车抢先左转弯或左右车道车辆抢行带来的危险。遇到有减速让行标志的路口，要减速让行、缓慢通过。

驾驶机动车在交叉路口，遇到行人不走人行横道横穿道路时，应及时减速停车让行，不得加速从行人两侧绕行通过。

2 交叉路口转弯

1）交叉路口左转弯

驾驶机动车在有导向箭头的路口左转弯时，要提前按导向箭头指示向左变更车道。在变更车道时，注意观察前方和左侧车道内的情况，不能影响左侧车道内车辆通行。

在有交通信号灯控制的路口左转弯时，要提前进入左转弯车道或靠道路左侧行驶，等待放行信号，有左弯待转区线的路口，应在直行绿灯亮时进入待转区。

左转弯险情预防

在交叉路左转弯时，一定要遵守交通信号指示通行，同时要注意预防以下险情：

（1）对向车道车辆侧方可能有非机动车或行人被遮挡；

（2）对向车道右转弯车辆可能不让行；

（3）其他车道的车辆可能超越自己抢先左转弯；

（4）跟随大型车左转弯时，其周围盲区内可能有其他交通参与者；

（5）车辆左前侧立柱盲区内可能有行人和非机动车。

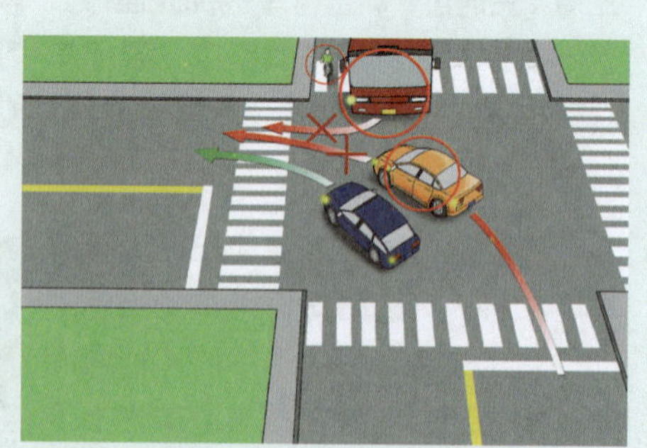

预防以上险情，最重要的就是减速、观察和礼让，要重点观察被其他车辆遮挡的盲区和侧头观察左前侧立柱盲区的情况。

2）交叉路口右转弯

驾驶机动车在路口右转弯时，要注意观察后方和右转弯方向道路交通动态，同时观察右转弯的车辆和行人。

驾驶机动车在路口右转弯遇到红灯亮时，可减速靠右侧转弯通过，但不应影响被放行方向的其他车辆和行人通行。

右转弯险情预防

在交叉路口右转弯时，要重点预防以下险情：

（1）可能会有非机动车、行人闯入车辆右侧的内轮差区域；

（2）右侧可能有直行的非机动车和行人；

（3）窄路口转弯时，路边停放的车辆或高大建筑物等造成的盲区内可能有行人或非机动车；

（4）相邻车道的车辆可能超越本车抢先右转弯；

（5）大型车为了改善转弯空间，可能先向左侧转向再进行右转弯操作，不要贸然从其侧面转弯。

3 通过复杂路口

（1）通过复杂路口时，低速行驶，按规定避让行人和优先通行的车辆，并做好随时停车的准备，不能加速通过路口。

（2）通过视线不好的路口时，更要谨慎驾驶，以防视线盲区内出现突然情况而措手不及。在路口遇到其他机动车违法变道时，要及时减速避让，礼让通行。

（3）遇有路口交通阻塞时，即便是绿灯亮，也要停在路口外等候，不得进入路口或停在路口内等候，以免加剧阻塞或被夹在路口内进退两难。

（4）驾驶机动车在复杂的交叉路口，遇到路口内车辆较多时，要减速观察路口内车辆的通行情况，随时准备停车礼让。

小知识

行车中抢行、加塞的危害

驾驶车辆遇到前方车辆行进缓慢或道路、路口因故堵塞时，应减速或停车，依次缓慢行驶或耐心排队等待；连续鸣喇叭催促、抢行、加塞或穿插绕行、选择空当逐车超越等做法都会加剧道路拥堵或路口堵塞，甚至会发生刮碰事故。

4 通过环岛路口

（1）环岛是交通事故多发地点，通过时应在距环岛 50 ~ 100 米处减速慢行，适时控制车速，以逆时针方向进入环岛。驶近环岛时，注意观察左侧已在环岛内行驶车辆的动态，适时汇入车流，必要时减速或停车让行。

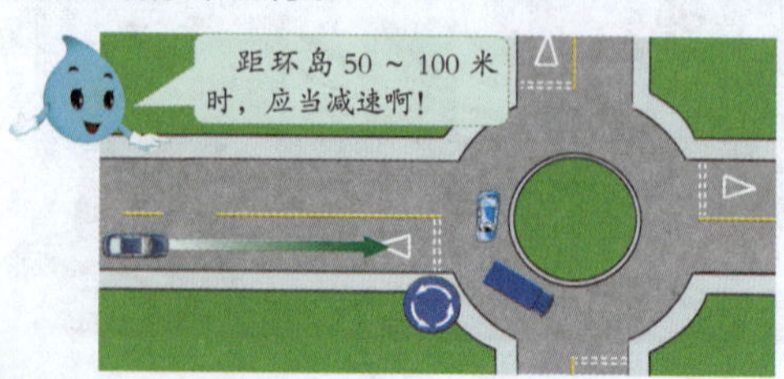

（2）驶出环岛前，打开右转向灯，注意观察右侧车辆、行人的动态。在有两条或两条以上车道的环岛驶出时，应提前开启右转向灯变更至外侧车道，严禁直接从内侧车道驶出环岛。

通过环岛时的险情预防

环岛连接着多个方向的道路，遇车辆较多时，很容易出现以下危险情形：

（1）可能遇到不让行而强行驶入环岛的车辆；

（2）而刚刚驶入环岛的车辆可能占据外侧车道，妨碍本车变道驶出；

（3）最内侧车道的车辆有可能急减速或突然变道为驶出环岛做准备；

（4）外侧车道的前车驶出环岛时可能减速过急。

因此，通过环岛时一定要提前用信号告知自己的行驶方向，减速慢行，保持安全间距，随时预防其他车辆的异常行为。

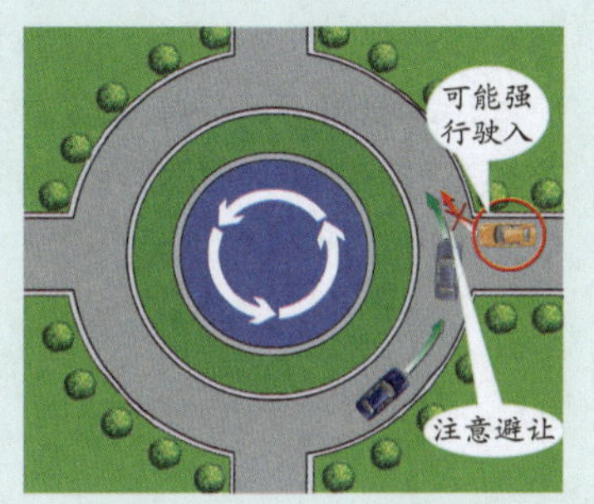

5 通过立交桥

立交桥的形式多种多样，行驶中稍不注意或仅凭以往经验，经常会走错路。通过立交桥时，需要注意以下事项：

（1）接近立交桥时，应适当减速，以便有充足的时间准确地确认出口的方向。

（2）直行时，按原方向从桥上或桥下行驶，应注意给驶出或驶入的车辆让出右侧车道。

（3）右转弯时，应按照交通标志、标线的指示减速行驶，不过桥进入右转弯匝道完成右转弯。

（4）左转弯时，必须驶过跨线桥才能转弯，不能直接左转弯。打开右转向灯，过桥后经一次右转弯再一次左转弯或者两次右转弯后，便达到左转弯的目的。

（5）通过立交桥时，必须按照限速标志标线规定的速度行驶。

（6）通过立交桥时，如发现选择路线错误，应继续行驶至下一立交桥或允许掉头的路口掉头，不得立即在原地掉头或倒车更改路线。

6 通过铁路道口

（1）通过有交通信号控制的铁路道口，在道口外提前减速、减挡，按照信号灯的指示低速通行，不得在路口内变换挡位。遇报警器鸣响或红灯亮时，停车等候，不准抢行通过铁路道口。

（2）通过无信号控制或无人看守的铁路道口时，要在道口外停车观察，做到一停（在停止线以外停车）、二看（观察左右是否有驶来的列车）、三通过（确认安全后，低速通过）。

（3）通过双股轨道的铁路道口时，遇一侧列车驶过后，还要提防从另一个方向驶来的列车。如果发现有危险情况，立即在安全处停车等待，不能强行通过。

（4）驾驶机动车跟车通过铁路道口时，注意观察前车的动态，确认道口对面有足够的停放空间后才能通行，不得在道口内停车等候。遇前方堵车时，即使交通信号允许通行也不应驶入，以免因堵塞在道口而与火车发生相撞事故。

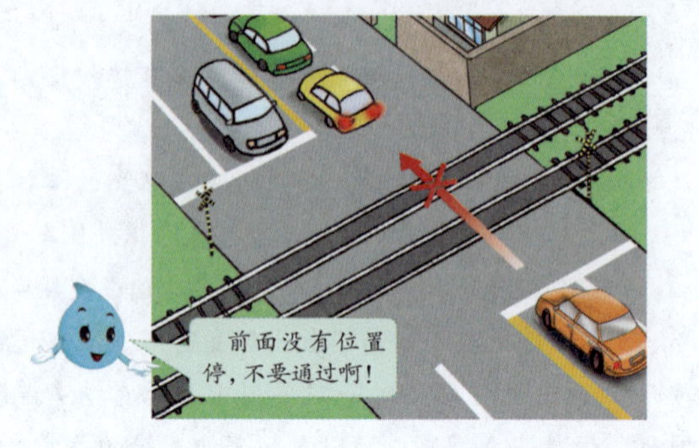

（5）在铁路道口内车辆出现故障时，应迅速设法将车移出道口。如果短时间移出道口有困难时，先设法告知列车之后，再尽快设法将车辆移出道口。

三 通过人行横道、学校区域、公交车站和居民小区

1 通过人行横道

人行横道线是为行人横过道路而设置的安全通道上的标线，常被称为“生命线”。驾驶人驾车行经人行横道时，应减速观察，礼让行人。

（1）驾驶机动车接近人行横道线时，提前减速观察，注意观察人行横道左右两侧是否有行人通行，随时准备停车礼让行人。遇行人或非机动车通过人行横道时，及时停车让行，不得抢行或绕行。右转弯通行时，更要注意礼让通过人行横道的行人。

（2）如果看到人行横道前有停止的车辆时，一定要停车，不要盲目通过，前车可能是停车避让行人。不要在人行横道及其附近直行超车和变向超车，尤其要提防有些行动缓慢的人可能还滞留在人行横道上。

2 通过学校区域

（1）驾驶车辆行至学校附近或有注意儿童标志的路段时，一定要及时减速，注意观察道路两侧及周围的情况，时刻提防学生横过道路。

（2）驾驶机动车在学校区域，遇到上学或放学时段，随时准备避让横过道路的学生和儿童。遇学生或儿童横过道路时，应及时停车礼让，不可从他们中间穿行或从两侧绕行通过，避免发生事故。

（3）看到道路一侧有家长或大人招手时，要及时减速，注意观察，做好随时停车的准备，预防对面有学生或儿童突然横穿道路奔向家长。

3 通过公交车站

（1）通过公交车站，要提前减速行驶，注意观察车站内候车人的动态，不得占用公交专用车道，距离公交车站 30 米内的路段不能停车。

（2）超越停在公交车站内的车辆时，要减速慢行，与公交车保持较大的安全间距，预防车站上下车的乘客从车前或车后横穿道路，同时注意对向公交车前后是否有行人横穿道路，做好随时停车的准备。

（3）驾驶机动车在公交车站，遇到停在站内的公交车或有非机动车超越公交车时，要低速行驶，与其保持较大的安全间距，预防公交车突然起步或非机动车突然摔倒。

4 通过居民小区

（1）通过居民小区，要遵守限速标志的规定，低速行驶，随时注意观察两侧情况，遇到突然情况，要停车让行，不得连续鸣喇叭警示或加速抢行。

（2）借用居民小区通行时，要注意避让行人。遇两侧有行人或行人占道行走时，要与行人保持安全距离低速行驶，待行人让路后再通过。

（3）在小区内遇到非机动车横穿道路时，要及时减速让行，不能在非机动车前方或后方加速通过。

（4）在居民小区遇到在路边玩耍的儿童时，要注意观察儿童的动态，减速缓慢通过。

四 会车与超车的安全驾驶

1 安全会车

（1）在没有中心隔离设施或者中心线的道路上会车时，减速靠右行驶，与对方车辆保持横向安全间距。会车前选择的交会位置不理想时，及时减速，低速会车或停车让行。

（2）在有中心线的道路上会车时，注意观察道路两侧交通情况，遇对方车辆超过中心线或开启转向灯示意占道行驶时，立即靠路右侧减速或停车让行。

（3）在有障碍物的地点会车，要注意观察对面情况，遇对面来车已临近障碍物时，及时停车让对向来车优先通行，会车后再超越障碍。

（4）会车时遇对向车辆加速超车时，要正确判断安全间距，减速或停车让行，安全避让对向来车；不可与其争道抢行，以防发生碰撞。

（5）在狭窄路面会车，根据路面的宽度降低车速，同时保持两车间足够的横向安全距离，低速通过。交会后，注意从后视镜中观察确认无车辆超越时，再缓缓驶回正常行驶路线。会车有困难时，有让路条件的一方主动让对方先行。如果前方有较宽的路段，先到达道路宽阔处的车辆主动停车让行。

（6）在狭窄坡道上会车，下坡车让上坡车先行。如果下坡车已行至中途而上坡车还未上坡时，下坡车先行。在狭窄的山路上会车，不靠山体一方的车辆先行。

（7）雨天或在积水路面会车时，要及时开启刮水器，随时做好制动的准备，以防对向来车溅起的水花妨碍视线。同时，要注意与对向车辆保持一定的横向间距，宁可让水花溅在车辆侧方，也不要溅在前风窗玻璃上，以免影响视线。

在下面场景中，哪辆车可优先通过？

解析：向右靠边减速，让对面来车先行。遇障碍物在来车的前方，对方车辆已加速强行超越或开启转向灯示意占道行驶时，立即靠边减速或停车让行，不能因为有优先通行权而赌气抢行，以免造成事故或交通阻塞。

在下面的场景内，你该如何会车？

解析：尽量避免在窄桥、坡道、隧道、涵洞、急转弯处会车。遇在道路宽度仅能容纳一辆车通过的路段、窄桥会车时，距狭窄处距离近、车速快的一方先行，距离较远、车速慢的一方应主动让行，不可盲目抢行。

违法占道行驶及其危害

违法占道行驶行为主要有：占用非机动车道行驶或人行道行车，在紧急停车带或路肩行驶，超车、转弯侵占对向车道，长时间轧分道线或道路中心虚线行驶等。

这些违法行为严重地扰乱了道路交通秩序，直接影响着道路的畅通。行驶中侵占对向车辆行驶路线，使会车横向距离变小，容易发生剐碰事故。在单向行车道长时间轧线或占道行驶，会阻碍同方向车辆正常行驶，使后方车辆无法超越，造成道路拥堵，甚至导致交通事故。

2 安全超车

超车时要保持与被超越车辆的安全距离，观察左侧交通情况，选择合理时机，开启左转向灯，从被超越车辆的左侧超越。超越后，在不影响被超越车辆正常行驶的情况下，逐渐驶回原车道。

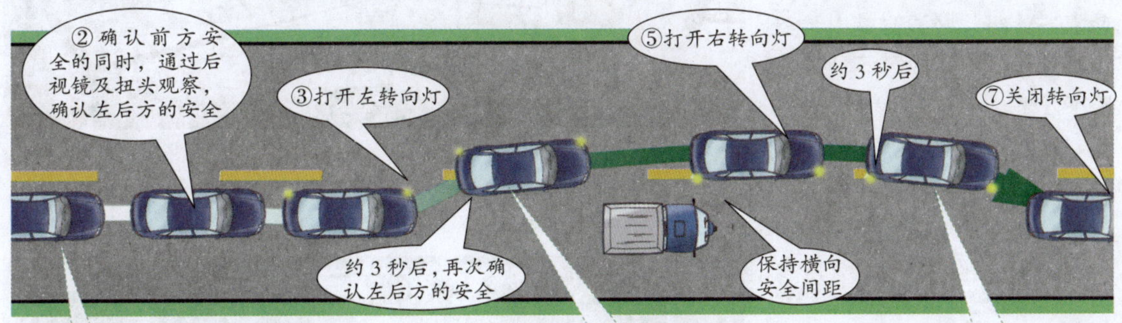

①确认该地段是否可以超车

④加速的同时，平稳转向左侧车道，且在通过时与前车左侧保持安全间距

⑥通过后视镜看到被超车辆后，再平稳地驶回原车道

超车时需要注意以下几种情况：

（1）准备超越前方非机动车时，若非机动车前方有车辆突然停车，造成非机动车占道行驶时，要及时减速让非机动车先行。

（2）行经交叉路口、铁路道口、隧道、弯道、窄路、窄桥或遇前方车辆正在左转弯、超车、掉头时，不得超车。

（3）行车中超越右侧停放的车辆时，为预防其突然起步或开启车门，最有效的方式是预留出横向安全距离，减速行驶。因为长鸣喇叭、加速通过和保持正常速度行驶，都无法预防突然出现的危险。

（4）驾驶机动车发现后车发出超车信号时，若具备让车条件，及时开启右转向灯，减速靠右让行，必要时辅以手势示意让超，不得故意不让或让路不让速。

（5）遇后方车辆强行超车后，不给留出安全距离便向右变道时，要减速或靠右停车避让，千万不要开赌气车！

想一想

以下两种情况能超车吗？正确的做法是什么？

解析：不能超。借用对向车道超车，首先得保证对向无来车。无对向来车时，若无法与正常行驶的前车保持横向安全间距或前车无让超空间时，也应主动放弃超车。

解析：不能超。在没有中心线的道路上超车时，要确认有足够的横向间距且对向无来车。预计在超车过程中与对面来车有会车可能时，应提前减速，主动放弃超车。

险情预防

超车时避免“三点一线”状况

有经验的驾驶人都知道超车的时候千万不能形成“三点一线”的状况。也就是说本车、被超车与对向来车千万不能在一条横向的直线上。一旦发生这种情况，被夹在两辆车中间完全没有躲避的条件。

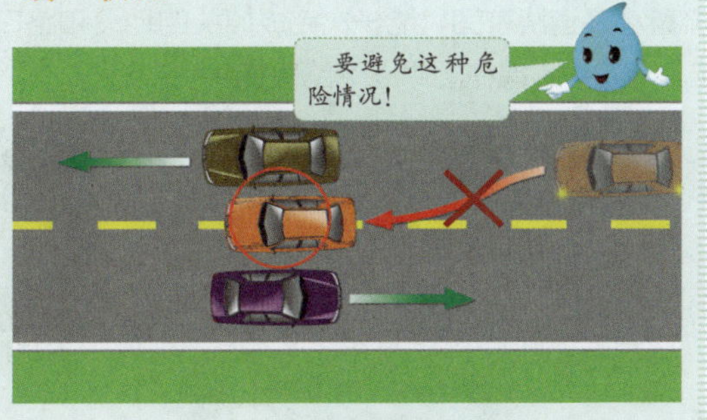

超车前不但要观察前车的情况和路上其他交通参与者的行为，还要从后视镜看一下后车，看后车是否正准备超越本车。如果发现后车也在打算超车，则应让后车先行超车。

险情预防

预防对向车辆后面有来车

借道超车时要注意与对向来车之间的距离是否能足够完成本次超车，同时也要想到对向来车后面是否还有其他车辆，不要盲目地在对向车辆过去后就马上准备超越。尤其是如果对向来车是辆大车，则其后方很可能有多辆被挡住的小车。

计划超车时先观察对向来车的状况以及距离，等有充分把握时再超车。同时，超车时切忌犹豫不决，不要超到一半又放弃，落得进退两难的地步。因此超车之前一定要观察好超车条件，能够保证万无一失再开始超越。

险情预防

谨慎超越大型车

行驶在大型车的后方，驾驶人视线会被遮挡，同时也会导致对向车辆看不到自己的车。想要超越大型车时，尤其要注意对向是否有来车。可从大型车后方向左先错出一点位置，观察一下对向车道的情况以及大车前方是否有驶回的空间。有的时候大车行驶的慢不是因为车开不快，而是前面还有其他慢行车辆。切记不要贸然超车。

此外，还应注意小型汽车不要与大型车长时间并行，因为大型车车辆盲区大，驾驶人不易观察到本车周围的小型汽车。

五 掉头与倒车的安全驾驶

1 安全掉头

1）掉头地点的选择

（1）应根据道路条件或交通情况，选择不妨碍正常通行的车辆和行人的允许掉头的安全路段，以及交通流量小、道路较宽、能一次完成掉头的地段和路口进行掉头。

（2）不得在图中以下路段掉头。

2）掉头方法

（1）在设有隔离设施允许掉头的路段或路口掉头，应提前打开左转向灯，在不影响其他车辆正常行驶的情况下向左侧变更车道，按交通标志的指示完成掉头。掉头时，应严格控制车速，认真观察道路上的交通动态，确保安全通行。

（2）在无隔离设施允许掉头的路段掉头，应仔细观察道路上的交通情况，必要时应停车进行观察，确认车辆前后无车辆或行人通过时，方可打开转向灯进行掉头。

（3）掉头的每一次前进或后倒过程中，都应认真观察车辆后侧及两侧道路的交通情况并确认安全，充分考虑车辆的前端和后端与道路上障碍物的距离，以防发生意外。

掉头时的注意事项

（1）观察是否有禁止掉头的标志，严禁在不允许掉头的路段掉头。

（2）掉头时，应严格控制车速，并仔细观察道路上的交通情况，确认安全后才可以行驶。

（3）掉头过程中，无论前进还是倒车，不要挂错挡位。

（4）迫不得已必须在坡道上掉头时，每次停车均要拉紧驻车制动器操纵杆。

常见掉头方式示意

在较宽的道路上

在T形路口处

在十字交叉路口处

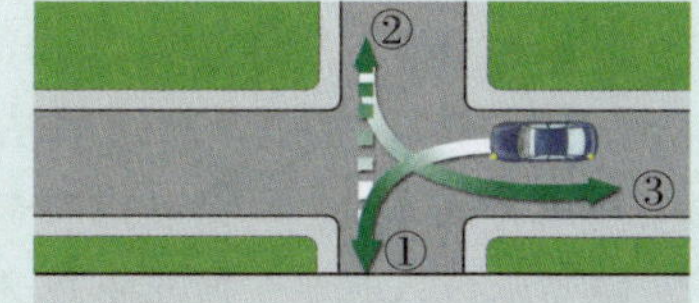

在十字交叉路口处

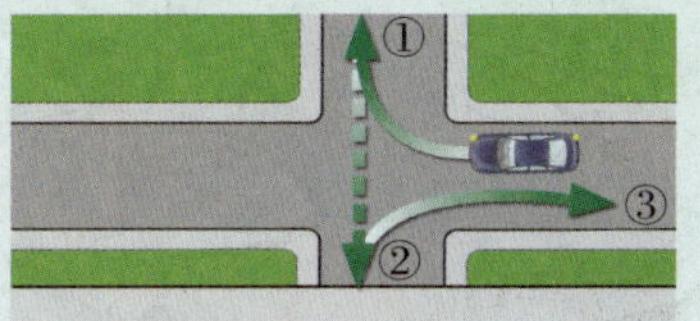

在较窄的道路上

在较窄的道路上

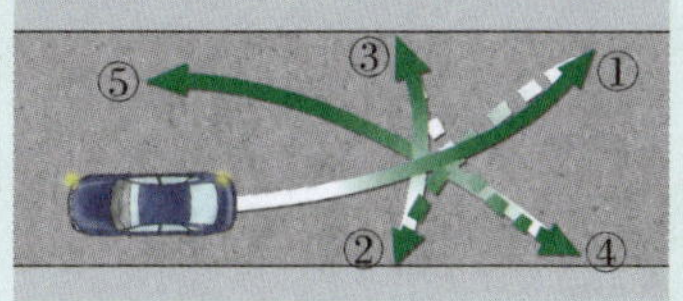

2 安全倒车

（1）在一般道路上倒车应避开交通繁忙、非机动车和行人较多、路面狭窄的路段。

（2）倒车前，应仔细观察倒车路线，确认具备安全倒车条件后方可倒车。倒车过程中要缓慢行驶，注意观察车辆两侧和后方的情况，并随时注意车头两侧的安全空间位置，随时做好停车准备，以免因转向角度过大而发生剐蹭事故。即便是后方道路条件较好，也不得加速倒车。

（3）倒车时，若发现有过往车辆通过，应主动停车避让。因掉头需要倒车时，应选择在不影响其他车辆和行人正常通行的地段操作。

提示

安全倒车"一禁止""四留意"

"一禁止"：禁止在不允许掉头的狭窄路段倒车掉头，禁止在高速公路上倒车。

"四留意"：一是要留意车后跟进的行人、自行车或其他车辆；二是在他人帮助指导倒车时，要留意他人位置，防止出现意外情况；三是要留意倒车雷达也有盲区，不可过分相信；四是要留意倒车时身体不要伸出车外，需要确认位置时必须将车停稳。

六 安全停车

1 停车

（1）停车要选择不妨碍交通又无禁止停车标志标线的路段或地点，不得在设有禁止停车标志标线的路段停车。

（2）停车后，应先拉紧驻车制动器操纵杆，再放松行车制动踏板，将发动机熄火。先观察侧后方和左侧交通情况，确认安全后，再缓开车门，以免开车门时妨碍其他车辆及行人通行。

（3）多辆车一起临近停车时，靠道路右侧依次停放，并保持适当的纵向间距，不得与其他车辆并排停放。在城市街道上临时停车，应按指定的位置停放，不得在道路两侧并列停放或逆向停车。

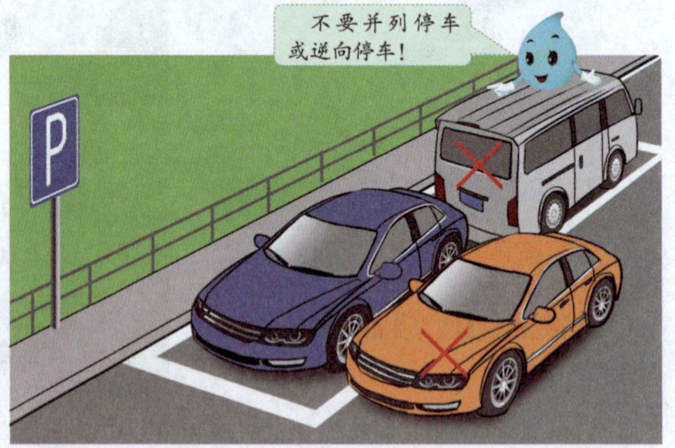

（4）在道路上临时停车时，不得妨碍其他机动车和行人通行。夜间或遇风、雨、雪、雾天在路边临时停车，要关闭前照灯，开启示廓灯和危险报警闪光灯。驾驶人下车后关好车门，不要远离车辆，

妨碍交通时要迅速驶离。

（5）车辆停放时间较长时，选择停车场或准许长时间停放车辆的地点，在规定的位置内依次停放。车辆长期停放时，尽量停入车库。不准在车行道、人行道和设有禁止长时停放标志的地点停放。

车库停车

靠边停车“两必防”

近几年，因车辆靠边停车引发了多起恶性交通事故，尤其是车上人员突然开启左侧车门，会直接导致后侧的非机动车和摩托车骑车人摔倒，甚至被后面驶来的车辆直接碾压。因此，驾驶人在靠边停车过程中务必做到“两必防”，一防在减速靠边停车时将右侧自行车、行人挤倒；二防不加观察猛然开启车门而将车后行进中的自行车和摩托车刮倒。

靠边停车时，只要驾驶人通过后视镜和侧头观察一下后方交通情况，就完全能够避免类似事故，同时驾驶人要注意提醒车内其他乘员下车时注意观察。

2 “L”形倒车入位停车

“L”形倒车入位是实际驾驶活动中经常用到的垂直式停车场内的停车方式，而且在很多狭窄路段掉头也会经常用到“L”形倒车。

（1）从车位右侧倒入。

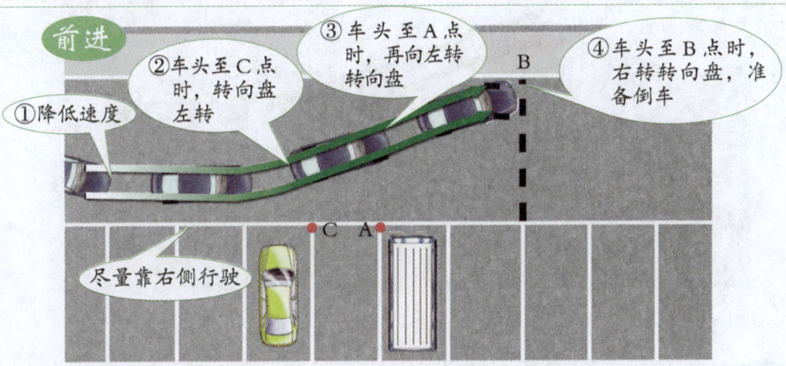

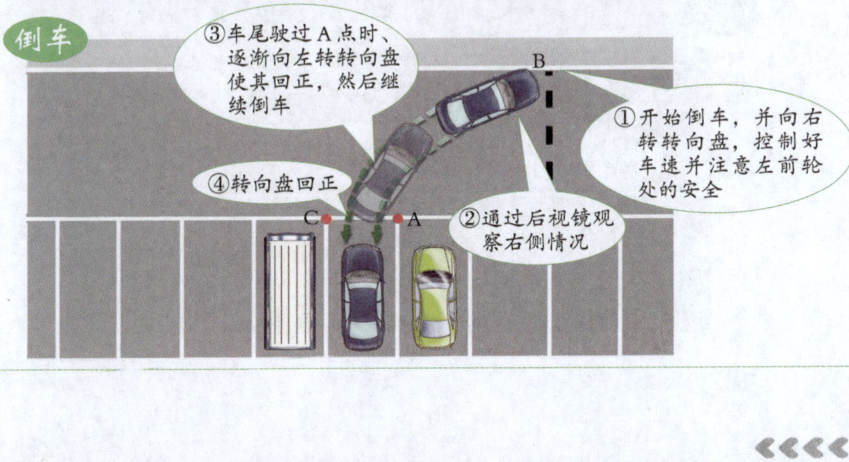

前进
①降低速度
②车头至C点时，转向盘左转
③车头至A点时，再向左转转向盘
④车头至B点时，右转转向盘，准备倒车
尽量靠右侧行驶
B
C
A

倒车
①开始倒车，并向右转转向盘，控制好车速并注意左前轮处的安全
②通过后视镜观察右侧情况
③车尾驶过A点时、逐渐向左转转向盘使其回正，然后继续倒车
④转向盘回正
B
C
A

右侧“L”形倒车入位两种不正确的停车方法

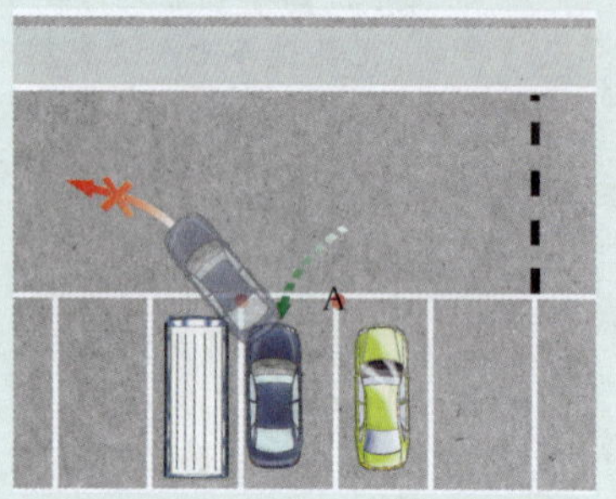

倒车过程中，车尾驶过A点时，转向盘回正过迟，停车时靠近停车位的左侧

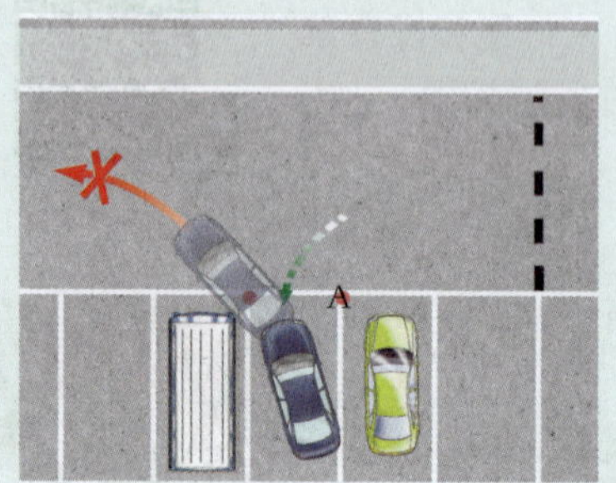

倒车过程中，车辆入位后转向盘回正过迟，车辆没有摆正，驶出时可能与其他车辆剐碰

（2）从车位左侧倒入。

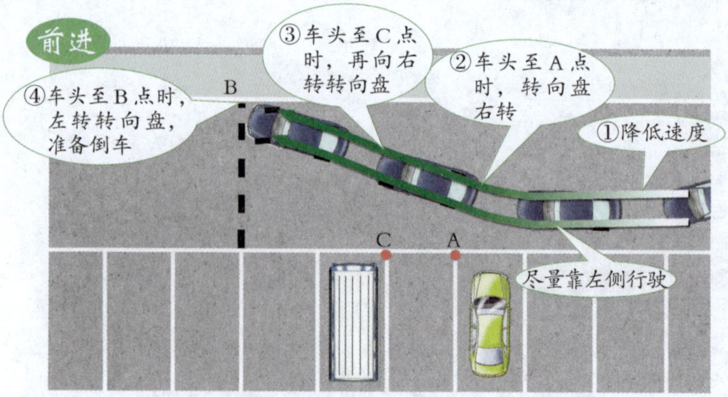

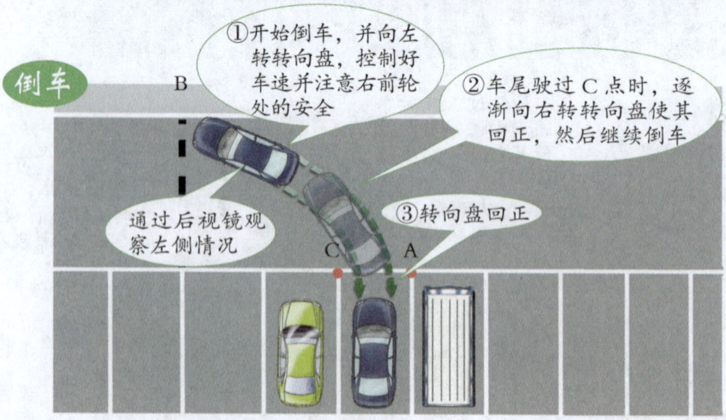

前进

①降低速度

②车头至A点时，转向盘右转

③车头至C点时，再向右转转向盘

④车头至B点时，左转转向盘，准备倒车

尽量靠左侧行驶

B C A

倒车

①开始倒车，并向左转转向盘，控制好车速并注意右前轮处的安全

②车尾驶过C点时，逐渐向右转转向盘使其回正，然后继续倒车

③转向盘回正

通过后视镜观察左侧情况

B C A

"L"形倒车入位易犯的错误

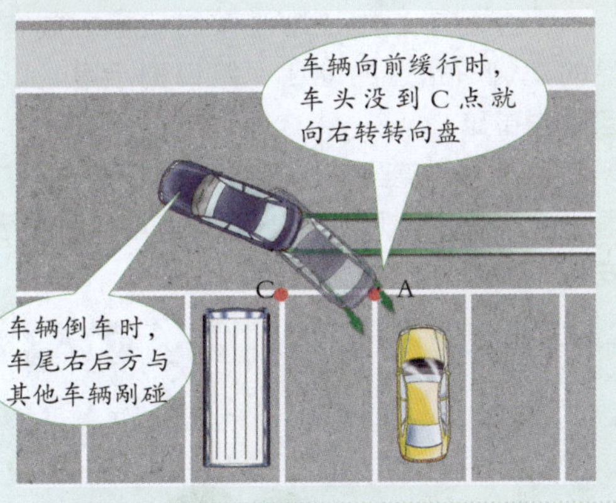

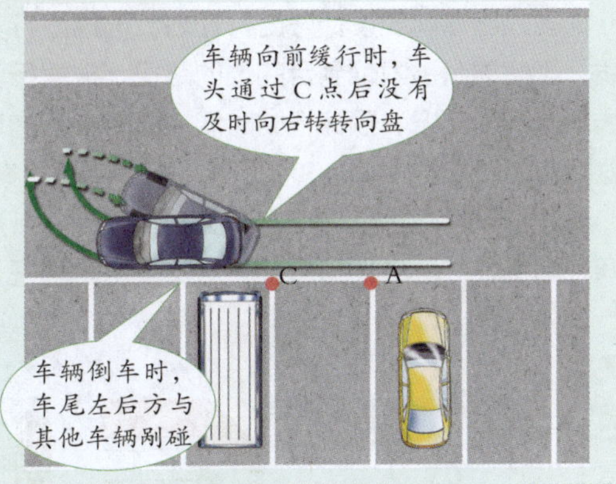

③ "S"形倒车入位停车

"S"形倒车入位是在日常应用中最常见的停车方法，常用于在路边的平行式停车位停车。

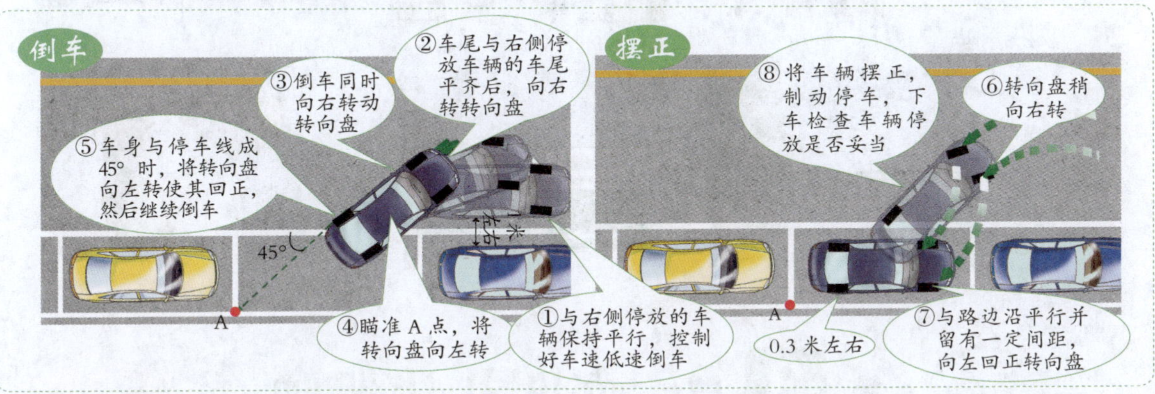

"S"形倒车入位易犯的错误

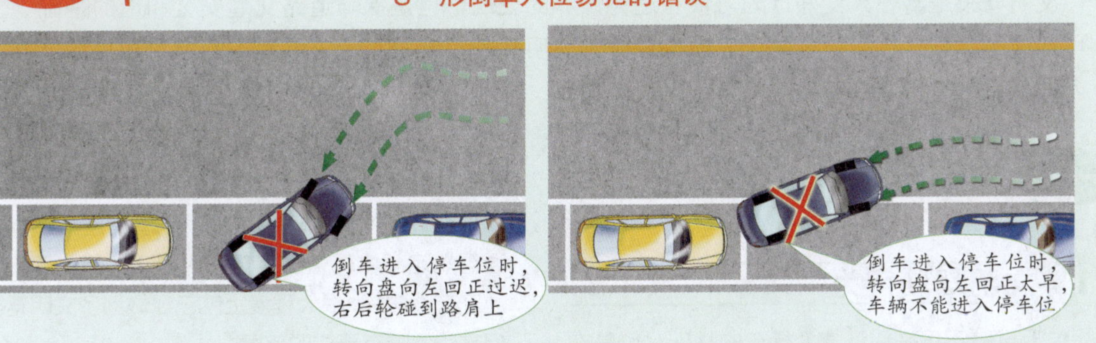

七 行驶路线选择

驾驶人出车前要设计好出行计划，选择好行驶路线，了解清楚出发地到目的地的路况，根据行驶路线的距离、路况、预计行驶时间，选择去目的地和返回的最佳路线。

（1）行车前要提前考虑行驶路线的距离、所用时间、路况、气象条件和自己的驾驶技术等情况，合理选择到达目的地的最佳路线。在使用导航工具时，要注意及时更新系统或地图软件，以免信息滞后而误导行程、耽误时间。

（2）行车途中注意观察路口标志或有代表性的建筑、路过的地名、路口提示等，以免返回时走错路。

（3）独立驾驶车辆返回途中，严格遵守道路交通法律、法规的规定，按照设计的最佳路线行驶，安全、顺利地返回出发地。

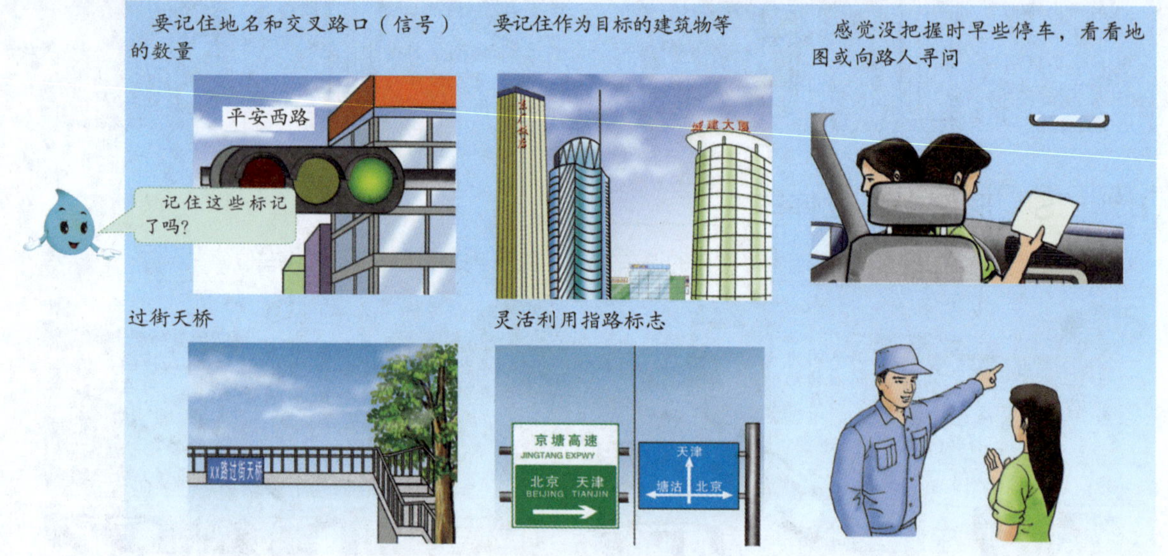

第3节 文明礼让驾驶

文明驾驶是驾驶人良好行为习惯和道德修养的表现，也是保障道路交通安全和谐的基础，主要体现在文明驾驶和礼让行车两个方面。要做到文明驾驶，驾驶人一方面要不断学习和提高修养；另一方面要日积月累，养成良好习惯。

一 文明驾驶

1 文明驾驶行为

文明驾驶不仅是保证安全行车的基础，也是安全驾驶的更高境界，是驾驶人良好行为习惯和道德修养在驾驶方面的集中表现。我国交通法规中很多通行规定都体现了文明驾驶的内涵，因此驾驶只要遵守交通法规，很大程度上就已经做到了文明驾驶，但文明驾驶有更广的范围。

常见文明驾驶行为

（1）上车后自己系好安全带，并提醒车内其他乘员系好安全带；
（2）驾驶过程中，不向车外抛撒物品，停车后再将废弃物扔入垃圾箱；
（3）通过人行横道时，减速慢行、不鸣喇叭、礼让行人；
（4）遇交叉路口拥堵，即使绿灯亮了，也不驶入路口，而是在路口外等候；
（5）遇后车发出超车信号时，在确保安全的前提下，主动让超；
（6）遇执行任务的特殊车辆或其他社会车辆有送病人去医院等紧急情况时，主动让开道路；
（7）严格遵守让行规定，遇他人抢行、强行时，主动礼让不斗气；
（8）文明使用喇叭，不长鸣喇叭催促他人或作为发泄的方式；
（9）自己车辆行驶速度慢时，不占用快速车道；
（10）停车时，给周围车辆留出足够的驶出空间。

2 礼让三先

文明驾驶还要做到"礼让三先"：先慢、先让、先停。驾驶人要加强个人修养，注重行车中的礼让。自己首先要做到不开"违章车""英雄车"；对他人的不良驾驶行为做到宽容、大度、礼让，正确处理好有理与无理的关系，不开"斗气车"；保持冷静的心态，宁可"有理让无理，不可无理对无理"。

3 助人为乐

助人为乐是中华民族的传统美德，也是文明驾驶的重要体现。驾车过程中如发现他人遇到困难，应积极主动伸出援助之手，为他人排忧解难。

（1）遇到其他车辆乘员向自己询问路线时，应实事求是、耐心回答。

（2）发现其他车辆有安全隐患时，应及时提醒驾驶人，防止事故发生。

（3）发现有求助的车辆时，应减速停车，给他人以帮助。

（4）遇到其他车辆陷入泥泞或损坏路段行驶困难时，应尽力给予帮助。

（5）遇到交通事故需要帮助时，应减速停车，协助保护事故现场，并立即报警。如果伤者需要抢救，应及时拨打急救电话或送伤者去医院。

驾驶人从初学驾驶开始，就应注重安全文明驾驶意识的培养，并将安全文明意识贯穿驾驶的全过程。驾驶人要做到文明驾驶，还需要不断提高自身道德修养，坚持从细微之处做起，逐渐养成良好的安全文明驾驶习惯。

二 礼让行车

1 礼让行人

道路上的行人各有差异，但行人的主要特点是行走随意性大，方向多变，很容易引起险情。由于行人缺少相应的保护，很容易受到伤害，道路通行中应当坚持行人优先的原则，即使行人出现不遵守交通规则的行为，驾驶人也要做到文明礼让，优先保证行人的安全。

常见行人的动态特点

行　人	动　态　特　点
儿童	活泼好动，自我控制能力差，迷于玩耍，不知道车辆的危险
老年人	行动迟缓，耳目不灵，对突然临近的车辆会不知所措
行动不便的人	行动缓慢，容易摔倒
盲人	听觉灵敏，但对车辆的躲避准确度差，甚至会出现方向错误
聋哑人	与正常人在外表上没有区别，但对声音没有反应
玩手机的行人	低头看手机或接打电话，不注意观察交通情况，遇突然情况不知所措
雨中行人	撑雨伞或穿雨衣造成视觉、听觉受阻，反应慢、不灵敏
寒冷天的行人	穿大衣或戴棉帽时，视线受阻，听觉下降
无交通经验的行人	不会正确地躲避车辆，车辆临近时会左右徘徊，甚至横穿道路；不能同时注意多方向的车辆
赶牲畜的人	遇牲畜扰动时，视线受阻、听觉下降
挑担、扛农具的人	动作范围和空间大，往往只顾身体而忽视担子、农具横出

（1）机动车进出道路或者在没有交通信号的路段行驶，应当避让横过道路的行人。

（2）通过有交通信号灯控制的交叉路口，遇放行信号时，应当让其他方向先被放行的行人通行。

（3）人行道有障碍无法正常通行时，机动车应当避让借用行车道通行的行人。遇到行人在路边占道行走时，要减速慢行，注意观察行人动态，不得加速超越或持续鸣喇叭。

（4）行车中，要注意礼让儿童。发现儿童在路边玩耍、嬉戏打闹时，应当减速慢行，随时注意观察儿童动态，发现异常要及时停车避让。行车中突然有皮球滚到路上，应立即减速，随时准备停车，以防碰撞追逐皮球的儿童。

（5）遇到在路中玩耍的儿童时，应提前鸣喇叭，减速行驶，必要时停车礼让。

（6）驾驶机动车遇到缓慢横过道路或在路边行走的老年人，要提前降低车速，距离较近时要及时停车让行，切不可采取加速绕行或连续鸣喇叭催促的方法通行。

（7）驾驶机动车遇到行动不便的行人横过道路时，要及时减速或停车礼让；遇盲人通行时，应及时减速避让，不要鸣喇叭示意其让路，也不可采取绕行方法通过。

（8）聋哑人外表与正常人一样，只是听不到声音。如果对于某一行人鸣喇叭后却没有任何效果，有可能行人真没听到，还有可能行人是聋哑人，此时不要继续鸣喇叭，应减速慢行，在确认安全的情况下绕行通过。

（9）行驶中，遇低头看手机的行人或打电话等不集中精力观察路况的行人时，一定要提前鸣喇叭提示，并减速慢行，防止临近时鸣喇叭使其慌不择路，出现危险。

（10）行经有积水、泥泞、碎石或者易产生扬尘的道路，应当减速慢行或者避让，不得加速通过，以免溅起的泥水、沙石、尘土飞溅到路边行人身上。

（11）驾驶机动车遇到翻越中间护栏的行人时，应迅速减速并鸣喇叭提示，注意观察行人动态，做好随时停车的准备，预防行人迅速跑向右侧路边。

（12）缺乏交通经验的行人，不能正确地避让道路上的车辆，往往会在车辆临近时左右徘徊，甚至突然横穿道路；有的为了在避让一侧来车而忽视另一方来车。此时，驾驶人应提高警惕，控制好车速，做好随时停车或让行的准备。

（13）下雨天遇撑雨伞和穿雨衣的行人在道路上行走时，要提前鸣喇叭进行提示，并适当降低车速，注意观察其动态，保持一定的距离通过，同时要随时准备应付突发状况。

（14）冬天，行人戴的帽子会遮挡视线、影响听觉，驾车临近时要提前鸣喇叭进行提示，减速行驶，防止行人未觉察到车辆临近，突然横穿道路。

（15）驾驶机动车遇到路边有挑担子的行人时，应提前减速行驶，适当鸣喇叭提示，与其保持一定的横向距离，注意观察行人动态，预防行人担子换肩或担子突然横出。

（16）行车中，遇到有人赶骑牲畜在道路上通过或同方向行进时，应适当降低车速，与其保持较大的安全间距，切忌临近时鸣喇叭或加速绕行，以防引起牲畜骚动或赶牲畜的人为保护牲畜突然冲到路中。

② 礼让非机动车

非机动车主要有自行车、电动自行车、人力车、畜力车等，这些车普遍稳定性较差，有的速度还很快，而且不同的人使用时还表现出不同的动态特点，因此行车中应时刻注意避让非机动车。新兴的独轮平衡代步车、滑板代步车等，正常是不允许上道路行驶的，但行车中经常会遇到，因此也要注意避让。

常见非机动车的动态特点

非机动车	动态特点
少年骑车人	对自行车平衡把握不好，会突然驶入道路中央
青年骑车人	骑车速度快，经常会相互追逐，突然猛拐
老年骑车人	骑车速度慢，不能及时躲避，容易摔倒
负重骑车人	自行车负重或载人后，灵活性、平衡性变差，遇路面复杂或上下坡时容易摔倒
骑电动自行车的人	速度快，行动灵活，经常在行车道内行驶，紧急躲避时容易摔倒
夜间骑车人	反光标志不明显，不易被发现，遇对面强光照射时，会因炫目左右摇晃或摔倒
雨天骑车人	行动匆忙，速度快，视线和听觉不佳，会突然横穿道路
冰雪路骑车人	自行车稳定性极差，经常会突然摔倒
人力车	结构简单，速度缓慢，不能及时避让车辆
畜力车	被动控制，速度较慢，牲畜受到意外刺激，容易发生"惊车"

（1）机动车进出道路、按照规定进入路边临时停车位或进出停车场等临时经过非机动车道通行时，应当避让非机动车且最高时速不得超过每小时 30 公里。

（2）机动车在没有交通信号的路段行驶，应当注意避让横过道路的非机动车；在有交通信号控制的交叉路口，遇放行信号时，应当让其他方向先被放行的非机动车先行。

（3）遇有非机动车准备绕过停放的车辆或抢道行驶时，驾驶人应主动减速让行。连续鸣喇叭示意其让道或加速绕过，容易使骑车人惊慌失措而摔倒，引起剐碰事故。

（4）行车中要注意非机动车警告标志，遇前方非机动车影响通行时，可提前鸣喇叭提示，减速并注意观察其动态，预留足够的横向安全距离，从左侧绕行，防止骑车人摔倒或突然改变骑行方向。

（5）老年人骑自行车行动比较缓慢，遇情况往往躲避不及时，此时驾驶人应提前鸣喇叭，减速或停车避让，预防老人突然摔倒。

（6）成群青少年骑自行车喜欢追逐打闹或并排占道行驶，当超越他们时，应当提前鸣喇叭提示，减速慢行，随时准备停车。超越同向行驶的自行车时，注意观察其动态，减速慢行，保持安全距离，从左侧绕行。

（7）驾驶机动车行经积水路面时，要低速缓慢通过，以免溅起的泥水让路边的骑车人无法躲避甚至摔倒。

（8）夜间行车，遇非机动车对向驶来时，应提前改用近光灯，减速避让，避免引起骑车人炫目。

（9）行车中遇人力车时，应减速慢行，与其保持安全间距。在下坡路段，开车超越人力车后，如果准备制动或停车时，要给人力车留出足够的安全距离，避免人力车追撞汽车。

（10）行车中遇畜力车时，应在较远处鸣喇叭，并提前减速。临近时急加速或鸣喇叭，赶车人会因牲畜受到惊吓而对车辆失去控制，导致事故。遇牲畜（畜力车）突然横穿、抢道时，应主动减速慢行，必要时停车避让。

3 避让动物

驾驶机动车在动物保护区或牧区行驶时，要降低车速，随时注意避让动物。遇到占道或横过道路的野生动物或牲畜，应及时减速或停车让行。

4 礼让特殊车辆

1）避让执行任务的特种车辆

行车中遇执行任务的警车、消防车、救护车、工程抢险车时，应及时避让；遇抢救伤员的救护车逆向驶来时，应靠边减速或停车让行。遇交通拥堵，有条件时可驶离正常路面让出车道，确保执行任务的警车、救护车、消防车等通行无阻。

2）礼让校车

驾驶机动车遇到校车在道路右侧停车上下学生，校车后方车辆和同向行驶的相邻机动车道上的机动车要停车等待，不得鸣喇叭或者使用灯光催促校车；与校车同方向行驶的其他车道上的车辆应当减速通过。

3）避让异常行驶的车辆

（1）行车中发现行驶方向不稳、横冲直撞或是行驶缓慢等异常行驶的车辆时，应及时采取避让措施，不要用开前照灯或用车辆阻挡的方法迫使对方让行，以防发生交通事故。

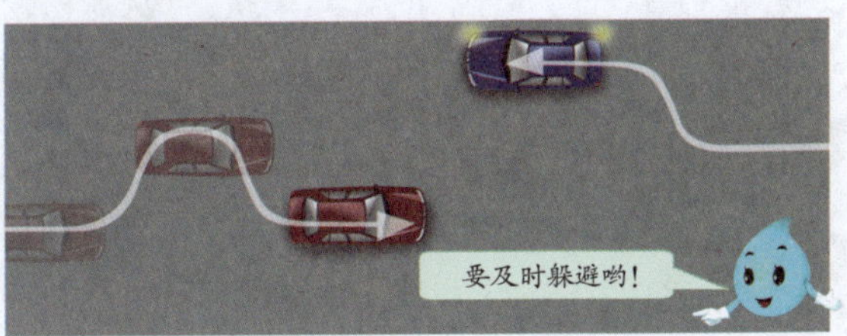

异常行驶车辆的驾驶人在做什么？

（1）驾驶人可能是处于醉驾或毒驾状态；

（2）如果是夜间或午后，驾驶人可能处于疲劳驾驶状态；

（3）驾驶人可能驾驶经验不足；

（4）驾驶人可能在打电话、玩手机或是在找路。

（2）车辆在拥挤路段低速行驶时，遇其他车辆强行“加塞”，应主动礼让，确保行车安全；不得加速行驶不让其进入或挤靠“加塞”车辆。

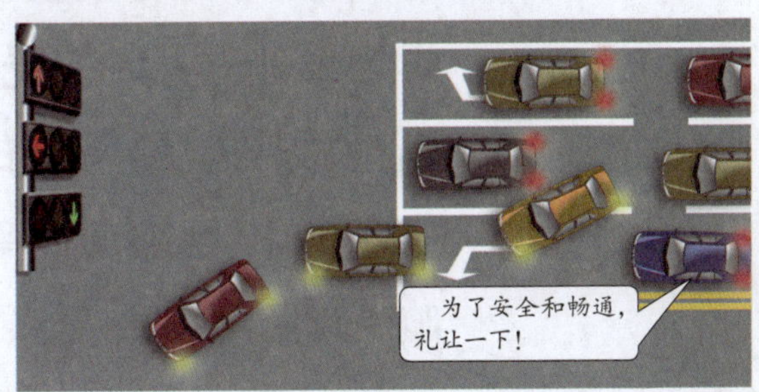

（3）遇到被你超过后，明显要再次超越你且有些斗气的车辆，一定要保持平和的心态，不要与其争斗，而是要减速礼让，与其拉开距离。

第六章

恶劣气象和复杂道路等条件下的驾驶

恶劣气象和复杂道路等条件下行车，对驾驶人的驾驶技能有更高的要求，但在学习驾驶过程中，受环境及道路条件所限，可能很难碰到所有的情况。本章分析了恶劣气象和复杂道路等条件对安全行车的影响，介绍了各种复杂情况的安全驾驶知识，能弥补驾驶学习过程中的不足，帮助驾驶人增强安全行车意识，提高安全驾驶技能。

第 1 节 恶劣气象条件下的驾驶

雨、雪、雾（霾）、大风等恶劣气象条件，会对驾驶人的判断和操作产生不利的影响。了解恶劣气象对安全行车的影响，掌握安全驾驶方法，对安全行车非常必要。

恶劣气象条件对安全行车的影响

（1）影响视线视野。恶劣气象条件容易造成驾驶人视线不良、视野变窄，使驾驶人不易看清前方、后方和周围的交通情况，甚至难以辨别方向。

（2）增大控车难度。恶劣气象条件还容易造成路面湿滑，附着系数降低，增加制动距离，车辆行驶稳定性下降，整体增大驾驶人的控车难度。

（3）险情增多。恶劣气象会使其他交通参与者的情况变得不稳定，出现险情的可能性增大。如行人因避雨而疏于观察、骑车容易摔倒、其他车辆侧滑的几率增大等。

一 雨天驾驶

雨天影响安全行车的主要因素是视线受阻和路面湿滑。雨滴会使前风窗玻璃和后视镜变得模糊，前车溅起的水雾使得视线受到严重影响，潮湿的路面不但反光，还容易使车辆打滑，因此雨天一定要合理控制车速。同时雨水会引起路面变化，久雨天气，要注意路基是否疏松及是否出现坍塌，选择安全路面行驶。山区傍山路段还要注意，因下雨导致的山体滑坡。

1 正确使用刮水器

在下雨之前，驾驶人应检查刮水器能否正常工作及刮水是否有效，如发现有问题，要及时维修。雨天行驶，应根据雨量的大小合理选用刮水器的挡位，确保视线清晰。当大雨、暴雨天气，靠刮水器难以改善视线时，要选择安全地点停车，开启示廓灯和危险报警闪光灯，待雨小或雨停后再继续行驶。

② 合理控制车速

雨天行驶，路面滑湿，车轮的附着力随车速的增加急剧变小，车辆很容易发生侧滑，当车辆高速行驶时也易发生“水滑”现象，因此一定要合理控制车速。当车辆发生侧滑或水滑时，不要急转向或紧急制动，应松抬加速踏板，充分利用发动机制动减速。需注意的是，刚开始下雨时，路面最容易打滑。

不同路面的打滑程度

路面状态	附着系数	打滑程度
干燥水泥路面	0.7 ~ 1.0	不滑
潮湿水泥路面	0.4 ~ 0.6	比较滑
下雨开始时	0.3 ~ 0.4	最滑

水滑现象

雨天高速行车，轮胎和路面之间会形成“水膜”，车辆的转向和制动将有失效的风险，如同惊险的水上滑板一样。

③ 保持安全距离

雨天行驶，一定要选择安全车速，同时要与其他车辆、行人等保持足够的安全距离。遇行人和骑车人时，要提前减速、鸣喇叭，与其保持一定的安全距离低速通过，不得抢行或从其身边急加速绕过。要密切注意行人和骑车人动态，预防车辆临近时，其突然转向或滑倒，同时避免积水溅到行人和骑车人身上。

雨天跟车行驶，要增大与前车的安全距离，尽量避免超车，降低事故发生的风险。

三、雪天驾驶

雪天驾驶，积雪路面行驶阻力增大，路面被积雪覆盖，驾驶人很难辨别方向。雪融化后会结成薄冰，路面非常滑，因此雪天及冰雪路行车，一定要加大安全距离低速行驶。

① 选择行驶路线

在有积雪的道路行车，为预防积雪反射引起炫目，驾驶人可以佩戴墨镜。当路面被积雪覆盖或道路轮廓难以辨别时，可根据路边树木、电线杆等参照物判断行驶路线，控制车辆低速行驶。在有车辙的路段要循车辙低速行驶。在弯路、坡道及河谷等危险地段行驶，更要注意选择好行驶路线，路况可疑要立即停车察看，确认安全后再继续行驶。在冰雪道路行车，要避免紧急制动和急转方向。

② 减速行驶

在冰雪道路上行车，有条件的要安装防滑链，挂低速挡缓慢行驶，避免紧急制动和急转方向，以防车辆侧滑驶出路面。当车辆发生侧滑时，应立即缓慢、适当地向后轮侧滑的一侧转动转向盘，可连续数次回转转向盘，以便调正车身。

雪天跟车行驶要与前车保持较大的安全距离，处理紧急情况不能使用紧急制动和急转向的方法躲避，应充分利用发动机牵阻作用减速或停车。遇前车正在爬坡时，不得紧随或超越前车爬坡，要等前车通过坡顶后再上坡，避免前车突然停车或后溜造成事故。

提示

冰雪道路行车注意事项

（1）冰雪道路行车，尽量不要超车；

（2）会车时，要提前减速缓慢会车，因为对向来车有可能发生侧滑；

（3）如果需要临时停车，要选择平缓的安全地段停车。

三 雾（霾）天驾驶

雾（霾）天能见度低，驾驶人的视线模糊、视距变短、视野变窄；浓雾天时方向难辨，行进中很难看清前方障碍（如慢行车、行人、故障车、凹坑等），容易发生交通事故。

1 正确使用灯光和喇叭

雾天行车，应开启雾灯、示廓灯，及时让其他车辆驾驶人发现自己；在雾较大时，可开启近光灯照明，以便看清前方路况，同时开启危险报警闪光灯，不能使用远光灯。当风窗玻璃上凝有小水珠时，可使用刮水器清除，内侧的小水珠可用风窗玻璃除雾功能清除或在安全地点停车后用干毛巾擦干。雾天停车时，一定要开启危险报警闪光灯。

雾天在道路上行车，可多使用喇叭引起对向车辆注意，听到对向车辆鸣喇叭时，要鸣喇叭回应。

雾天为什么不能使用远光灯？

汽车远光灯的灯光是照向前上方的，射出的光线被雾气反射后，会在车前形成白茫茫一片，这不但不能起到照明作用还会严重阻挡驾驶人视线、视野，当后面车辆使用远光灯时也会严重影响前车驾驶人观察后方情况，因此雾天行车，不能使用远光灯。

2 减速并增大安全距离

雾天驾驶，要将车速控制在能及时停车的范围内，保持足够的安全间距，谨慎缓慢行驶，可多使用喇叭引起行人和车辆注意。

雾天能见度较低时，应先将车开到路边安全地带或停车场，等能见度好转时再上路行驶。如果一定要在雾中行车，就要根据能见度情况，选择遇到情况时能迅速停车的速度（视距必须大于制动停车距离）行驶。

雾天行车时，还应该注意以下险情，提前预防：

（1）雾天行车很容易将前面停驶车辆的尾灯误认为是行驶车辆的尾灯，进而引起追撞，因此，一定要密切注意前车动态，严格控制车速，加大行车安全距离。

（2）会车时，要选择宽阔路段低速交会，保持足够的横向间距，适当鸣喇叭，对向来车车速较快时，要主动减速让行或靠边停车。

（3）前车靠右行驶时，不可盲目超越，因为前车可能在避让对面来车。

雾天行车注意事项

（1）雾天跟车，不能以前车尾灯作为判断安全距离的依据；

（2）慎用后雾灯，建议能见度低于50米时使用，以防造成后车驾驶人炫目；

（3）雾天跟车距离过近，容易发生追尾事故，因此，驾驶人一定要控制车速，加大与前车的安全距离。

四 大风天驾驶

① 稳住方向

大风天气，因风速和风向不断地发生变化，行驶中，驾驶人常常会有转向盘突然“被夺”的感觉，此时一定要双手握稳转向盘。当突遇狂风袭来，感觉车辆产生横向偏移时，应降低车速，微微转动转向盘调正车头，不可采取急转转向盘的方式恢复行驶方向。

② 注意观察远方

大风可能会吹起沙尘，影响驾驶人视线，同时，强风可能携带砂石、断裂的树枝、倾覆的广告牌等砸坏风窗玻璃或车辆，对驾乘人员人身安全造成威胁，因此，驾驶人一定要注意观察远方情况。

大风天行车注意事项

（1）大风会干扰喇叭声的传递，需要鸣喇叭时可适当延长时间。

（2）风沙大时，应将车停靠在上风处，车头背风沙吹来方向，防止细微沙粒被吸入发动机而加速机件磨损。

（3）逆风行驶时，遇风向突然改变，风阻突然减小时，要注意控制车速。

第2节 复杂道路条件下的驾驶

山区道路、泥泞及涉水道路、桥梁、施工路段等复杂道路条件，险情较多，对驾驶人的驾驶技能和安全知识要求比较高。了解复杂道路的特点及对安全行车的影响，掌握安全驾驶方法，可有效提高行车安全。

复杂道路特点及对安全行车的影响

复杂道路	道路特点及对安全行车的影响
山区道路	山区道路大多依山傍崖，穿洞过涧，坡陡路窄，急弯、隧道等危险路段多，坡长弯急还会造成视距不足，山口的横风也会引起车辆行驶位置偏移
泥泞道路	路面松软、黏稠，行驶阻力大，附着力减小，车轮极易滑转和侧滑，容易陷车
涉水道路	看不清水底暗坑、凸起等路面情况，水流冲击会改变车辆行驶方向，操作不当容易熄火，制动性能出现“水衰退”现象
桥梁	跨线桥通往的方向多，交通标志标线多；跨江大桥上面横风大，而且容易先于路面结冰；窄桥、危桥、漫水桥行驶危险性增大
施工路段	道路条件较差、路面变窄，视线被阻挡，交通信号多，交通情况复杂

一 山区道路驾驶

① 坡道驾驶

在山区道路驾驶，要注意观察，提前发现坡道警告标志。

上坡时，提前观察路况、坡道长度和坡度，在车速下降前减挡，以保证车辆具有充足的动力爬坡，避免爬坡中途减挡或车辆熄火。上陡坡时，要在坡底提前减挡，加速冲坡。驶近坡道顶端无法看清前方路口时，要减速慢行并鸣喇叭示意，不得加速冲过坡顶，防止对向有来车和其他意外情况。

下坡行驶，要挂中低速挡位，充分利用发动机制动来控制车速，严禁空挡滑行。下长坡时或连续下坡时，车速会越来越快，连续使用行车制动，制动器温度升高到一定程度时会使制动效果急剧下降。下坡时，控制车速最好的方法是使用低速挡行驶，充分利用发动机制动减速。

小知识

空挡滑行不省油而且危险大

很多人认为"空挡滑行"省油，其实这是老式化油器汽车的特点，现代电喷发动机空挡滑行不但不省油，反而会有很大的安全隐患。空挡滑行时，一旦遇到突发情况紧急制动，没有发动机的制动作用不仅制动效果不好，而且容易使车辆失去平衡发生侧滑，甚至出现制动失效、转向失灵等极端情况，很容易引发严重的交通事故。

② 弯道驾驶

山区弯道较多，要注意观察，提前发现急弯路警告标志，并做到"减速、鸣号、靠右行"。通过连续急弯路时，要注意靠右侧减速慢行，不要占对向车道。

山区弯道内可能出现的险情

通过山区弯道时，要提前减速，注意观察，预防以下险情：

（1）弯道高速行驶，车辆容易发生侧翻；

（2）弯道盲区内，可能存在落石及停驶的故障车等障碍；

（3）弯道盲区内，可能有对向车辆占道行驶或对向来车占道超车；

（4）通过急弯处时不要超车，防止前方有车辆或行人出现而措手不及。

3 弯坡组合路段驾驶

坡道转弯

山区道路有很多弯道、坡道同时存在的弯坡组合路段，这种路段是事故高发路段，此时，驾驶人更要合理控制车速，谨慎驾驶。

（1）遇到上陡坡的弯道时，要在坡底减速减挡，保持不换挡能一气爬到坡顶的动力；进入弯道前，适当减速，靠右行驶，并鸣喇叭进行示意。当路面较窄时，还要时刻注意观察对向交通情况，做好随时停车的准备。

（2）遇到下坡连续弯道时，要注意提前减速减挡，通过每一个弯道都要注意适当减速，靠右侧行驶，不得为了改善视线而驶向道路中心。

4 跟车、超车、会车

山区道路跟车，要适当加大与前车的安全距离，仔细观察前车动态。在视野不佳或道路条件差的路段，要进一步加大跟车距离，以防前车突然停车或停车后溜。

山区道路行车要尽量避免超车，需要超车时，要选择路面宽阔的缓上坡路段，开启左转向灯，提前鸣喇叭，在确认前车让行后再超越。不得强行超车，严禁在路面狭窄、急转弯、连续转弯或对面有来车等不具备条件的路段超车。

当前车遮挡视线或扬起的沙尘造成视线不清时，不能盲目超越，要与其保持较大安全距离。

山区会车时，应尽量选择路面较宽的路段，并主动减速、选择安全路段减速或停车交会。当对面来车速度较高或靠路中行驶时，应减速靠右行驶，不得加速或也靠道路中心行驶，防止发生剐碰事故。

在山区窄路会车时，还要注意礼让：

（1）在较窄的山路会车，靠山体的一方应该让行；

（2）在狭窄的坡路遇对面来车时，上坡的一方先行；但下坡的一方已经行至中途而上坡的一方未上坡时，下坡的一方先行。

5 危险路段驾驶

驾驶机动车通过傍山临崖的危险路段时，要靠右侧减速行驶。在较窄的路段靠山体一侧时，要尽量靠右侧低速行驶，遇对面有来车时，要选择安全的地点，尽量靠近山体一侧让行，做到先让、先慢、先停；在临崖一侧时，要靠右侧行驶但应尽量远离路边缘，目光不要注视悬崖，遇靠山体一侧车辆不让行时，要提前减速并选择安全的地方避让。

通过经常有落石或经常发生塌方、泥石流的山区路段时，要减速慢行，注意观察，尽快通过，不要停留。

6 隧道驾驶

山区普通道路的隧道一般比较狭窄、黑暗，路面潮湿，进出隧道，驾驶人的眼睛也会有一个明暗适应过程，因此，通过隧道时要合理使用灯光和控制车速。

隧道安全行车及逃生技巧

明暗适应

当人由黑暗环境突然进入非常明亮的环境或由光亮的地方突然进入黑暗的地方，眼睛会有短暂的“失明”现象，然后视力逐渐恢复，这个过程分别就是明适应、暗适应。眼睛的明暗适应依个人情况有所不同，一般从数秒到1分钟不等，但明适应比暗适应经历的时间短。驾驶人要充分认识明暗适应的生理特点，善于利用车辆灯光改善这种适应过程，同时注意控制车速，避免发生危险。

（1）通过仅能单车通行的窄隧道时，应提前减速，开启前照灯，观察有无对向来车，确认安全后方可通过。如发现对向有来车时，应在隧道口外靠右停车让行，待来车通过后再驶入隧道。如遇有信号灯控制的隧道时，应严格遵守红灯停车，绿灯通行的规则。

单车通行的窄隧道

（2）驶入双向通行的隧道时，应开启近光灯，靠右行驶，注意对向来车，会车时，加大横向距离低速安全会车，会车不可开启远光灯。

双向通行的隧道

（3）在双向行驶隧道内行驶，会车时应加大车辆的侧向间距，切不可在会车时使用远光灯。

注意：在隧道内尽量避免使用喇叭。

7 山路停车

在山区道路，应尽量避免停车，确需停车时，要选择平缓路段靠右侧路边停车。

当车辆因故障或其他原因在有路缘石的上坡路段临时停车时，为避免车辆后溜，可将转向盘向左转；在下坡路段临时停车时，为避免车辆前溜，可将转向盘向右转，目的是充分利用路缘石阻挡车辆溜动。

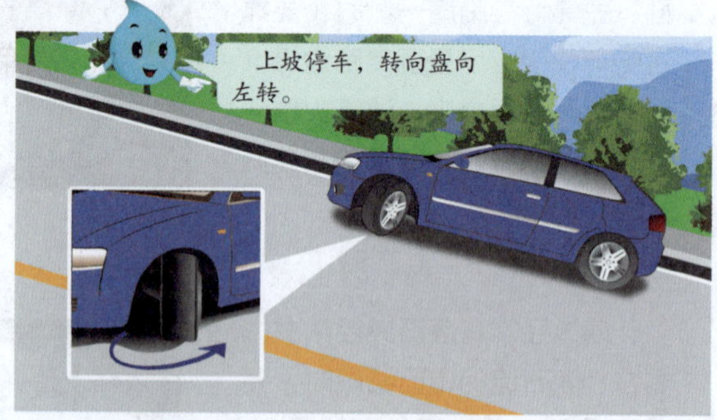

当车辆因故障不得以在上坡路段长时间停车时，要在车轮后方用三角木或石块塞住车轮，防止车辆后溜；在下坡路段长时间停车时，要在车轮的前方用三角木或石块塞住车轮，防止车辆前溜。

提示

坡道停车注意事项

（1）下坡中途迫不得已停车时，制动要比平路时提前；

（2）上坡尾随前车中途停车时，要加大与前车的纵向间距。

二 泥泞路驾驶

泥泞路驾驶

1 低速匀速行驶

泥泞路路面特别松软、黏稠，汽车行驶阻力大且车轮易滑转、侧滑。因此行至泥泞路段时，要停车察看路况，尽量选择平整、坚实或有车辙的路段通过。一般选用中低速挡位行车，握稳转向盘，稳住加速踏板匀速一次性通过，尽量避免使用行车制动器，以防止整车滑移。

2 侧滑及陷车处置

当车辆在泥泞路发生侧滑时，在松抬加速踏板的同时，将转向盘向后轮侧滑的方向适当缓转修正。

注意：切忌猛打转向盘或紧急制动。

①切忌紧急制动；
②转向盘向后轮横滑的一侧轻轻地缓转；
③慢慢地“给油”（踩加速踏板）。

当车辆不慎陷入泥泞中不能前进时，应先将车稍向后退出，然后改变车轮行进方向，挂入低速挡利用发动机的冲力驶出。车轮继续打滑时，立即停车，挖去泥浆或设法支起车轮，用铺垫柴草、碎石或在驱动轮上缠绕绳索等方式加大车轮的“抓地力”后，再尝试驶出。

三 涉水驾驶

1 察明水情

涉水驾驶中，水的浮力和流水的冲击，会使车辆驱动力的发挥受到限制，电器设备也极易受潮短路。因此遇到漫水路涉水驾驶时，要停车察明水情，对涉水的深度、水流速度和水底情况进行调查，不可冒险涉水驾驶。涉水中，特别注意减速慢行，不要注视水流的变化，避免中途停留；涉水后，间断轻踏制动踏板，以恢复制动效能。

② 驾驶要领

确认安全后，挂低速挡保持车辆足够动力，低速缓慢驶入水中，稳住方向、匀速一气通过，中途不要换挡、停车和急转向。发现车辆打滑时，切忌猛加速冲车，应在保证发动机不熄火的情况下，请他人协助指挥驶出水区。

涉水驾驶注意事项

（1）涉水行车时，不要看水流，防止视觉上判断错误导致车辆行驶方向偏移，应看远处固定目标；

（2）涉水后，擦干被水浸湿的部位，保持低速行驶，并间歇踩踏制动踏板，以恢复制动效果；

（3）通过漫水桥时，无法看清桥面或水流速度大时，不可冒险通过。确认可以通过时，最好请乘客下车步行通过。

四 通过桥梁

① 通过窄桥

行车中看到窄桥标志时，说明前方桥面变窄且宽度不超过6米，此时要减速慢行，谨慎驾驶。遇对向来车时，离桥远的一方主动让行；遇对向来车已在桥面行驶时，未上桥的一方要注意选择安全地点靠右侧让行。

② 通过跨线桥

行车中，经过一般公路跨线桥时，要注意观察桥上车辆的通行情况，提前观察标志标线，按照标志标线指引的车道和限定速度行驶。上桥后，尽量靠右侧行驶，不得在桥上超车或超速行驶。

3 通过跨江大桥

通过跨江、河、海大桥时，可能会遇到横风，要控制好方向，遵守限速规定，以防横风造成车辆行驶方向偏离。冬季雨雪后在桥上行驶时，要注意桥面结冰或残留的积雪，低速通过，以防车辆发生侧滑失控等危险情况。

稳住方向，预防横风。

注意：冬季桥面会先于路面结冰，一定要减速慢行，防止车辆发生侧滑。

五 通过施工路段

施工路段一般可用于行车的路面较窄，来往车辆较多，交通情况复杂，通过时一定要合理控制车速、谨慎驾驶。

（1）行经施工路段时，驾驶人一定要注意交通信号的提示，提前控制车速，保持好适当的安全车距，掌握好方向。施工路段有交通警察或施工人员等指挥时，要听从指挥通行；无人指挥时，要严格按照相应的指路标志、标线及作业区标志的指示通行。

（2）当本侧车道因施工封闭车道数量减少时，要提前变更车道，拥堵时要注意依次交替通行，不可抢行。在同方向只有一条车道的道路行驶，遇本侧车道施工封闭，需借用对向车道行驶时，要减速慢行，注意礼让对向来车，不要抢行。

（3）夜晚行经施工路段时，要注意灯光标志的提示，提前减速，必要时停车察看道路清况，确认安全后通过，不可贸然行驶。

第3节 夜间和高速公路驾驶

夜间行车，人的视觉特性、反应能力等生理状态发生变化，驾驶环境也变得相对复杂。高速公路行车，虽然道路条件和交通情况较好，但由于车速较高，很容易诱发险情且可能造成严重的事故后果。通过本节的学习，可使驾驶人掌握夜间和高速公路的安全驾驶方法，提高夜间和高速公路安全行车意识。

一 夜间驾驶

夜间驾驶时，受车辆、环境条件和人自身的生理特点影响，驾驶人的视力变差、视距变短、视野变窄。同时，驾驶人的观察力和判断力有所降低，这使得夜间成为交通事故高发的一个时段。因此，夜间行车一定要仔细观察、合理控制车速、正确使用灯光。

小知识

夜间视力

人的夜间视力比白天时下降，这与光线亮度有关。亮度增大，夜间视力就会提高；反之，夜间视力降低。不同的驾驶人，夜间视力差异较大，尤其是有较严重的近视、远视、散光症状的驾驶人，夜间视力下降的会更明显。此外，驾驶人还需注意：

（1）黄昏时光线较暗，不开灯则看不清楚，即使开了前照灯，因亮度与周围环境相差不大，也不易看清周围的情况，很容易引起观察失误。

（2）夜间，眼睛对黑色、蓝色等深色物体不易辨认，要特别警惕穿深色或黑色衣服的行人。

（3）夜间会车时，对向来车的灯光会使驾驶人对交通情况的辨认能力降低。

1 正确使用灯光

夜间驾驶，灯光有照明和信号两方面的作用，应根据行驶中的实际情况正确使用。

（1）傍晚黄昏时候，就应提前开启前照灯；

（2）夜间起步前，要开启近光灯，仔细观察车辆周边及道路情况，确认安全后再起步；停车时待车停稳后再关闭灯光。

夜间不同行驶条件下灯光的使用

不同行驶条件	灯光的使用
车速 <30 公里 / 小时	近光灯
照明条件差的道路、车速 >30 公里 / 小时	远光灯
与同向前车及对向来车不足 150 米时	近光灯
在风、雨、雪、雾等低能见度条件	近光灯或雾灯、示廓灯
通过无交通信号控制的交叉路口、驶近坡顶时	交替使用远、近光灯
照明条件良好的道路	近光灯

2 路面的识别和判断

夜间行车时，驾驶人的视线仅限于前照灯照射范围内，很难观察到灯光照射区域外的情况，因此驾驶人应合理控制车速，同时可以通过灯光位置的变化来识别和判断路面的情况。

（1）灯光照射距离由远变近，前方路况可能是：进入一侧有山体或屏障的弯道、到达坡道的低谷地段、驶近或驶入上坡道。

（2）灯光照射距离由近变远，前方路况可能是：弯道变为直路、进入下坡道、缓下坡变为陡下坡或由下坡道驶入平路。

（3）灯光照射离开路面，前方道路可能是：急转弯、路面有大坑或到达坡顶。

（4）灯光照射由路中移到路侧，前方道路可能是：一般弯道或连续弯道，当是连续弯道时灯光会随之从道路的一侧移到另一侧。

3 跟车、超车、会车、停车

夜间跟车行驶时，要使用近光灯，保持安全距离，注意观察前车信号灯的变化，随时做好减速或停车的准备。跟车时不得使用远光灯，同时要提防路侧黑暗处的行人，防止其突然横穿。

夜间会车前，应当在距对向来车 150 米之外改用近光灯。遇对向车辆不关闭远光灯，可交替使用远、近光灯提示对向车辆，当对向来车仍不关闭远光灯时，要及时减速靠右侧行驶或停车让行。在窄路、窄桥与非机动车会车时，应当使用近光灯。

小知识

夜间会车对向来车一直开远光灯怎么办？

（1）交替使用远近光灯提示对方，不要开启远光灯对射；

（2）不要直视对向车辆的灯光，视线向右避开，以防眩光刺眼；

（3）在不确定前方和右侧道路交通情况时，要停车让行，不可盲目前行或靠右让行，以防撞上路边的行人、非机动车等。

夜间在复杂的交叉路口或有人行横道的路口会车，要使用近光灯；近距离会车时，务必要警惕两车灯光交汇处（视线盲区）的危险，随时注意观察行人和非机动车的动态，以免交汇处有行人或非机动车横穿道路。

小知识

违法使用远光灯的危害

夜间不按规定使用灯光，尤其是会车不关闭远光灯，会使得对面车辆驾驶人因强烈灯光照射造成炫目而无法看清前方道路情况，导致操纵失控，发生车辆之间碰撞或车辆碰撞行人、非机动车的事故。

夜间行车应尽量避免超车，确实需要超车时，要先变换远、近光灯提示前车，待前车让行后方可超越；遇前车不让行时，不得强行超车。

夜间行车，看到后方来车的灯光越来越近，且来车发出超车信号时，要减速让行，有条件时靠右侧让路，不能盲目让超。

夜间车辆发生故障时，要尽量选择安全区域停车，开启危险报警闪光灯、示廓灯和后位灯，按规定设置警告标志，车上人员应该转移到安全地点，不要在车内停留。

4 通过交叉路口和人行横道

夜间通过照明良好的城市交叉路口时，应提前选择行驶车道，减速慢行，并按交通信号灯的提示通行。

夜间通过视线较差的交叉路口时，应在离路口150米以外，变换远、近灯光提示来往的车辆和行人，并低速通过。在路口转弯时，应该在离路口30～100米时关闭远光灯，开启近光灯和转向灯，进入路口前降低车速，不断变换远、近光灯，确保安全通过。

夜间通过人行横道或者没有交通信号灯控制的路口，应在距路口约100米处减速慢行，并且交替使用远、近光灯示意，停车瞭望确认安全后，低速通过，同时要注意黑暗中的行人和非机动车。

5 通过弯道和坡道

夜间通过比较急的弯道时，在距弯道约150米处，交替使用远、近光灯示意；转弯时要关闭远光灯，开启近光灯，降低车速并且靠右侧行驶，同时随时做好停车的准备。通过连续弯道时，应该持续使用远、近光灯示意，并且注意观察弯道的尽头，适时调整行驶方向，确保安全。

夜间通过上坡路段时，应该提前加速冲坡，交替使用远、近光灯示意，提醒对向来车和行人注意。车辆靠近坡顶时，要合理地控制车速，将远光灯换为近光灯，以防引起对向来车驾驶人炫目，导致车辆失控。下坡行驶时应该开启远光灯，以增大视线范围。

二 高速公路驾驶

高速公路上车辆行驶速度高，驾驶人视野变窄、制动距离增加、车辆稳定性下降，可能会突遇违法的行人和车辆等障碍，此时任何一点小的差错都可能引发严重的交通事故。因此在高速公路行车，一定要特别注意安全。

1 驶入高速公路

1）收费口取卡

车辆驶近高速公路收费站时，要严格遵守限速规定，选择通道上方绿灯亮且车辆较少的收费口，依次排队通过，切勿争道抢行。在设有电子不停车收费系统（ETC）的收费站，贴有电子标签的车辆要与前车保持一定距离，提前观察并选择ETC通道，可在20

公里的时速内不停车直接通过ETC专用车道的收费口。

进入收费口，尽量将车身靠近收费亭，驾驶室门窗对齐收费窗口时停车，在入口处领到通行卡后，要妥善收存好，以备出口时交回通行卡和缴纳通行费。

2）进入匝道

通过收费口后，要注意观察指路标志标线，按照自己的行驶路线，正确选择驶入的匝道，进入匝道后要尽快提高车速，但不能超过交通标志限定的速度。

注意：在匝道内不许超车、掉头、停车和倒车。

3）驶入行车道

驾驶车辆从匝道驶入加速车道后，要开启左转向灯，尽快将车速提高到60公里/小时以上，仔细观察行车道上车辆行驶情况，选择驶入行车道的时机。不得在加速车道内紧急制动或停车。

从加速车道驶入行车道时，要注意观察行车道内的情况，在车辆稀少时从正常行驶车辆后方驶入行车道；遇正常行驶车辆尾随相距较近时，应控制好车速，在所有车辆通过后再驶入行车道，不得迅速从中间插入。**一定要注意**：不得从匝道直接驶入行车道；从加速车道驶入行车道时不得影响其他车辆的正常行驶。

小知识

图解如何正确驶入高速公路

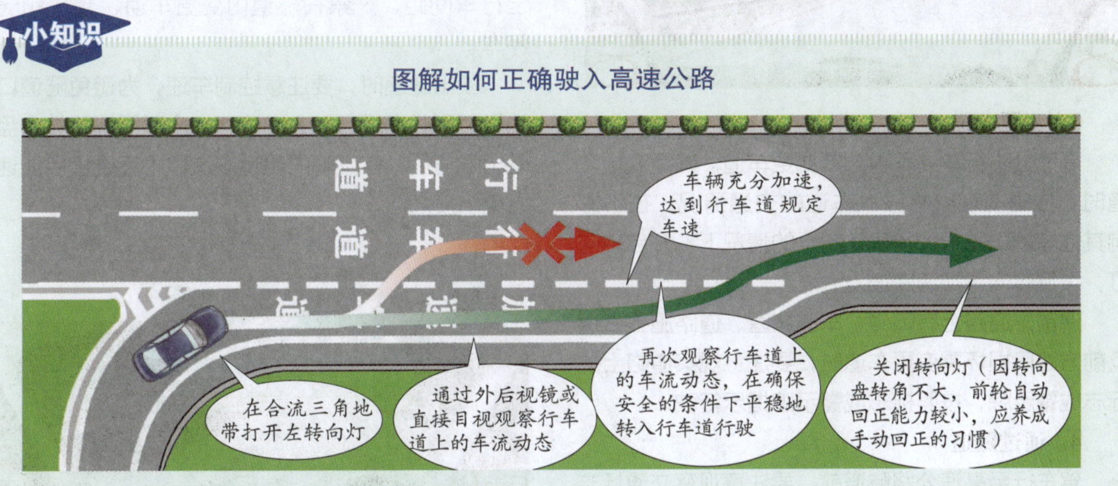

2 高速公路安全行车

1）分道限速行驶

在高速公路行车道行驶，要严格遵守“分道行驶、各行其道”和限速规定，根据车辆行驶速度正确选择行车道，不得随意穿行越线，不准骑、轧车行道分界线，不得占用应急车道。有限速标志的路段，严格将车速控制在限速范围内。

高速公路限速规定

道路条件	限速规定
高速公路通用	小型载客汽车，最低60公里/小时，最高120公里/小时
同方向有2条车道的	左侧车道最低车速为100公里/小时
同方向有3条以上车道的	最左侧车道的最低车速为110公里/小时，中间车道的最低车速为90公里/小时
限速标志标明的车速与车道行驶车速的规定不一致	按照限速标志标明的车速行驶

2）保持安全距离

高速公路上每隔一段距离，就专门设有为驾驶人确认行车间距的安全间距确认路段，此路段可辅助驾驶人确认时速100公里时与前车的距离是否安全；当车速超过100公里/小时时，与前车的距离应大于100米；车速低于100公里/小时时，与前车的距离可适当缩小，但不得低于50米。正常情况下，在高速公路上行车，与前车纵向安全距离（米）应大于车速值（公里/小时）。

3）变更车道

高速公路行车，不得频繁变更车道。确需变更车道时，应提前观察将驶入车道的交通情况，在不影响其他车辆正常行驶且确认安全的情况下，开启转向灯，缓慢转向，加速变道。

遇前方道路上有障碍、车道堵塞、道路施工占道及前方路段损坏需变更车道时，要注意观察道路上的标志或警示牌，按照标志或警示牌指示行驶。

4）通过隧道

驾车行至高速公路隧道前，要注意观察交通标志和情报板的提示，提前50米左右开启前照灯、示廓灯、后位灯，同时按照限速标志要求调整车速。密切注意隧道内的交通情况，防止隧道内有事故或有因故障停驶的车辆。

进入隧道后，驾驶人要看向前方远处，不要看两侧隧道墙壁，以防眩晕。同时，要与前车保持安全行车间距。严禁在隧道内变更车道、超车和随意停车。

驶出隧道时，要注意控制车速，为避免隧道口外的横风引起车辆行驶方向偏移，应双手握稳转向盘。驶出隧道后，在眼睛的明适应过程中不要盲目加速，以免引发危险。

隧道内车辆发生故障或交通事故时的处置

（1）只要还能继续行驶，尽可能把车驶出隧道。当车辆无法驶出隧道时，要设法将车移到紧急停车带内；

（2）及时开启危险报警闪光灯，在车后方150米以外设置警告标志，车上人员必须立即离开车辆转移到安全地带，并迅速报警。

3 高速公路故障停车

高速公路行车应选择到服务区停车，不得在应急车道内停车。

高速公路故障停车

文明使用应急车道

应急车道，是专门供工程救险、消防救援、医疗救护或民警执行紧急任务等处理紧急事务的车辆使用的，其他车辆在非紧急情况下不得在应急车道内行驶或停留。

目前，节假日期间，高速公路上拥堵时，社会车辆占用应急车道行驶或停车的现象很普遍，这不仅不文明，也是违法行为。一旦前方道路上发生交通事故，有急需救援的人员或车辆，此时应急车道就成了"生命通道"。为此，大家一定要遵守法规、文明行车，非紧急情况不得使用应急车道，为他人让出"生命通道"。

当车辆发生故障必须停车时，应控制好车速，观察前后及右侧交通情况，开启右转向灯，尽快驶离行车道，将车停在紧急停车带或应急车道内。切不可紧急停车，更不要在行车道内停车。

停车后，立即开启危险报警闪光灯，夜间还要开启示廓灯和后位灯，在车后150米以外设置警告标志，车上人员要迅速转移至车右前方护栏以外的安全地带，面向来车方向并迅速拨打紧急电话求援或报警。

若车辆短时间内修复后返回行车道时，应在应急车道内将车速提高至60公里/小时以上，开启左转向灯，在不妨碍其他车辆正常行驶的情况下驶入行车道。

高速公路上如何确定自己的位置

高速公路发生交通事故或紧急情况停车需报警时，要描述自己的准确位置，需要三个信息：高速公路名称、行驶方向、里程位置。一般，驾驶人很明确自己行驶的是哪条高速和行驶方向，然后可通过里程牌和百米牌来准确定位。

里程牌和百米牌比较小，一般设置在道路两侧的护栏上，里程牌每隔1公里设置一个，百米牌每隔100米设置一个。例如根据上图，可确定位置为：G15高速1592公里800米处，然后驾驶人说明自己的行驶方向即可。

4 驶离高速公路

（1）驶入减速车道。驾驶人要注意提前观察出口预告标志，一般在出口前2公里、1公里、500米处都有出口预告标志。当看到出口2公里预告标志后，逐渐向右变更至最右侧车道行驶。在距出口500米时，打开右转向灯，适当减速，平顺地进入减速车道。

（2）进入匝道。车辆进入减速车道后关闭右转向灯，注意观察车速表，逐渐减速后进入匝道，车速不得超过限速标志标明的速度。也不得未经减速车道直接驶入匝道。

（3）安全驶离。控制车速，通过收费站。在此后的一段时间内，驾驶人对车速的判断会有偏差，即“速度错觉”，因此不要单纯凭感觉判断车速，一定要通过观察车速表来判断车速，以适应一般道路行驶。

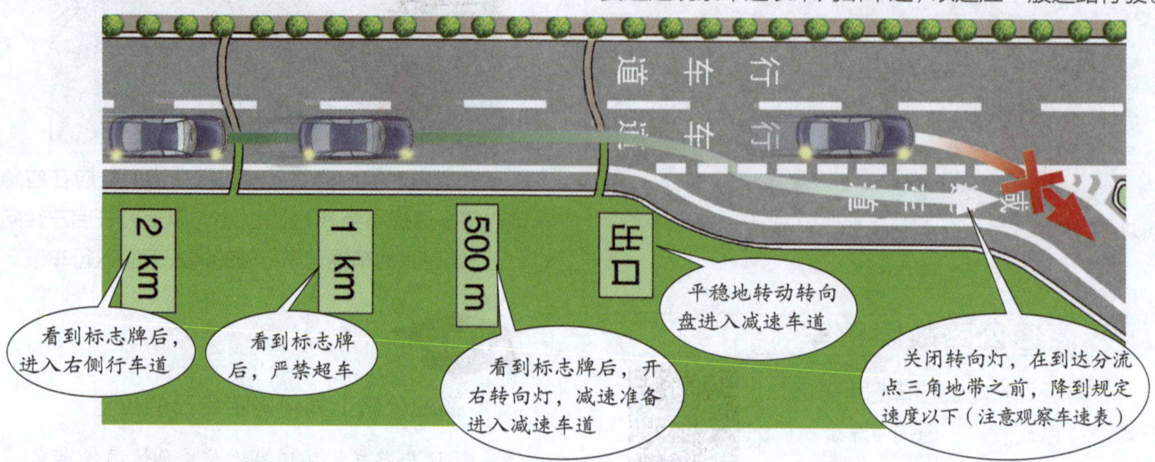

高速公路行车注意事项

（1）如果因疏忽驶过出口，只能继续向前行驶至立交桥掉头或在下一出口驶出高速公路后掉头，不得紧急制动。即便是刚刚错过出口且距下一出口很远，也不得掉头逆行或倒回出口。

（2）雾天在高速公路遇事故不能继续行驶时，驾驶人应开启危险报警闪光灯和雾灯，尽快离开机动车，站到防护栏以外，沿高速公路向后走150米左右放置警告标志，在高速公路内迎着来车放置警告标志非常危险。

高速公路典型险情预防

（1）高速公路长时间行车，驾驶人容易出现注意力分散、知觉减弱、反应迟钝、放松警惕、昏昏欲睡的“高速催眠”现象，因此要间歇到服务区休息调整。

（2）高速公路出入口附近，其他车辆危险行为较多，是事故多发路段，要提高警惕。尤其要警惕出入口处低速行驶、突然变更车道和紧急制动的车辆，同时注意是否有停止、掉头或逆行的车辆。

（3）在高速公路上行驶，要注意观察远方，提前发现和避让闯入高速的行人、动物及其他车辆散落的货物等障碍物。

第七章

紧急情况处置

本章主要介绍行车中遇到各种紧急情况的避险知识、交通事故现场处置及伤员急救知识，帮助驾驶人安全避险，正确处理交通事故，减少事故伤害。

第1节 紧急避险知识

驾驶机动车在道路上行驶，可能会突然遇到一些紧急情况，如轮胎漏气或爆胎、制动失效、转向失控及高速公路意外碰撞护栏等，掌握各种情况下的紧急避险知识，可以有效避免事故或降低损失。

一 通用避险知识

1 紧急情况下的避险原则

（1）驾驶机动车遇紧急情况避险时，要沉着冷静，坚持“先避人后避物”的处理原则。

（2）在车速较高时遇紧急情况，要坚持“先制动减速、后转向避让”的原则，不要轻易急转向，否则极易造成车辆侧滑或倾翻。

2 轮胎漏气、爆胎

车辆轮胎气压低于正常值时，装备胎压报警系统的车辆会发出低压警报。没有装备胎压报警系统的车辆，可以通过以下几点判断轮胎气压是否低于正常值：

（1）低速行车时，如果发现转向盘向一侧偏转，可能该侧车轮存在漏气现象；

（2）高速行车时，如果车身出现颠簸现象，则有可能存在轮胎漏气问题；

（3）当轮胎气压过低时，轮胎侧面会与地面摩擦发出拍打地面的声音，驾驶人甚至能闻到橡胶的焦煳味。

车辆高速行驶时，若轮胎气压过低，会出现波浪变形、温度升高极易导致爆胎。发现轮胎漏气或气压过低时，要平缓制动减速，尽快驶离主车道，不要紧急制动，以免造成翻车或后车制动不及时导致追尾事故。

行驶当中遇到突然爆胎，双手要紧握转向盘控制住方向、松抬加速踏板，尽量按既定路线行驶，然后用力间断踩踏制动踏板减速，直至平稳停车。爆胎瞬间切忌猛打转向盘和紧急制动，否则容易造成车辆侧滑或侧翻。

后轮爆胎时，要先控制行驶方向并平缓减速；前轮爆胎时，在控制住行驶方向后，采取抢挂低速挡的方法减速停车。

如何预防爆胎？

（1）每次行车前检查胎压是否正常，轮胎表面是否扎有异物；

（2）胎面磨损到小三角标志或轮胎花纹里的标记线或达到保质期时，必须更换新胎；

（3）季节更替时不可随意变更轮胎的气压；

（4）要选用同一品牌同一型号的轮胎；

（5）行驶中，应尽量避免碾压、碰撞、剐蹭坚硬的物体以及液体。

3 制动失效

车辆行驶中制动突然失灵时，要迅速开启危险报警闪光灯，握稳转向盘控制方向，抢挂低速挡减速，使用驻车制动器配合减速，但驻车制动器不能一次拉紧。

下坡路行驶中制动突然失效时，要迅速逐级或越一级减挡，利用发动机牵阻作用控制车速，迅速利用避险车道减速停车或向上坡道方向行驶。不可采用迅速拉紧驻车制动器操纵杆或越多级减挡的方法减速停车。

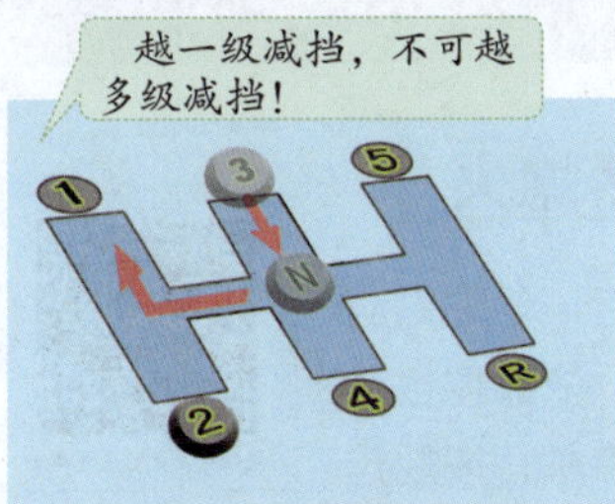

下坡行驶中制动突然失效时，在不得已的情况下，可将车身靠向山坡、路旁的岩石、树木或护栏碰擦，迫使机动车减速停车。

预防机动车制动失效的有效措施是定期维护制动系统，行车前注意检查制动踏板的自由行程和制动液压，行车中正确使用制动，防止出现热衰退现象。

4 转向失控

高速行驶的车辆，在转向装置失控的情况下紧急制动，很容易造成翻车。机动车转向装置突然失控后，若前方道路条件能够保持直线行驶，要迅速开启危险报警闪光灯，抢挂低速挡或合理使用行车制动和驻车制动减速停车，避免紧急制动。

驾驶装有助力转向的机动车发现转向困难时，要停车查明原因。行驶过程中遇到转向突然失控、行驶方向偏离，事故已经无可避免时，要果断地采取紧急制动，也可果断地连续踩踏、放松制动踏板，尽量缩短停车距离，减轻撞车强度。

5 碰撞

行车中，车辆碰撞容易造成严重的事故后果，因此应尽力避免碰撞。

通常，车辆的侧面碰撞安全防护性能明显弱于正面碰撞安全防护性能，所以车辆撞击无法避免时，驾驶人应当尽力避免侧面碰撞。

当与前方机动车或障碍物发生正面碰撞已不可避免时，应迅速采取紧急制动，减轻碰撞力度。若与对向来车不可避免地发生正面碰撞且碰撞位置在正前方时，驾驶人要迅速离开转向盘，往副驾驶位置躲避，迅速将两腿抬起。若发生撞击的位置不在驾驶人一侧或撞击力量较小时，驾驶人应紧握转向盘，两腿向前蹬，身体紧靠座椅。

避免碰撞的三种方法

不同路面、不同车速情况下，避免碰撞的方法不同，主要有：先制动后转向，边制动边转向，先转向后制动三种。

（1）在高速公路上发生碰撞前一定要采取先制动，然后再考虑转向躲避。

（2）在机动车与非机动车、行人混杂的城市快速路或国道上，由于车速比较慢，所以可以采取边转向躲避边制动的方式避免碰撞。

（3）在城市道路中车速相对比较慢，车辆距障碍物很近时，为了避免发生碰撞，一般先转向躲避后制动。因为这种情况下一般没有减速的时间和空间。

6 侧滑

车辆在发生侧滑时，对于配备ABS的车辆，应将制动踏板踩到底；对于没有配备ABS的车辆，应采取轻踏制动踏板或间断制动的方法减速。制动时，前轮抱死车辆会丧失转向能力，后车轮抱死会出现侧滑甩尾的情况。即使配备ABS系统的车辆，踩死制动踏板后虽然仍有方向，但已与正常情况不同，会出现打滑或转向不灵敏的情况，因此，不应过分依赖电子设备。

驾驶机动车在泥泞路行车、冰雪路面转弯，速度过快时容易发生侧滑。前轮侧滑时，要向侧滑相反方向转动转向盘；后轮侧滑时，要向侧滑方向转动转向盘。在泥泞路发生侧滑时，要向后轮侧滑的方向转动转向盘适量修正。

7 连续倾翻

导致车辆倾翻的原因主要有：车速过快、发生碰撞、车辆驶离路面、高速行驶时急转方向四种。当车辆发生连续倾翻时，驾乘人员应尽可能地抓住车内固定的物体，例如转向盘、座椅后背等，尽量不在车内发生翻滚和碰撞，同时注意避免因车体变形而使身体遭受挤压。在车辆稳定后，驾驶人应第一时间将发动机熄火，防止车辆发生自燃和爆炸。然后稳住身体，迅速解开安全带，从车门或破碎的车窗逃出车辆。

8 发动机突然熄火

发动机熄火的应急处置

发动机突然熄火后，驾驶人应开启危险报警闪光灯，依靠惯性，将车辆驶向右侧靠边停车，按规定在车后放置警告标志，然后查明原因，决定当场修理或是重新起动发动机。

发动机突然熄火后，在车辆惯性行驶中不要再次起动发动机，因为在重新起动的过程中容易出现操作失误，导致转向盘锁死，这时若前方有障碍物需避让时，则无法躲避。

小知识

如何预防发动机突然熄火？

日常行车，应注意检查车辆行驶时是否稳定、加速是否正常、发动机工作时是否有异响，应定期做好车辆维护工作。建议驾驶人除车辆行驶公里数达到维护的标准外，每年应在秋冬与春夏换季之际进行维护。同时注意使用车型要求的燃油，不得擅自加注低标号或高标号的燃油。

9 车辆着火

（1）发动机着火时应迅速停熄发动机，用灭火器或覆盖法灭火。不得开启发动机罩后灭火，因为这样做可能会因大量空气进入而加大火势。

发动机着火的应急处置

（2）车辆燃油着火时，应当使用灭火器或路边砂土、棉衣等覆盖法灭火，不能使用水灭火。因为燃油比水轻，当水与燃油接触后，水不但不能覆盖住燃油，反而将承载燃油四处流淌扩展火势。

（3）车辆发生火灾时，应设法将车辆停在远离人群、建筑物、树木、车辆及易燃物的空旷地带，及时把事故情况和地点通报给救援机构。高速公路行车发生火灾时，不得将车辆驶进服务区或停车场灭火。

（4）使用灭火器救火时，人要站在上风处，灭火器瞄准火源。救火时，不要张嘴呼吸或高声呼喊，以免烟火灼伤上呼吸道。灭火时，应注意脱去所穿的化纤服装；对于外露的皮肤，也应注意保护。

（5）含酒精的防冻液着火时，可立即用水浇泼着火部位，以冲淡酒精防冻液的浓度。驾驶人在逃离起火车辆前，应关闭点火开关。

小知识

车载灭火器的使用方法及注意事项

小型汽车上使用的车载灭火器一般为手提式干粉灭火器，它的使用方法为：

第一步：拔出保险销，提起灭火器；

第二步：用力压下压把，将灭火器喷嘴对准火焰根部喷射。

平时要注意检查灭火器压力表处于绿色区域且在保质期内。在使用灭火器时应注意保持灭火器成正立状态；灭火时要注意站在上风口处，向着下风向喷射，同时注意与火源保持一定距离，以免烧伤。车载灭火器只能扑灭初期小火，火势较大时，驾乘人员应及时远离并拨打 119 火警电话。

10 车辆落水

车辆落水后，要尽快设法打开车门或摇下车窗逃生。如果车门因水压太大无法开启时，要等到水快浸满车厢时，再设法开启车门或摇下车窗玻璃逃生。如果车门无法开启且车窗无法摇下时，驾驶人可以利用车内的安全锤或螺丝刀等坚硬物品敲击车窗四个边角破窗逃生。如果车内无可利用的坚硬物品，驾驶人可以拆下座椅头枕，将头枕的钢棍插入车窗下方的玻璃与车门的缝隙之间，采用撬玻璃的方式破窗逃生。

车辆落水后，切记不能迅速关闭车窗阻挡车内进水，一定要为自己留出逃生窗口；也不要用打电话告知救援人员的方法等待救援，一定要保持冷静，

充分抓住逃生时机，以设法逃生作为第一准则。

有些车辆可以从车厢内直接进入行李舱，紧急情况发生时，可以从内部打开行李舱逃生。这需要驾驶人平时要注意阅读车辆的使用说明书，提前了解车辆的紧急逃生方式，并熟知熟记。

紧急破窗逃生首选侧面车窗

驾驶人紧急破窗逃生时，应首选侧面车窗逃生。因为前风窗玻璃较厚，且多为夹层玻璃，很难敲碎，即使敲碎也不易大面积脱落快速形成逃生出口，而侧面车窗玻璃相对前风窗玻璃厚度小，更容易敲碎。此外，破窗时应选择玻璃的边缘或四角进行敲击。

二 高速公路避险知识

1 高速公路紧急避险原则

（1）在高速公路上遇紧急情况，应坚持“先避人后避物”的原则。发现突然有人或动物横穿时，应果断采取损失小的避让措施。紧急避险措施不应超过必要的限度，造成不应有的损害。

（2）在高速公路上发生紧急情况，应首先采取制动减速，使车辆在碰撞前处于停止或低速行进状态，以减小碰撞损坏程度，不要急转方向避让，以免车辆侧滑或倾翻。

2 雾天遇事故

大雾天在高速公路遇事故不能继续行驶时，须开启危险报警闪光灯和尾灯，按规定在车后设置警告标志。驾乘人员尽快从右侧车门下车离开车辆并尽量站到防护栏以外安全的地方，不得在高速公路上行走。

雾天在高速公路上行驶，很容易发生连环追尾事故，驾驶人一定要提前仔细观察，降低车速、加大跟车距离，及早发现前方异常情况，采取有效措施避让。

3 遭遇横风

遇横风时的应急处置

车辆行至隧道出口或凿开的山谷出口处，可能遇到横风，应注意提前防范。当遭遇横风时，驾驶人应双手握紧转向盘，向来风的一侧适当修正，并且力度要轻，不要急打转向盘。同时应降低车速，防止高速行驶造成车辆失控。

冬季由于温差的效应，桥梁、涵洞的路面极易结冰结霜，车辆在横风的作用下更容易发生侧滑。因此，在冬季行车时，尤其要注意桥梁、涵洞的路面状况，谨慎驾驶。

4 “水滑”

雨天在高速公路行驶时易发生“水滑”现象，驾驶人应保持较低的车速行车。发生“水滑”现象时，应握稳方向，逐渐降低车速。不得迅速转向或急踏制动踏板减速。

5 意外碰撞护栏

在高速公路驾驶机动车意外碰撞护栏时，要稳住方向，适当向碰撞一侧转向，不可乱打或急打转向盘，否则可能导致车辆连续碰撞两侧护栏，甚至发生倾翻事故。

在高速公路行驶时发生碰撞护栏的事故后，如果车辆受损不严重，应将车移到应急车道安全停车。

6 紧急情况停车

在高速公路上遇车辆故障或者发生事故等紧急情况时，要尽可能地将车辆停到应急车道内，立即开启危险报警闪光灯；如果车辆难以移动，则应迅速打开危险报警闪光灯。然后，在来车方向150米外设置警告标志，同时驾乘人员都应尽快从车辆安全的一侧离开转移至护栏外避险，不要因紧急避险造成二次事故或更大的损失。

注意：不能在行车道上检修车辆；不得在高速公路上停车上下人员或装卸货物。

第2节 交通事故现场处置及伤员急救知识

驾驶机动车在道路上，发生交通事故或遇到周围车辆、行人发生事故时，驾驶人要掌握交通事故现场处置方法，同时驾驶人应具备基本的伤员急救知识，在专业救护人员到来之前做好自救、互救。

一 交通事故现场处置

驾驶机动车在道路上发生交通事故，未造成人身伤亡或仅造成轻微财产损失，基本事实清楚，当事人对事实及成因无争议的，可以即行撤离现场，恢复交通，自行协商处理损害赔偿事宜。在交通事故当中，有第一章第三节“8.交通事故处理”的“2）报警处理”（第26页）内容中所列情形的，应迅速报警，请交通警察进行处理。

驾驶机动车在道路上发生交通事故，驾驶人应立即停车，保护现场，迅速报警。同时，做好现场安全防护，开启危险报警闪光灯，按规定在车后设置警告标志，防止二次事故的发生。夜间还应当同时开启示廓灯和后位灯。车上有其他乘员时，应尽快疏散乘员到安全地带避险，同时也要注意自身的安全，迅速离开车辆和行车道。如果事故中有人员受伤需要抢救时，应及时将伤者送往医院或拨打急救电话。因抢救受伤人员需要变动现场时，要标明位置。

驾驶机动车遇前方他人发生交通事故需要帮助时，要协助保护现场，并立即报警。

二 伤员急救知识

1 现场救护原则

现场救护争分夺秒，然而操作不当也可能加重伤员的伤情，甚至造成死亡，因此现场救护需要遵循以下几个原则：

（1）安全原则。在进入事故现场施救之前，要先观察现场环境是否安全，排除安全隐患后才能进入现场开展救护。

（2）避免二次伤害原则。受伤者在车内无法自行下车时，可设法将其从车内移出，尽量避免二次受伤。对于没有救护知识或经验的人员，不得盲目施救，对伤员生拉硬拽很有可能对伤员造成二次伤害。在没有把握时，应保护好现场，等候医护人员的到来。

（3）先救命后治伤原则。在事故现场抢救伤员的基本要求是先救命后治伤。遇重特大事故有众多伤员需送往医院时，处于昏迷状态的伤员，首先送往医院；颈椎受伤的伤员最后送往医院。

（4）争取时间原则。现场处理要把握急救白金十分钟的时效性，既要缓解伤员的痛苦，还要预防进一步的病症和损伤，减少发病和死亡。

发生事故后除报警外，还可以寻求周围路过的车辆和人群帮助救护、保护现场。

如何正确地拨打急救电话?

拨打120急救电话或122事故报警电话，必须清楚地回答接线员所问的问题，包括告知其发生事故的时间、地点、伤者人数、发生了何种事件等，如了解伤员的以往疾病也应一并告知，且应告知明确的接车地点。最重要的是，当对方允许挂电话时才可挂断电话。

2 检查伤情

急救人员在对伤员实施具体的救护措施之前，应首先对伤员的全身进行检查，顺序依次是头、颈和气管、胸、腹、背、髋、下肢和上肢。对于昏迷失去知觉的伤员，要先检查伤员呼吸，再进行救护。

3 失血伤员救助

1）止血方法

面对伤员出血，急救人员应首先抬高伤员的下肢，保证心、脑、肝、脾、肾等器官暂时不缺血。此时应注意，当伤员存在颅内出血时则禁止抬高下肢，应保证伤员呈坐位。

（1）直接压迫止血法是最直接、最简单、最有效的制止外部出血的方法。在给自己止血时，可以立即用手压住伤口。在给他人止血时，最好用不透水的手套进行隔离，以免感染疾病。压迫止血使用的敷料要够厚、够大。将敷料盖于伤口，压迫止血。如果持续出血，则需要加更多的敷料，用更大的力量压迫，直至医生到达。现场急救不建议使用止血带止血。

（2）伤员较大动脉出血时，可采用指压止血法，用拇指压住伤口的近心端动脉，阻断动脉运动，达到快速止血的目的。

（3）颈总动脉压迫止血法，常用于伤员颈部动脉大出血而采用其他止血方法无效时使用。

（4）伤员上肢或小腿出血，且没有骨折和关节损伤时，可采用在腋窝、肘窝或腘窝加垫屈肢止血法止血，不可采用加压包扎止血法止血。

救助失血过多出现休克的伤员，要采取保暖措施，防止热损耗。

2）包扎方法

包扎时应尽量使用绷带、三角巾或其他干净的棉织物、毛巾、手帕、床单、长筒尼龙袜子等代替，避免伤口感染。

浅层伤口及擦伤应该先用大量常温、清洁的水彻底冲洗，直至伤口没有异物。需要缝合的伤口禁止冲洗，更不可向伤口内涂抹或喷洒任何药物，以免给后续治疗造成困难。在事故现场进行包扎后应该立即去医院进行专业治疗。

包扎打结时，应避免压迫伤员的伤口、眼睛、女性乳头及男性生殖器部位，以免造成不适。

包扎的力度应适中，以包扎部位无活动性出血，肢体末端血液循环良好为度。包扎完毕后要观察肢体末端血液循环情况，并及时调整松紧度。

4 骨折伤员救助

1）普通骨折伤员救助

抢救骨折伤员时，为防止骨折伤员休克，不要移动伤员身体的骨折部位。对无骨端外露骨折伤员的肢体，用夹板或木棍、树枝等固定时要超过伤口上、下关节。伤员骨折时在条件允许的情况下一般就地固定，不要随便移动伤者。伤员骨折处出血时，先止血并消毒包扎伤口，然后再固定。伤员四肢骨折有骨外露时，不要还纳，可用敷料包扎。

2）颈椎骨折伤员救助

当伤员反应颈部疼痛，或发现伤员颈部自然弯曲发生改变、仰卧时颈部塌于地面或伤员颈部皮肤有皮下淤血时，说明伤员可能发生颈椎骨折。此时严禁直接搬动伤员或者通过按压等手段检查颈部，应使伤员尽量静止不动，等待急救员的到来。当人体的颈椎骨折时，救治不当可导致颈椎以下所有部位瘫痪。

3）脊柱损伤伤员救助

对于脊柱损伤的伤员，如果搬运不当则会造成二次伤害，因此如果救助人员无法判断伤员的伤情，一般不要对伤员进行搬运。如果情况紧急，如周围发生火灾或即将发生爆炸，不得不对伤员进行搬运时，对脊柱骨折的伤员要用三角巾固定。移动脊柱骨折的伤员，切勿扶持伤者走动，应由 3 名人员把手托放在伤员身下，一起将伤员抬上硬担架运送。

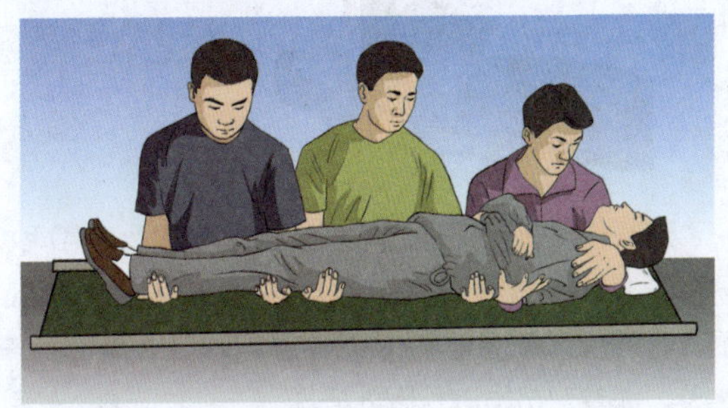

5 昏迷伤员救助

1）将伤员摆至稳定侧卧位

当伤者昏迷时，对于不存在疑似脊柱、髋部或骨盆损伤的伤者，可以将其摆放至稳定侧卧位，即恢复体位，并拨打急救电话，尽早送医院治疗。

因情况紧急，需要对昏迷伤员进行搬运时，要采用侧卧的方式进行搬运。

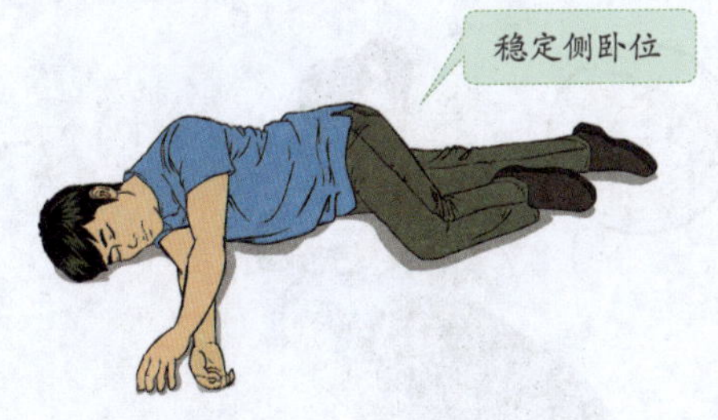

2）心肺复苏

急救人员在对伤员进行心肺复苏之前，需要表明身份，在征得亲属或周围人同意的情况下才可施救，并请求周围人拨打急救电话或协助自己，如果知道附近有自动体外除颤器（AED）时，可同时请人去取 AED。

进行救助时，急救人员可以跪在伤员的任意一侧，使自身的身体中轴对准伤员两乳头连线，距离伤员 10 厘米，两腿分开与肩同宽。

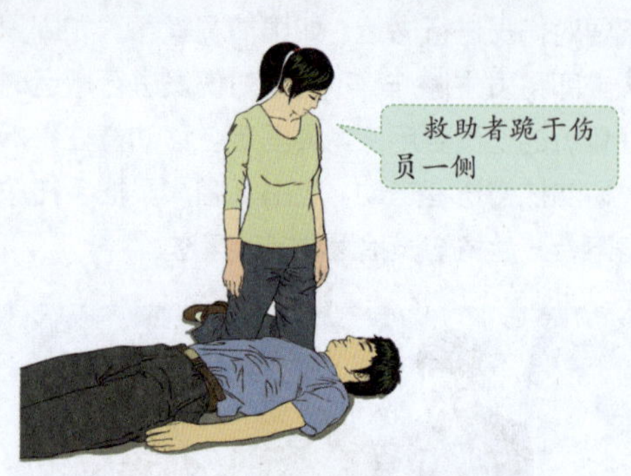

判断伤员有无呼吸时可观察伤员腹部 5 ~ 10 秒，没有呼吸或无效呼吸时，立即进行胸外心脏按压。无效呼吸又称叹息样呼吸或喘息样呼吸，是非正常呼吸，需要对伤员进行胸外按压。

胸外心脏按压的具体操作方法是将掌根放在胸部中央胸骨下 1/2 段，中指对准乳头，双掌根重叠十指相扣，肘关节伸直，垂直向下按压 30 次，深度至少 5 厘米，但不超过 6 厘米，每次按压应确保胸廓完全回弹，放松时掌根不离开伤员胸部，并且按压和放松的时间相等。

注意：成人按压次数为：每分钟至少 100 次，但不超过 120 次。

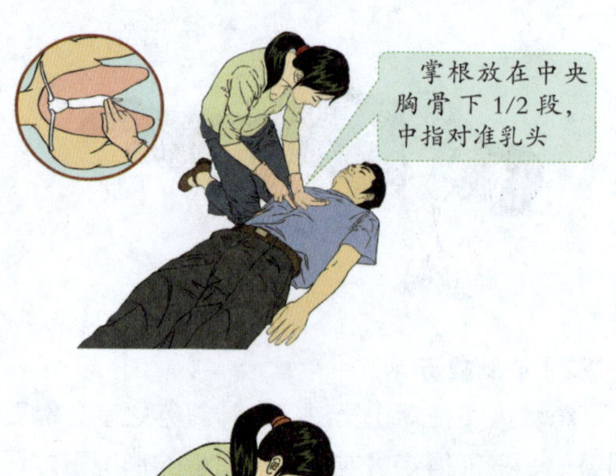

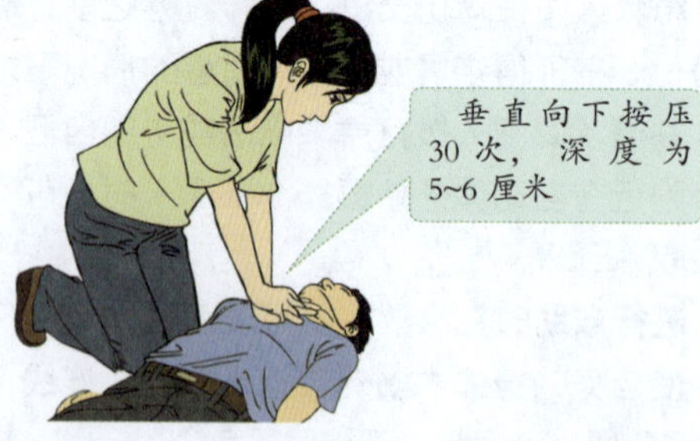

对伤员进行口对口人工呼吸，首先要打开伤员气道，急救员一只手压住额头，另一只手的中指和食指提下颏，直到鼻孔朝天。捏住鼻孔、包严嘴，缓慢吹气，吹气时间应超过 1 秒钟。吹气时，眼睛同时斜视胸廓，直见胸部明显隆起即可。两次吹气后，再次进行胸外心脏按压。如此循环直至患者恢复自主循环或有人接替实施心肺复苏。

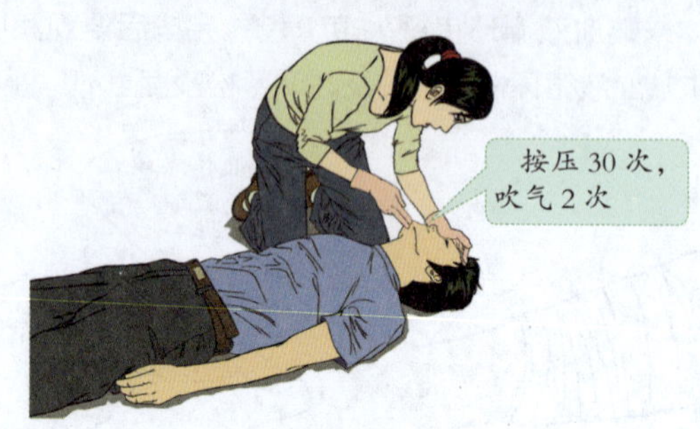

6 中毒伤员救助

救助有害气体中毒伤员时，要在第一时间迅速将伤员移到有新鲜空气的地方，以防止继续中毒。

7 烧伤伤员救助

在现场对烫伤进行处理时应首先考虑尽快降温，可以用流动的常温清水持续冲洗烫伤部位，直到不红、不疼、不起泡为准。流动干净的水可以防止伤口感染，并且持续冲洗降温后可以止痛。

救助全身燃烧的伤员，迅速扑灭衣服上的火焰、向全身燃烧伤员身上喷冷水、脱掉烧着的衣服、用消过毒的绷带包扎烧伤伤口。用沙土覆盖会造成伤口感染，甚至危及生命。烧伤伤员口渴时，可喝少量的淡盐水。

当伤口已经起泡的情况下，可以用塑料袋或保鲜膜轻轻覆盖在水泡上进行保护，尽快将伤者送往医院。

第八章

交通事故分析

典型的交通事故，总是能给人以触动，分析典型的事故案例对交通安全知识的宣传和普及具有很好的效果。本章主要介绍交通事故原因及分析方法，让驾驶人学会分析典型事故案例中的主要违法行为和事故原因，反思自己的驾驶行为，强化守法、安全、文明驾驶的重要性。同时事故引起的严重后果还可时刻警示大家：一定要严格遵守交通法规，安全文明驾驶。

第1节 交通事故原因及分析方法

我国每年的交通事故有五六百万起，造成的人员伤亡数量惊人。通过本节，主要了解驾驶人的行为是引发道路交通事故的主要原因，然后掌握利用关键要素分析事故原因的方法。

一 交通事故

1 交通事故的主要原因

随着我国机动车和驾驶人数量的快速增长，道路交通事故已成为人们生活中的“一大杀手”。据公安部交通管理部门的数据统计，近两年，我国平均每年因道路交通事故死亡的人数都在6万人左右，而受伤的人则高达数十万人。

引发交通事故的原因有很多，主要有驾驶人、车辆、道路条件和环境四个因素。但据2012—2014年公安部交通管理部门的数据统计，约93%的涉及人员伤亡的交通事故都是由机动车驾驶人因素引起的，因驾驶人违法原因引起的伤亡事故约占89%，因驾驶人的非违法过错引起的事故约占4%，由此可见，驾驶人违法行车已成为引发道路交通事故的主要原因。

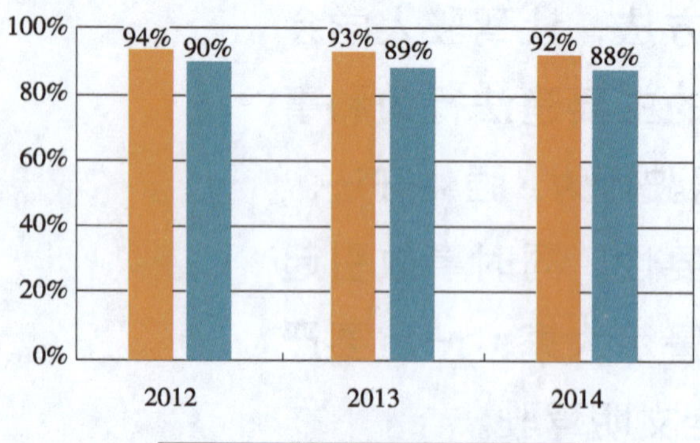

2012—2014年涉及人员伤亡的交通事故原因分析图

2 交通事故的危害

作为一名驾驶人，如果在驾车时发生了交通事故，无非两种结果：

（1）自己或亲人朋友受伤或残疾，使财产遭受损失；甚至会车毁人亡，给全家带来伤害；

（2）造成他人受伤或残疾，承担经济赔偿；严重的会造成他人死亡，不仅要承担巨大的经济赔偿责任，还要受到法律的制裁，给自己和他人的家庭都带来严重的灾难。

交通事故往往就发生在一刹那间，这一刹那足以使一个鲜活的生命瞬间消失，足以使一个甚至数个幸福美满的家庭瞬间破碎，因此，作为一名驾驶人，一定要尊重、珍爱自己和他人的生命，从初学驾驶开始就做到安全文明驾驶，远离交通事故。

二 交通事故的分析方法

分析交通事故时，首先应该仔细阅读或听取事故案例的描述，了解事故发生的经过，然后从驾驶人的行为、车辆（含装载）状况、道路条件及环境因素四个关键要素去进行深入分析。

1 分析驾驶人的行为

分析驾驶人的行为，主要是看驾驶人是否存在违法驾驶行为，这可以充分借助常见违法驾驶行为进行分析，在事故描述中捕捉相应的关键信息。

常见违法行为及其关键信息

常见违法行为	相应的关键信息
无证驾驶、所驾车型与驾驶证准驾车型不符	驾驶证类别及有无
饮酒驾驶、吸毒驾驶、疲劳驾驶、分心驾驶、药物驾驶	与驾驶状态相关的信息，如“连续驾驶”“喝酒”“接打电话”等
超速行驶、不按规定让行及违法停车、会车、跟车等违反通行规定的行为	与车速、通行权、路权、道路及驾驶操作动作等相关的信息
闯红灯、抢黄灯、越实线等违反交通标志、标线指示的行为	与交通信号、道路特点相关的信息

2 分析车辆的状况

主要从车辆的技术状况和车辆的装载情况两方面进行分析：

（1）看是否有对车辆技术状况的描述。如安全设施是否完整、安全技术是否符合标准、车辆是否存在故障等。

（2）看是否有对车辆载人载物的关键词。如果有，就要核实车辆是否存在超员、超载、货物超限、非法载运不符合规定的货物等的情形。

3 捕捉道路条件信息

主要是看事故是否发生在特殊的路段，分析此路段对驾驶人的行为是否有特殊的要求和规定，看驾驶人是否遵循了此路段的通行规定。如急弯路、桥梁、隧道、坡道、拥堵路段等都对超车、掉头及车辆速度等有具体的规定，要分析驾驶人是否存在违反这些规定的行为。

4 分析环境因素

主要是看事故发生时的环境因素，如夜间、雨天、雪天、雾天、能见度等情况，分析驾驶人是否有违反这种环境下的相关限速、灯光使用、跟车距离、禁止行为等规定的行为。

应以驾驶人行为分析为主

分析事故案例时，应以驾驶人行为分析为主，其他因素为辅。对车辆状况、道路条件和环境因素的分析，很多是为驾驶人的行为分析提供辅助依据的。导致事故的最终原因，大部分也会归结到驾驶人的行为上面，因为：一是驾驶人对所驾车辆负有安全责任；二是道路条件及环境因素虽然容易诱发险情，但不是交通事故发生的必然因素，只要驾驶人守法驾驶、处理得当，事故是可以避免的。

第 2 节 典型交通事故案例分析

运用事故原因的分析方法对典型的交通事故案例进行分析，找到事故发生的主要原因，同时要从事故中吸取教训，避免自己出现类似的违法行为和交通事故。

一 超速行驶导致翻车

1 案例描述

某日夜间下过雨后，王某驾驶小型汽车载着女友陈某（未系安全带）回家，当王某以 120 公里 / 小时车速行至城市主干道（限速 80 公里 / 小时）的某一路段时，车辆打滑失控，与道路左侧护栏相撞后翻车，事故造成王某的女友被

甩出车厢当场死亡，王某受伤，车辆及护栏都严重损坏。

2 案例分析

（1）关键要素分析。

驾驶人：王某以 120 公里 / 小时的速度高速行驶。

车辆：事故中未提及车辆技术状况，而且车内乘员只有王某的女友 1 人，并未超员。因此可以排除车辆方面的原因。

道路：事故路段是“城市主干道”，限速 80 公里 / 小时。

环境：“夜间”“雨后”，在这种情况下，驾驶人更要保持安全车速行驶。

（2）综合分析。从案例描述中可以看出，在白天正常的天气条件下，在限速 80 公里 / 小时的“城市主干道”上，驾驶人就应该严格遵守限速规定。而在“夜间”“下过雨后”这样视线不好、路面湿滑的复杂环境下，驾驶人非但没有降低速度，反而以 120 公里 / 小时的速度高速行驶，王某明显是超速了，加之路面湿滑，引发了车辆侧滑失控，可见事故的主要原因就是王某超速行驶。

3 案例警示

（1）十次事故九次快。历年来的公安统计数据显示，超速行驶是导致交通事故的主要违法行为之一。《中华人民共和国道路交通安全法》第四十二条规定“机动车上道路行驶，不得超过限速标志标明的最高时速。在没有限速标志的路段，应当保持安全车速。夜间行驶或者在容易发生危险的路段行驶，以及遇有沙尘、冰雹、雨、雪、雾、结冰等气象条件时，应当降低行驶速度。”驾驶人遵守限速规定是最基本的要求，在气象不好及容易发生危险的路段，更要降低车速，毕竟安全才是最重要的。

（2）安全带就是生命带。事故中的王某因为系了安全带只是受伤，但陈某由于没系安全带“被甩出车厢当场死亡”，由此可见系好安全带的重要性。曾经有一起事故，一对年轻夫妻，驾车在高速路上因超速行驶致使车辆侧翻至路外 4 米多深的水泥排水沟内，车辆前部严重破损，前风窗玻璃完全破碎，安全气囊也全部打开，车辆受损严重，但最终夫妻俩只是受了轻伤并无大碍，事后证明正是安全带救了两人的性命。相反，另有两名年轻男子驾驶一辆豪华跑车在高速公路上撞击护栏后翻入路侧浅沟内，车辆并无多大损坏，前风窗玻璃也完好如初，而两名男子却因未系安全带，被甩出车外导致死亡。对比这三起事故的后果，不难发现，安全带就是紧急时刻的生命带。因此，驾驶人开车时不仅自己要系上安全带，还要提醒车内其他乘员系好安全带，保护好自己和乘车人。

小知识

系好安全带可大幅降低事故死亡率

日常行车时，如果驾乘人员不系安全带，车辆在 20 公里 / 小时速度下发生碰撞，就可能造成驾乘人员受伤；在 40 公里 / 小时车速下发生碰撞就会造成车内人员严重伤害甚至致命。因此，无论什么情况下驾乘车辆，大家都应该养成上车就系好安全带的好习惯。

此外，相关汽车事故调查表明，在发生正面撞车时，如果系好安全带，可使事故死亡率减少 57%，侧面撞车时可减少 44%，翻车时可减少 80%。

一、疲劳驾驶引发撞车

① 案例描述

某日晚刘某与朋友相约玩麻将，一直玩到次日凌晨4时，然后驾驶小型汽车回家，刚开一会儿就感觉头脑发沉，但因离家也就十分钟的路程了，刘某坚持继续驾驶。当车辆行驶至接近某路口时，刘某的车与前方一辆正常行驶的出租车相撞，造成两车损坏。

疲劳驾驶引发撞车

② 案例分析

（1）关键要素分析。

驾驶人：刘某玩麻将从晚上一直玩到次日凌晨4时，肯定没有休息好，从其随后的“刚开一会就感到头脑发沉”即可看出，他已经处于疲劳的困倦状态了。事故中明确说明出租车是“正常行驶”，说明出租车驾驶人无违法行为。

车辆：无车辆的相关描述，可忽略这方面的原因。

道路：事故路段是路口，也并无特别之处，驾驶人只需提前减速、仔细观察即可。

环境：没有特别描述，可忽略环境的影响。

（2）综合分析。此事故中刘某明显存在疲劳驾驶行为，在车辆无安全技术问题和道路、环境良好，且是在出租车正常行驶的情况下发生了事故，很明显，事故的主要原因就是刘某疲劳驾驶，幸运的是没有人员受伤。

③ 案例警示

严禁疲劳驾驶。驾驶人如果休息不好或长时间连续驾驶，就会出现疲劳，疲劳后人的视觉、听觉和注意力下降，反应和协调能力下降，甚至出现短时的睡眠，很容易导致交通事故。驾驶人尤其要注意午后2点左右和凌晨2时至5时，这是人最容易疲劳的时候，应尽量避免此时驾车。同时一定要注意连续驾驶不得超过4个小时，需要长时间行车时，中间应适当休息。在此警示所有驾驶人：一定要注意休息，千万不要疲劳驾驶。

二、酒后驾驶害人害己

① 案例描述

某日晚上10点多，王某和4名同事一起去KTV唱歌喝酒狂欢，大家都喝得很开心。次日凌晨1点多，王某驾驶小型汽车载着4名同事返回单位，4名同事很快就睡着了，王某驾车在快速经过某一路口时，车辆失控撞向道路右侧绿化带，事故造成王某死亡，4名同事受重伤。

酒后驾驶害人害己

② 案例分析

（1）关键要素分析。

驾驶人：王某喝酒唱歌，一直持续到次日凌晨，说明王某存在饮酒后驾车的违法行为。

车辆：并无相关描述，可忽略这方面的影响。

道路：路口，但并无其他危险因素出现。

环境：凌晨1时多，说明是夜间，但并无其他特殊环境。

（2）综合分析。此案例中，王某明显是饮酒后驾驶，从其他4位同事“很快睡着”可以看出，大家都喝了不少，在酒精的作用下人很容易疲劳困倦，感知和反应能力都会下降。此外，此事故是单车事故，道路和环境并无不良情况出现。据此分析，此事故主要是由王某饮酒后驾驶造成的。后经事故鉴定，王某及其同事血液中的酒精含量都超过了200毫克/100毫升，属于醉酒驾驶。

③ 案例警示

（1）饮酒后绝对不能开车。酒后驾驶，人的注意力、判断反应能力和操作能力均会下降，驾驶人的心理也会产生变化，容易出现超速、抢行及其他过激的危险驾驶行为，严重影响行车安全。因此，驾驶人一定要做到“开车不喝酒，喝酒不开车”。很多驾驶人都会存在“少喝一点酒不会影响驾驶”的心理，但研究表明，当血液中酒精含量≥1.0‰时，驾驶人的判断和反应能力就会下降，发生事故的概率约是未饮酒时的7倍，但此时驾驶人自己是察觉不到的。还有的驾驶人饮酒后心存侥幸，认为不会被交警查到就上路驾驶，其实这是对自己和他人生命完全不负责任的想法。大家需要明确的是：酒后不开车是对自己的安全负责，更是对他人生命安全的一种保护，而不仅仅是为了不被交警处罚。驾驶人应时刻谨记：醉酒驾车会触犯刑法，就是犯罪。

（2）不劝开车的人饮酒，不让饮酒的人驾车。作为驾驶人，不仅自己要做到饮酒不开车，还要注意不要劝其他开车来的人饮酒。亲朋好友聚会，也一定不要让喝过酒的人再开车，这都是对亲人朋友的保护，也会让自己良好的安全习惯影响到更多的人。

四 违反交通信号害了他人性命

① 案例描述

某日夜间23时，马某驾驶一辆运渣土的大货车，由南向北经过某一路口时闯红灯，此时刘某正驾驶一辆小型汽车由东向西正常通过绿灯亮的路口，大货车撞在了小汽车的左侧，刘某当即被撞身亡，小汽车直接报废。

② 案例分析

（1）关键要素分析。

驾驶人：马某闯红灯，违反信号通行规定；刘某正常通过绿灯亮的路口，无违法行为。

车辆：案例描述中无两车相关安全技术及装载的描述，可忽略此方面因素。

道路：事故地点是交叉路口，无特别之处。

环境：夜间23时，一般路上车辆、行人较少。

（2）综合分析。此案例中，马某夜间驾驶，存在闯红灯的违法行为，而刘某在绿灯亮的情况下正常驾驶，据此可知，马某路口闯红灯是事故的主要原因。

③ 案例警示

（1）严格遵守交通信号指示通行。遵守交通信号，是保证道路交通安全、有序的基本要求。但总有一些驾驶人心存侥幸，尤其是在夜间车辆较少和没有监控设备的路口，驾驶人无视交通安全、闯红灯的行为比较常见，这样于人于己都不利。驾驶人必须提高守法意识，严格遵守交通信号指示通行。

（2）路口绿灯时也要注意预防险情。从刘某这个受害者角度，我们也应该吸取教训。交叉路口本就是事故多发路段，刘某虽然按绿灯指示通行，但却忽视了安全观察。驾驶人应当谨记，无论何时通过路口，都要注意减速观察，即便是绿灯也应如此，目的是预防其他车辆、行人的违法行为引发交通事故，以免给自己或他人造成伤害。如果刘某通过路口减速并仔细观察两侧情况，事故就可能避免了。

五 多种违法酿成惨重后果

1 案例描述

某天天气阴霾有轻雾，李某驾驶一辆改装过的核载 9 人的小型载客汽车，乘载 64 人（其中 62 人为幼儿园学生）在双向两车道的道路（限速 60 公里 / 小时）上行驶，经过某一路段时杨某以 75 公里 / 小时的速度占用对向车道逆向行驶，随后与一辆张某驾驶的正常行驶的重型自卸货车正面碰撞，造成 22 人死亡、44 人受伤。

2 案例分析

（1）关键要素分析。

驾驶人：李某以 75 公里 / 小时的速度占用对向车道逆向行驶；张某驾驶重型自卸货车正常行驶。

车辆：车辆原来是核载 9 人，后来进行了改装，实际乘载了 64 人。

道路：双向两车道，限速 60 公里 / 小时。

环境：天气阴霾有轻雾，能见度不是很好，驾驶人应该降低车速行驶。

（2）综合分析。张某驾驶重型自卸货车正常行驶，无违法行为，而杨某明显存在驾驶非法改装的车辆、逆行、严重超载的违法行为，同时在雾（霾）天能见度低的情况下，不但不减速反而超速行驶，因此杨某的众多违法行为是导致事故的主要原因，其严重超载的行为也直接加重了事故的后果。

3 案例警示

（1）不得擅自改装车辆。在我国，擅自改装车辆已属于违法行为，更不得驾驶非法改装车辆。改装车辆的外观不利于车辆的识别和管理，且改装车辆的结构或其他系统很容易破坏车辆的安全技术参数，影响车辆的安全性能。

（2）严禁车辆超载。车辆超载会增大车辆负荷，使车辆发生故障的几率增大、车辆的制动停车距离增加、车辆控制难度增大，很容易引发交通事故，同时超载也会加重事故的后果。

（3）逆向行驶危害大。逆向行驶，是道路交通中比较严重的主观违法行为，直接扰乱交通秩序，轻则引起交通拥堵，降低道路通行能力；重则引发重大交通事故，甚至造成车毁人亡的惨剧。很多驾驶人之所以逆行，只是为了贪图一时的方便，但这样会大大增加发生事故的风险。有的驾驶人为了扩大弯道的视野而逆行，殊不知这样反而会更容易诱发交通事故。最典型最危险的就是在高速公路上错过出口后掉头逆行，这给交通安全带来严重威胁。

书中二维码索引

二维码作用与使用说明

二维码作用

- 《安全驾驶从这里开始（第3版）》教材配有书中二维码和封底二维码两种，通过扫描，您可以享受我们提供的动画和视频学习资源、理论考试辅导、自我测评、新闻资讯和专业知识等增值服务。
- 书中的二维码，主要是拓展知识或相应知识点的动画、视频解析。
- 封底的二维码，每本教材都是唯一的，具有辨别图书真伪、享受增值服务的功能。

二维码使用说明

书中二维码的使用说明 *（注：书中每个二维码内容不同）*

扫描书中二维码

▶ 观看对应知识点的动画或视频

▶ 下载安装“车学堂”APP

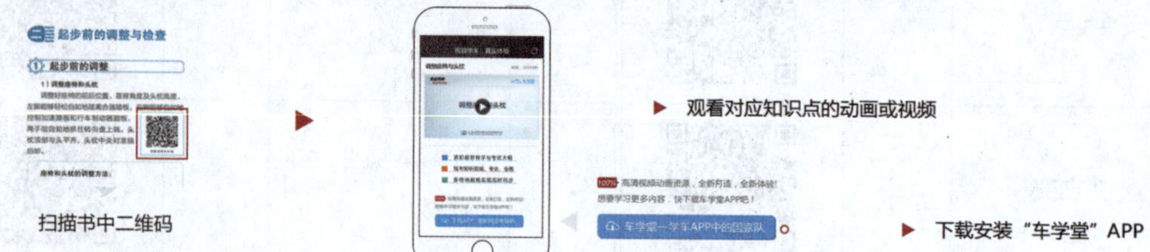

封底二维码的使用说明 *（注：每本书封底二维码是唯一的）*

通过移动端注册/绑定

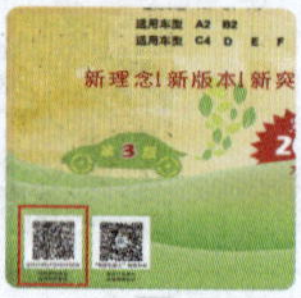

扫描封底二维码

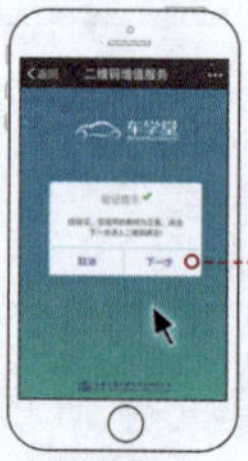

验证成功

如果验证失败也可下载APP

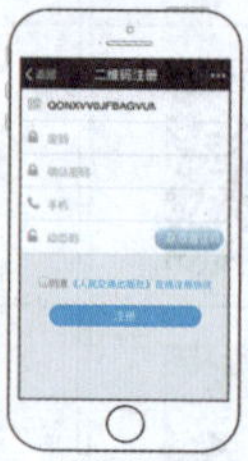

进行注册

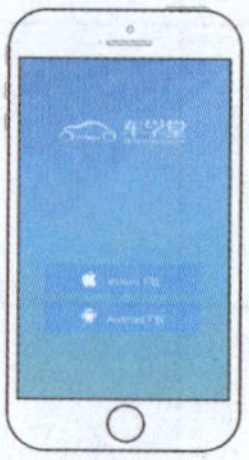

下载APP

车学堂APP

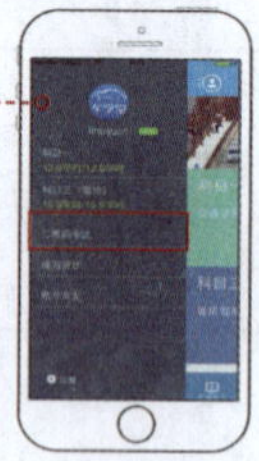

登录APP，您可以直接进入“二维码专区”或其他栏目，享受更多增值服务

如您已下载“车学堂”APP且已注册账号，打开“个人信息”页面，点击底部“扫一扫”，扫描二维码，自动生成二维码编号，直接绑定账号

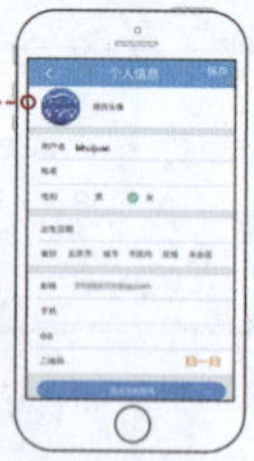

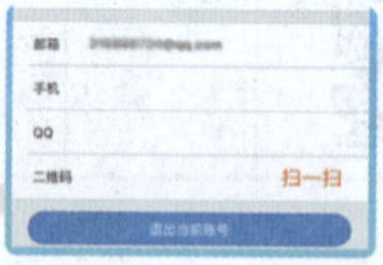

通过电脑端注册/绑定

www.drivedu.com.cn

点击进入，输入二维码并填写注册信息绑定（一个二维码仅限绑定一个账号）

登录进入，享受更多增值服务

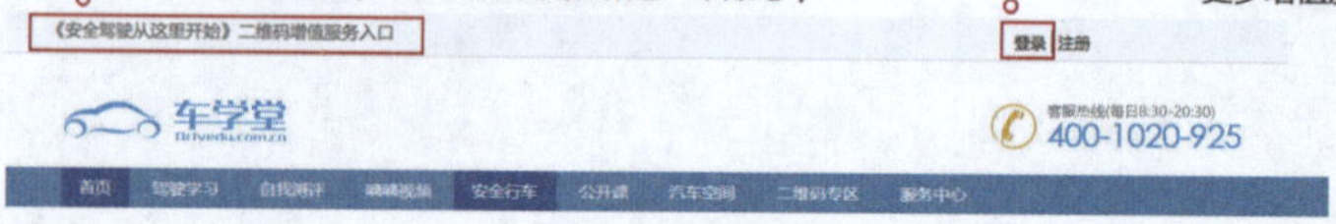